孟子集註 備旨 懸吐 完譯

孟子集註 備旨(Ⅴ)

孟子集註 備旨 懸吐 完譯

孟子集註 備旨(Ⅴ)

曉明 金慶國
木仁 朴相澤
譯註

전남대학교출판문화원

孟子集註 備旨 懸吐 完譯

孟子集註 備旨(V)

인쇄 | 2019년 12월 25일
발행 | 2019년 12월 31일

저자 | 曉明 金慶國·木仁 朴相澤
발행인 | 정병석
발행처 | 전남대학교출판문화원

등록 | 1981. 5. 21. 제53호
주소 | 61186 광주광역시 북구 용봉로 77
전화 | (062) 530-0571~2, 마케팅부 530-0573
팩스 | (062) 530-0579
홈페이지 | http://www.cnup.co.kr
이메일 | cnup0571@hanmail.net

값 25,000원

ISBN 978-89-6849-189-4 (94820) 세트
ISBN 978-89-6849-706-3 (94820)

鄒國亞聖公

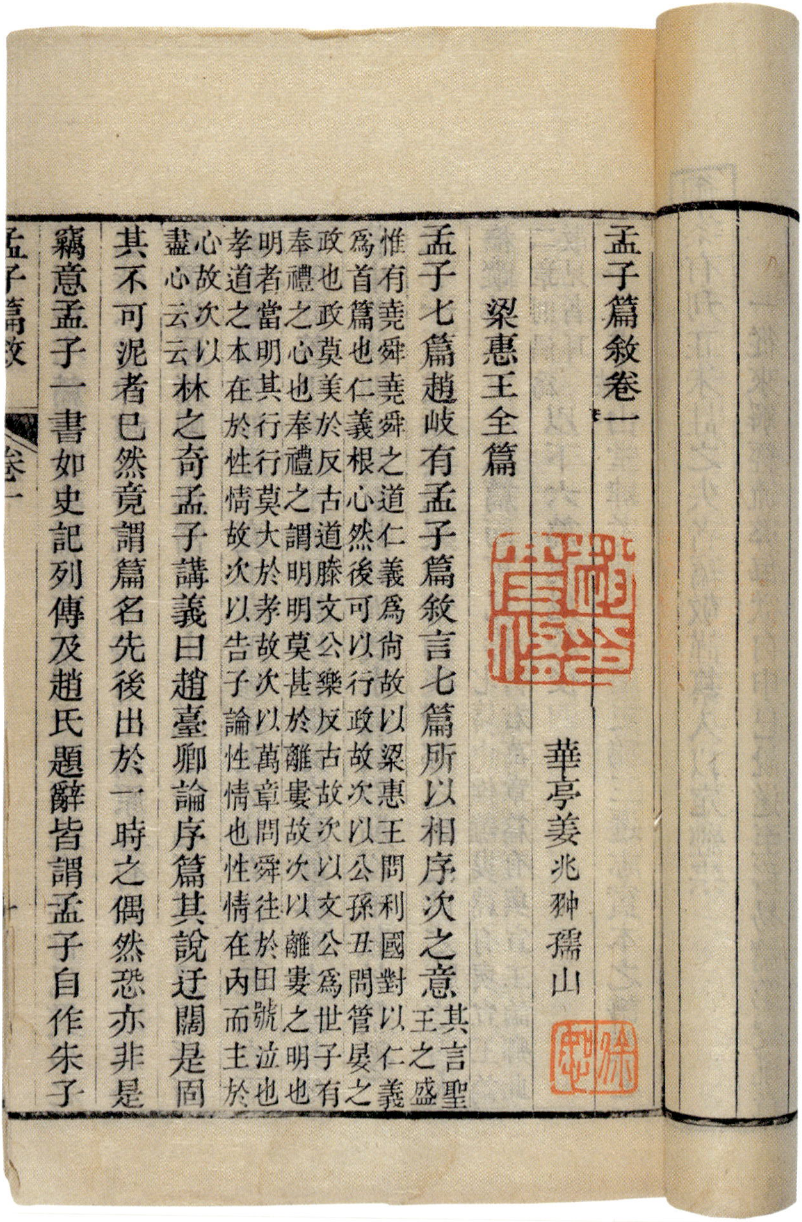
孟子篇敘卷一

梁惠王全篇

華亭姜兆翀孺山

孟子七篇趙岐有孟子篇敘言七篇所以相序次之意其言聖王之盛惟有堯舜堯舜之道仁義爲尚故以梁惠王問利國對以仁義爲首篇也仁義根心然後可以行政故次以公孫丑問管晏之政也政莫美於反古道滕文公樂反古故次以文公爲世子有奉禮之心也奉禮之謂明明莫甚於離婁故次以離婁之明也明者當明其行行莫大於孝故次以萬章問舜往於田號泣也孝道之本在於性情故次以告子論性情也性情在內而主於心故次以盡心云云林之奇孟子講義曰趙臺卿論序篇其說迂闊是固其不可泥者巳然竟謂篇名先後出於一時之偶然恐亦非是竊意孟子一書如史記列傳及趙氏題辭皆謂孟子自作朱子

孟子篇敘　卷一

孟子篇敘

孟子故里(亞聖殿)

일러두기

❶ 譯註의 底本은 《新訂四書補註備旨》(鄧林 著, 鄧煜 編次, 祁文友 重校, 杜定基 增訂, 上海天寶書局, 1915), 《經書: 大學 論語 孟子 中庸》(庚辰新刊 内閣藏板本 影印本, 成均館大大東文化研究院, 1965), 《四書章句集注》(中華書局, 1983) 등이다.

❷ 原文의 懸吐는 《四書諺解》(保景文化社, 1984)와 《論語(附諺解)》(學民文化社)를 기본으로 삼았고, 集註와 備旨는 譯註者가 직접 懸吐하였다.

❸ 번역은 축자식逐字式 번역을 원칙으로 하되, 필요에 따라 일부 현대식 표기법도 병행하여 일반 독자들의 이해를 높이도록 했다.

❹ 본문의 배열은 原文, 한글 譯, 註解의 순으로 했고, 독자들의 이해를 위해 어려운 한자들의 訓과 音을 표기했다.

❺ 集註의 내용만 가지고 이해하기 힘든 부분은 《孟子集註大全疏註》의 일부 내용을 인용하여 번역하고 원문을 함께 실었다.

❻ 《 》는 書名에 〈 〉는 篇名에 사용하였다.

머리말

宋代의 巨儒 朱熹(1130~1200)는 중국 儒學의 집대성자이자 우리나라 性理學에 가장 큰 영향을 미친 인물이다. 朱熹가 일생동안 정리하고 연구한 儒家經傳들은 주로 五經과 四書 및 北宋의 주돈이周敦頤(1017~1073)·정호程顥(1032~1085)·정이程頤(1033~1107)·소옹邵雍(1011~1077)·장재張載(1020~1077) 등의 著作들이다.

이들 儒家經傳들에 대해 朱子는 "四子는 六經의 입문서이고, 《近思錄》은 四子의 입문서이다.[四子, 六經之階梯. 《近思錄》, 四子之階梯.]"(《朱子語類》 卷105)라고 했는데, 여기에서 四子는 '四書'를, 六經은 '五經'을, 《近思錄》은 朱子와 여조겸呂祖謙이 북송 諸子들의 학설을 공동으로 편찬한 성리학 해설서를 각각 의미한다. 朱子의 이 말은 四書의 지위가 북송 諸子들의 저작보다 높고 五經의 지위가 四書보다 높기 때문에 배우는 자들이 마땅히 《近思錄》에서 시작하여 四子에 이르고, 다시 四子로부터 五經에 이르러야 한다는 말이다.

六經의 입문서인 '四書'는 곧 《大學》·《論語》·《中庸》·《孟子》 등을 말한다. 이 四書의 중요성에 대해서 朱子는 그의 〈書臨漳所刊四子後〉에서 다음과 같이 강조하고 있다. "河南 程氏는 사람을 가르칠 때 반드시 먼저 《大學》·《論語》·《中庸》·《孟子》 등의 책에 힘을 쏟은 후에 六經을 공부하도록 했다. 이는 대개 그 난이難易와 원근遠近과 대소大小의 차례가 진실로 이와 같으면 배움에 어지럽지 않기 때문일 것이다.[河南

程夫子之教人, 必先使之用力乎《大學》·《論語》·《中庸》·《孟子》之書, 然後及乎六經. 蓋其難易, 遠近, 大小之序, 固如此而不可亂也.]" 이런 이유로 朱子는 二程사상을 계승하여 《大學》·《論語》·《孟子》·《中庸》 등에 심혈을 기울여 註解를 함으로써 《四書章句集註》를 완성한 것이다.

四書를 공부하는 순서에 대해서 程子는 "《大學》은 孔氏의 遺書이며 처음 배우는 사람이 德에 들어가는 문이다.[大學, 孔氏之遺書, 而初學入德之門也.]"라고 했고, 朱子는 이를 계승하여 "《大學》을 처음과 끝을 완전히 관통하여 모두 의심난 바가 없게 된 후에 가히 《論語》와 《孟子》에 미칠 수 있고, 또 의심난 바가 없게 된 후에 가히 《中庸》에 미칠 수가 있다.[大學首尾貫通, 都無所疑然後, 可及語孟, 又無所疑然後, 可及中庸.]"(大全註疏)고 하였다. 곧 학문의 처음과 끝을 꿰뚫어 말한 《大學》을 먼저 읽고, 이어서 《論語》와 《孟子》를 읽어야만 학문의 길에 쉽게 들어갈 수 있으며, 나아가 학문의 大體가 갖추어져 나머지 공부가 저절로 된다는 말이다.

저자는 오래전부터 經書硏究와 經書講讀에 종사하면서 《四書集註》와 《四書備旨》에 대한 註解 작업을 추진해 왔다. 그 결과 지난 2009년에 처음으로 《大學章句 備旨》를 출간하였고, 이어서 《論語集註 備旨(Ⅰ)》(2010)·《論語集註 備旨(Ⅱ)》(2011)·《論語集註 備旨(Ⅲ)》(2012)·《論語集註 備旨(Ⅳ)》(2013)·《中庸章句 備旨》(2014)·《孟子集註 備旨(Ⅰ)》(2015)·《孟子集註 備旨(Ⅱ)》(2016)·《孟子集註 備旨(Ⅲ)》(2017)·《孟子集註 備旨(Ⅳ)》(2018)를 차례로 세상에 선보였으며, 이번에 다시 《孟子集註 備旨(Ⅴ)》를 출간하게 되었다.

譯註의 底本으로 삼은 《四書補註備旨》는 朱子의 《四書集註》에 明代 鄧林이 章節마다 要旨를 撰述하고, 鄧煜이 編次하여 《四書備旨》라고 명명한 다음, 다시 淸代 祁文友의 重校와 杜定基의 補註를 거쳐 增訂

하여 완성된 것이다. 書名을 〈備旨〉라고 말한 것은 聖賢의 立言에 매 章마다 각각 매 章의 宗旨가 실려 있기 때문에 배우는 자들이 潛心研究해야 한다는 의미를 담고 있다.

끝으로 본 書의 출간을 위해 그 동안 자상한 가르침을 베풀어주신 弦齋 金永雄 선생님, 본문의 험난한 한자변환 작업을 해준 李鎬俊 선생님, 원고 교정에 힘써준 李恩珍 선생님, 表紙題字를 써주신 翠亭 任春植 선생님께 진심으로 감사의 마음을 전한다.

아울러 본 書의 출판에 도움을 준 전남대학교 당국과, 편집과 출판을 위해 노고를 다해주신 전남대학교출판문화원 관계자 분들께도 이 자리를 빌어 깊은 감사의 마음을 전한다.

庚子年 立春節

著者 謹識

목차

孟子集註

卷十一

告子章句上

凡二十章

모두 20장이다.

주해

● 물헌웅씨勿軒熊氏가 말했다. "首章至六章言性. 七章至十九章言心, 末章言學."(大全註疏)

[11·1]

告子曰 性은 猶杞柳也요 義는 猶桮棬也니 以人性爲仁義ㅣ猶以杞柳爲桮棬이니라

고자告子 가로되 "사람의 본성本性은 기류杞柳와 같고, 의義는 배권桮棬과 같습니다. 사람의 본성을 인의仁義로 삼는 것은 기류杞柳로 배권桮棬을 만드는 것과 같습니다."

性者는 人生所稟之天理也라 杞柳는 柜柳요 桮棬은 屈木所爲니 若巵匜之屬이라

告子言人性本無仁義하여 必待矯揉而後成이라하니 如荀子性惡之說也라

'성性'이란 사람이 태어날 때 품부稟賦받은 천리天理이다. '기류杞柳'는 거류柜柳이다. '배권桮棬'은 나무를 구부려 만든 것이니, 술잔이나 주전자 같은 것들이다.

고자告子가 말하기를 "사람의 본성本性은 본래 인의仁義가 없는데, 반드시 바로잡은 후에 인의仁義를 행하게 된다."고 했으니, 순자荀子의 '성악설性惡說'과 같은 것이다.

주해

- 기류(杞柳) : 버드나무. 杞(땅버들 기) 柳(버들 류)
  "杞柳是木之柔者."(四書補註備旨)
- 배권(桮棬) : 나무그릇. 桮(나무그릇 배) 棬(나무그릇 권)
  주자朱子가 말했다. "告子只是認氣爲性, 見得性有不善, 須拗他方善."(大全註疏) 拗(꺾을 요)
  신안진씨新安陳氏가 말했다. "義猶桮棬也. 義上脫一仁字."(大全註疏)
  노재왕씨魯齋王氏가 말했다. "朱子釋性字指性之全體而言, 不是解告子所言之性."(大全註疏)
- 치이(巵匜) : 술잔과 주전자. 巵(잔 치) 匜(주전자 이)
- 교유(矯揉) : 바로잡다. '교정矯正'과 같다. '교矯'는 휜 것을 곧게 펴는 것이고, '유揉'는 곧은 것을 휘게 만드는 것이다.
  矯(바로잡을 교) 揉(순하게할 유)
  《주역周易·설괘說卦》에 "坎爲水爲溝瀆爲隱伏爲矯輮爲弓輪."이라 했고, 공영달孔穎達의 소疏에 "爲矯輮, 取其使曲者直爲矯, 使直者曲爲輮."이라 풀이했다. 輮(휠 유)
  남조南朝 양梁나라 유협劉勰의 《문심조룡文心雕龍·용재熔裁》에 "蹊要所司, 職在鎔裁, 檃括情理, 矯揉文采也."라고 했다.
  勰(뜻 맞을 협) 蹊(지름길 혜) 檃(바로잡을 은)
- 柜(고리버들 거)

【備旨】

昔에 告子ㅣ以性爲惡하여 將分性與仁義而二之하여 乃言於孟子曰 今之言性者類ㅣ皆以性爲善하고 而言仁義者類ㅣ皆以仁義爲出於性矣라하니 自我言之컨댄 人之生而有性也에 其知覺運動이 不過頑然一質하여 猶之杞柳頑然一物也요 仁義之理는 非吾性之所本有이니 猶桮棬之器ㅣ非杞柳之本成也라 故로 以人性矯揉之而後에 成仁義는 猶以杞柳矯揉之而後에 成桮棬也라하니라
是는 告子ㅣ外仁義以言性이요 而不知仁義卽性矣라

옛날 고자告子는 인간의 본성本性이 악惡하다고 여기고, 장차 본성과 인의仁義를 구분하여 둘로 나누고 이에 맹자께 말하여 가로되 "지금 인간의 본성本性을 말하는 자들은 모두 인간의 본성이 선善하다고 여기고, 인의仁義를 말하는 자들은 모두 인의仁義가 인간의 본성에서 나왔다고 합니다. 제 생각을 말씀드리건대 사람은 태어날 때 본성을 품부받았는데, 그 지각운동知覺運動이 완연頑然히 하나의 기질에 지나지 않으니 기류杞柳가 완연頑然히 하나의 물건인 것과 같습니다. 그리고 인의仁義의 이치는 우리 본성에 본디 지니고 있는 것이 아니니, 배권桮棬과 같은 그릇이 기류杞柳가 본래 배권으로 만들어진 것이 아님과 같습니다. 그러므로 인성人性을 바로잡은 후에 인의仁義를 이루는 것은 기류杞柳을 바로잡은 후에 배권桮棬이 이루어지는 것과 같습니다."라고 하였다.

이는 고자告子가 인의仁義를 도외시하고 본성을 말한 것이요, 인의仁義가 바로 본성이라는 점을 알지 못한 것이다.

주해

● 완연(頑然) : 우둔愚鈍하고 무지無知한 모양. 頑(무딜 완)
당唐나라 한유韓愈의 〈답장적서答張籍書〉에 나온다. "頑然不入者, 親以言諭之."

孟子曰 子ㅣ能順杞柳之性而以爲桮棬乎아 將戕賊杞柳而後에 以爲桮棬也오 如將戕賊杞柳而以爲桮棬이면 則亦將戕賊人하여 以爲仁義與아 率天下之人而禍仁義者는 必子之言夫인저

맹자 가라사대 "그대는 기류杞柳의 본성을 따라 배권桮棬을 만들 수 있다고 생각하는가? 아니면 장차 기류杞柳의 본성을 해친 후에 배권桮棬을 만들 수 있다고 생각하는가?
만약 장차 기류杞柳의 본성을 해친 후에 배권桮棬을 만들 수 있다면, 또한 장차 사람의 본성을 해친 후에 인의仁義를 행할 수 있다는 것인가? 천하의 모든 사람들을 이끌고 인의仁義에 재앙을 초래할 자는 반드시 그대의 말일 것이다."

言如此則天下之人이 皆以仁義爲害性而不肯爲하리니 是因子之言而爲仁義之禍也니라

이와 같다면 천하 사람들이 모두 인의仁義가 본성을 해친다고 생각하여 인의仁義를 행하려고 하지 않을 것이니, 이는 그대의 말로 인하여 인의仁義의 재앙이 된다고 말한 것이다.

주해

- 순(順) : 본성本性의 본연을 따르다.
  "順是依其本然."(四書補註備旨)
  쌍봉요씨雙峰饒氏가 말했다. "性者, 人所稟之天理, 天理卽是仁義. 順此性行之, 無非自然, 元無矯揉."(大全註疏)
- 장적(戕賊) : 해치다. 손상을 입히다. 戕(죽일 장) 賊(해칠 적)
  송宋나라 엽적葉適의 〈과거科擧〉에 나온다. "四患不除, 而朝廷於人才之本源, 戕賊斲喪, 不復長育, 則宜其不足於用也." 斲(벨 착)
  경원보씨慶源輔氏가 말했다. "不言戕賊人之性, 而言戕賊人者, 人之所以爲人者, 性也."(大全註疏)

【備旨】

孟子折之曰 子ㅣ安得以杞柳爲桮棬하여 而例人性之仁義哉아 盖杞柳는 木也요 桮棬은 器也니 今子ㅣ能順杞柳之性而以爲桮棬乎아 抑將戕賊杞柳之性而後에 可以爲桮棬也니 如將戕賊杞柳之性而以爲桮棬이면 則亦將人之性하여 而戕賊之而後에 可以爲仁義與아

不知桮棬은 本杞柳之所無니 必將戕賊而後成이요 仁義는 乃人性之自然이니 不待戕賊而後有하니 盖逈然其不同矣어늘 子ㅣ欲比而同之하니 吾恐此言一倡이면 則人皆以仁義爲性所本無라하여 殆將棄仁義而不肯爲矣리니 是는 率天下之人而禍仁義者는 必子之言矣夫인저 子之論性이 自昧其性은 可也로되 而乃使天下不爲仁義하니 言可不愼乎아

맹자께서 그를 절복折服시켜 가라사대 "그대는 어찌 기류杞柳로 배

권桮棬을 만들 수 있다고 하여 인성人性의 인의仁義와 비교하는가?

대개 기류杞柳는 나무요 배권桮棬은 그릇이니, 이제 그대는 기류杞柳의 본성을 따라 배권桮棬을 만들 수 있다고 생각하는가? 아니면 장차 기류杞柳의 본성을 해친 후에 배권桮棬을 만들 수 있다고 생각하는가? 만약 기류杞柳의 본성을 해쳐 배권桮棬을 만들 수 있다고 생각한다면, 또한 장차 사람의 본성을 해친 후에 인의仁義를 행할 수 있다고 생각하는 것인가?

이는 배권桮棬이란 본래 기류杞柳에 없는 바이니 반드시 장차 기류의 본성을 해친 후에 만들 수 있고, 인의仁義란 곧 인성人性의 자연이니 사람의 본성을 해치지 않고도 인의仁義가 있다는 사실을 모르는 것이니, 대개 두 가지는 형연逈然히 같지 않다.

그런데도 그대는 이것들을 비교하여 동일시하려고 하니, 나는 이 말이 한번 창도倡導되면 사람들이 모두 인의仁義가 본성에 본래 없는 것이라고 여겨 아마도 장차 인의仁義를 버려두고 행하지 않을까 염려가 된다. 그러므로 천하 사람들을 이끌고 인의仁義를 해치는 자가 반드시 그대의 말일 것이다.

그대가 사람의 본성을 논하는데 스스로 그 본성에 어두운 것은 그렇다고 해도, 이에 천하 사람들로 하여금 인의仁義를 행하지 못하게 하는 것이니, 말을 삼가지 않을 수 있겠는가?"

주해

- 절(折) : '절복折服'. 설복說服당하다. 굴복시키다.
  《전국책戰國策》에 "晩救之, 韓且折而入於魏, 不如早救之."라고 했다.
- 예(例) : 비유하다. '비比'와 같다.
  《설문說文》에 "例, 比也."라고 했다.
  원元나라 유훈劉壎의 《은거통의隱居通議·구양공歐陽公》에 "擧此以例其餘."라고 했다. 壎(질나발 훈)
- 형연(逈然) : 아득히 먼 모양. 逈(멀 형)

[11·2]

告子曰 性은 猶湍水也라 決諸東方則東流하고 決諸西方則西流하나니 人性之無分於善不善也ㅣ猶水之無分於東西也니라

고자告子가 가로되 "본성은 여울물과 같으니, 동쪽으로 터주면 동쪽으로 흐르고 서쪽으로 터주면 서쪽으로 흐릅니다. 사람의 본성에 선善과 불선不善의 구분이 없는 것은 물이 동쪽과 서쪽으로 구분 없이 흘러가는 것과 같습니다."

湍은 波流瀠回之貌也라
告子ㅣ因前說而小變之하니 近於揚子善惡混之說하니라

'단湍'은 물결이 소용돌이치는 모양이다.

고자告子가 앞의 말로 인하여 조금 변했으니, 양자揚子의 '성선악혼性善惡混'설과 가깝다.

주해

- 湍(여울 단) 決(터질 결) 瀠(물돌아 흐를 형)
- 선악혼(善惡混) : 서한西漢의 양웅揚雄이 주장한 '성선악혼性善惡混'설을 말한다.
  《법언法言·수신修身》에 "人之性也善惡混. 修其善則爲善人, 修其惡則爲惡人."이라 했고, 《법언法言·학행學行》에 "學者, 所以修性也. 視聽言貌思, 性所有也. 學則正, 否則邪."라 했다.
  경원보씨慶源輔氏가 말했다. "告子本以氣爲性, 此說亦然. 故曰因前說. 但前說以性爲惡, 必矯揉而後可爲善, 而此說則以性爲本無善惡, 但可以爲善可以爲惡耳. 此其爲小變也."(大全註疏)

【備旨】

告子ㅣ以杞柳言性하여 見屈於孟子하고 乃小變其說曰 今而後에 吾知性矣니 人之性有所習하여 本無定體는 猶之湍水未有所分하여 本無定向也라 我觀湍水컨대 決而引諸東方이면 則東流而非一於東也요 決而引諸西方이면 則西流而非一於西也라 然則人性之無分於善與不善也는 顧人所習何如耳니 猶之湍水之無分於東與西也는 顧人所決何如耳라
告子之變爲此說은 蓋混善惡而一之하여 而以性爲無善無不善也라

고자告子가 기류杞柳로 인간이 본성을 말하였다가 맹자에게 굴복을 당하였다. 이에 조금 그 말을 바꾸어 가로되 "이제 제가 본성을 알게 되었으니 사람의 본성에 습염習染된 바가 있어 본래 정체定體가 없는 것이 여울물에 나뉜 바가 없어 본래 정향定向이 없는 것과 같습니다.

제가 여울물을 살피건대 물길을 터서 동쪽으로 이끌면 동쪽으로 흐르되 한결같이 동쪽으로만 흘러가는 것이 아니요, 물길을 터서 서쪽으로 이끌면 서쪽으로 흐르되 한결같이 서쪽으로만 흘러가는 것이 아닙니다. 그러므로 사람의 본성에 선善과 불선不善의 구분이 없는 것은 사람이 습염習染된 바가 어떠한가를 살필 뿐이니, 여울물에 동쪽과 서쪽으로 흘러가는 구분이 없는 것과 같아서 사람이 물길을 어떻게 터주는가를 살필 뿐입니다."라고 하였다.

고자告子가 이 말을 바꿔 말한 것은 대개 선악善惡을 뒤섞어 하나로 삼아 사람의 본성에 선善도 없고 불선不善도 없다고 여긴 것이다.

주해

- 변설(變說) : 말을 바꾸다. 變(바꿀 변)
《설문說文》에 "變, 更也."라고 했고, 《소이아小爾雅》에 "變, 易也."라고 했다.

孟子曰 水ㅣ信無分於東西어니와 無分於上下乎아 人性之善也ㅣ猶水之就下也니 人無有不善하며 水無有不下니라

맹자 가라사대 "물은 진실로 동서東西의 구분이 없지만 상하上下도 구분이 없는 것인가? 사람이 본성이 선善한 것은 물이 아래로 흘러가는 것과 같으니, 사람의 본성에는 불선不善이 있지 않으며, 물은 아래로 흘러가지 않음이 없다."

言水誠不分東西矣어니와 然이나 豈不分上下乎아
性卽天理니 未有不善者也니라

"물은 진실로 동서東西의 구분이 없지만 그러나 어찌 상하上下의 구분이 없겠는가?"라고 말씀하신 것이다.

'성性'은 곧 '천리天理'이니 불선不善한 것이 있지 않다.

주해

- 주자朱子가 말했다. "觀水之流而必下, 則水之性可知. 觀性之發而必善, 則性之韞善, 亦可知矣."(大全註疏) 韞(감출 온)

【備旨】

孟子丨就其言水而折之曰 水之流丨可東而亦可西하니 信無分於東西矣어니와 然이나 必趨下而不趨上하니 豈無分於上下乎아 蓋水之東西無常이나 而就下有常하니 其決而東者는 必東之下也요 決而西者는 必西之下也라
彼人性之善이 本然善也는 猶水之本然就下也니 凡爲人決이면 無有不善이니 有不善이면 便非人之性矣요 卽爲水決이면 無有不下니 有不下면 便非水之性矣라 知水之必下면 則知性之必善矣리라

맹자께서 "고자告子가 물에 대해 말한 것에 나아가 절복折服시켜 가라사대 물은 동쪽으로 흐를 수도 있고 서쪽으로 흐를 수도 있으니, 진실로 동서東西의 구분이 없다. 그러나 반드시 아래로 흘러가고 위로 흐르지 못하니 어찌 상하上下의 구분이 없겠는가?

대개 물이 동서로 흘러가는 데는 일정함이 없으나 아래로 흘러가는 데는 일정함이 있으니, 그 물길을 동쪽으로 트면 반드시 동쪽으로 흘러가고 물길을 서쪽으로 트면 반드시 서쪽으로 흘러간다.

저 인성人性의 선善은 본연이 선善한 것이니, 물의 본연이 아래로 흐르는 것과 같다. 무릇 사람을 위하여 터주면 선善하지 않음이 없으니, 선善하지 않음이 있다면 사람의 본성이 아니다. 곧 물길을 터주면 아래로 흐르지 않음이 없으니, 아래로 흐르지 않는다면 물의 본성이 아니다. 물이 반드시 아래로 흐른다는 사실을 알면 곧 본성이 반드시 선善하다는 사실을 알 것이다."

今夫水를 搏而躍之면 可使過顙이며 激而行之면 可使在山이어니와 是豈水之性哉리오 其勢則然也니 人之可使爲不善이 其性이 亦猶是也니라

이제 물을 쳐서 튀어 오르게 하면 사람의 이마를 넘어가게 할 수도 있고, 거슬러 흘러가게 하면 산위로 흐르게 할 수도 있지만, 이것이 어찌 물의 본성이겠는가? 그 형세가 그러한 것이다. 사람도 선善하지 않은 일을 하게 할 수도 있지만, 그 본성은 또한 이와 같은 것이다.

搏은 擊也라 躍은 跳也라 顙은 額也라

水之過額在山은 皆不就下也라 然이나 其本性은 未嘗不就下요 但爲搏激所使而逆其性耳니라

此章은 言性本善이라 故로 順之而無不善이요 本無惡이라 故로 反之而後에 爲惡이니 非本無定體하여 而可以無所不爲也니라

'박搏'은 친다는 뜻이다. '약躍'은 튀어 오른다는 뜻이다. '상顙'은 이마이다.

물이 이마를 넘어가고 산위로 흐르는 것은 모두 아래로 흐르는 것이 아니다. 그러나 그 본성은 일찍이 아래로 흐르지 않는 것이 아니요, 다만 치거나 막아서 그 본성에 역행하게 만들었을 뿐이다.

이 장章에서는 "본성이 본래 선善하기 때문에 본성을 따르면 선善하지 않음이 없고, 본성이 본래 악惡이 없기 때문에 본성에 반反한 후에 악惡이 되니, 본래 정체定體가 없어서 하지 못하는 바가 없는 것이 아니

다."고 말한 것이다.

주해

- 격이행지(激而行之) : 물길을 막아 거슬러 흐르게 하다. 激(막을 격)
  "激, 壅也. 行, 逆流也."(四書補註備旨) 壅(막을 옹)
  사씨謝氏가 말했다. "如水之就下, 搏激之, 非不可上, 但非水之性."(大全註疏) 搏(칠 박)
- 躍(뛸 약) 顙(이마 상)

【備旨】

夫人性本善이나 而或有不善者는 蓋有故也라 今夫水性이 本就下也어늘 人以手搏而躍之면 可使上過乎顙이며 壅激而行之면 可使上在於山이어니와 過顙在山이 是豈水之本性哉리오 搏之에 不容不躍이요 激之에 不容不行이니 勢不得不然也라

然則人性本善이어늘 亦可使爲不善者는 或爲氣稟所拘하고 物欲所蔽이니 亦猶水爲人搏激使然也라 搏激過而依然就下하고 利欲去而依然爲善하니 豈可因其勢之所使하여 而遂謂性無定體哉리오

무릇 인성人性은 본래 선하나 혹 불선不善이 있는 것은 대개 연고가 있다. 이제 물의 본성은 본래 아래로 흐르는 것인데, 사람이 손으로 쳐서 튀어 오르게 하면 위로 이마를 넘어가게 할 수도 있고, 물을 막아서 치면 위로 산에 흐르게 할 수도 있다. 하지만 이마를 넘어가게 하거나 산위로 흐르게 하는 것이 어찌 물의 본성이겠는가? 치면 튀지

않을 수 없고, 막으면 거슬러 흐르지 않을 수가 없으니, 형세가 부득불 그런 것이다.

그렇다면 인성人性이 본래 선한데 또한 불선不善을 하게 만드는 것은 혹 기품氣稟에 구애되고 물욕物欲에 가려서 그런 것이니, 또한 물을 사람이 치거나 막아서 그렇게 만든 것과 같다. 치거나 막아서 이마를 넘어가더라도 여전히 아래로 흐르고, 이욕利欲으로 본성과 떨어져도 여전히 선善하니, 어찌 그 형세가 시켰다고 해서 마침내 본성에 정체定體가 없다고 말하겠는가?

주해

● 의연(依然) : 여전히. 전과 같이. '의구依舊'와 같다.
당唐나라 조당曹唐의 〈류완재도천태불부견선자劉阮再到天台不復見仙子〉에 나온다. "桃花流水依然在, 不見當時勸酒人."

[11·3]

告子曰 生之謂性이니라

고자告子가 가로되 "타고난 자질을 '성性'이라고 합니다."

生은 指人物之所以知覺運動者而言이라
告子ㅣ論性前後四章이 語雖不同이나 然이나 其大指는 不外乎此하니 與近世佛氏所謂作用是性者로 畧相似하니라

'생生'은 사람과 사물이 지각知覺하고 운동運動하는 바를 가리켜 말한 것이다.

고자告子가 성性을 논한 전후 4장이 비록 말은 다르지만, 그러나 그 대지大旨는 여기에서 벗어나지 않는다. 근세에 불교에서 말한 '작용作用하는 것이 바로 성性이다'라는 말과 대략 서로 비슷하다.

주해

- 생(生) : 태어나면서 지닌 자질을 말한다.
  "生, 活也. 知覺運動, 只是個活的物事."(四書補註備旨)
  양백준楊伯峻이 말했다. "性字, 從'生'得聲, '生'和'性'古音相同."
  주자朱子가 말했다. "生之謂性, 只是就氣上說得. 蓋謂人也有許多知覺運動, 物也有許多知覺運動. 人物只一般, 却不知人所以異於物者, 以其得正氣, 故全得許多道理. 如物則氣昏理亦昏了."(大全註疏)
  주자朱子가 말했다. "生之謂氣, 生之理之謂性."(大全註疏)
- 작용시법(作用是性) : 작용하는 것이 바로 성性이다. 곧 현재법現在法·과거법過去法·미래법未來法 중에 현재법만 작용이 있고 나머지는 작용이 없다는 말이다.
  주자朱子가 말했다. "禪家說如何是佛? 曰見性成佛. 如何是性? 曰作用是性. 蓋謂目之視耳之聽手之執捉足之運奔, 蓋性也. 只說得個形而下者, 且如手能執捉, 若執刀胡亂殺人, 亦可謂性乎?"(大全註疏)

【備旨】

告子言性이 爲孟子所攻而必欲强伸其說하여 乃仍其立論之本旨而言曰 性之爲性은 非他也라 凡於天地間에 有此知覺하고 有此運動者ㅣ卽爲性也니 若言性 而有出於生之外면 則非性矣라 此는 吾所以有杞柳湍水之喩也라

고자告子가 본성에 대해 말하다가 맹자에게 공격을 받았는데, 기필코 자신이 학설을 억지로 펴기 위해 그 입론立論의 본지本旨를 따라 말

하여 가로되 "본성이 바로 본성이 되는 것은 다른 것이 아닙니다. 무릇 천지 사이에 이 지각知覺이 있고 이 운동運動이 있는 것이 바로 본성입니다. 만약 본성을 말하는데 타고난 것 밖에서 나온다면 이는 본성이 아닙니다. 이것이 제가 기류杞柳와 단수湍水로 비유한 이유입니다."

孟子曰 生之謂性也는 猶白之謂白與아

曰然하다

白羽之白也ㅣ猶白雪之白이며 白雪之白이 猶白玉之白與아

曰然하다

맹자 가라사대 "타고난 자질을 '성性' 이라고 말한 것은 흰 것을 희다고 한 것과 같은가?"

가로되 "그렇습니다."

"흰 깃이 흰 것은 흰 눈이 흰 것과 같으며, 흰 눈이 흰 것은 흰 옥이 흰 것과 같은가?"

가로되 "그렇습니다."

白之謂白은 猶言凡物之白者를 同謂之白이요 更無差別也라 白羽以下는 孟子再問에 而告子曰然이라하니 則是謂凡有生者는 同是一性矣니라

'백지위백白之謂白'은 모든 물건의 흰색을 똑같이 흰색이라고 말하며 전혀 차별이 없다고 말하는 것과 같다.

'백우白羽' 이하는 맹자가 다시 묻고 고자告子가 그렇다고 말한 것이니, 이는 살아있는 모든 것은 본성이 똑같다고 말한 것이다.

주해

● 신안진씨新安陳氏가 말했다. "白羽至輕之白與白雪不堅之白, 白玉堅潤之白, 質本不同."(大全註疏)

【備旨】

孟子ㅣ姑就其說하여 詰之曰 子ㅣ謂生之謂性也는 猶凡物之白者를 卽謂之白與아 告子ㅣ不求諸心而直應之曰然하다하니 凡有白者를 卽謂之白은 凡有生者를 卽謂之性과 無以異也라
孟子ㅣ猶恐其言未定하여 復伸之曰 天下之物은 稱爲白者ㅣ亦多矣어늘 今若比而同之하니 則白羽之白이 卽猶白雪之白이며 白雪之白이 卽猶白玉之白하여 更無差別與아 告子ㅣ復應之曰然하다하니 彼盖欲伸其白之謂白之說하여 而不知生之爲性之非已를 自此而可闢矣라

맹자께서 우선 그 말에 나아가 힐책詰責하여 가라사대 "그대가 '타고난 자질을 본성이라고 한다.'고 말한 것은 모든 물건의 흰색을 똑같이 흰색이라고 말하는 것과 같은가?"

고자告子가 그것을 마음에서 구하지 않고 곧바로 응답하여 가로되 "그렇습니다. 모든 물건의 흰색을 똑같이 흰색이라고 말한 것은 모든 물건의 살아있는 것을 본성이라고 말한 것과 다름이 없습니다."

맹자께서 여전히 그 말이 정립되지 못한 것을 염려하여 다시 말하

여 가라사대 "천하의 사물 중에 흰색이라고 말하는 것은 또한 많다. 그런데 이제 만약 비유하여 똑같이 여긴다면 흰 깃이 흰 것은 흰 눈이 흰 것과 같으며, 흰 눈이 흰 것은 흰 옥이 흰 것과 같아서 전혀 차별이 없다는 것인가?"

고자告子가 다시 응답하여 가로되 "그렇습니다."

고자告子는 대개 흰 것을 희다고 한 말을 설파하려고 했으나, 타고난 자질을 본성이라고 한 말이 잘못되었다는 사실을 알지 못한 것을 이로부터 알 수 있다.

주해

- 고(姑) : 우선. 잠시. '고차姑且' 또는 '잠차暫且'와 같다.
  姑(잠시 고) 暫(잠시 잠)
- 신(伸) : 말하다. 진술하다.
  명明나라 고계高啓의 〈서박계자사書博雞者事〉에 "第爲上者不能察, 使匹夫攘袂群起以伸其憤."이라 했다. 攘(물리칠 양) 袂(소메 매)

然則犬之性이 猶牛之性이며 牛之性이 猶人之性與아

"그렇다면 개의 본성이 소의 본성과 같으며, 소의 본성이 사람의 본성과 같은가?"

孟子又言若果如此면 則犬牛與人이 皆有知覺하고 皆能運動하니 其性이 皆無以異矣라하시니 於是에 告子自知其說之非하고 而不能對也하니라

愚按 性者는 人之所得於天之理也요 生者는 人之所得於天

之氣也니 性은 形而上者也요 氣는 形而下者也라 人物之生이 莫不有是性하고 亦莫不有是氣언마는 然이나 以氣言之하면 則知覺運動은 人與物이 若不異也로대 以理言之하면 則仁義禮智之稟이 豈物之所得而全哉아 此는 人之性이 所以無不善而爲萬物之靈也라
告子不知性之爲理하고 而以所謂氣者로 當之라 是以로 杞柳湍水之喩와 食色無善無不善之說이 縱橫繆戾하고 紛紜舛錯이로되 而此章之誤가 乃其本根이니 所以然者는 蓋徒知知覺運動之蠢然者ㅣ人與物同이요 而不知仁義禮智之粹然者ㅣ人與物異也라 孟子以是折之하시니 其義精矣로다

맹자께서 또 말하기를 "만약 과연 이와 같다면 개와 소 그리고 사람이 모두 지각이 있고 모두 운동을 할 수 있으니, 그 본성이 모두 다름이 없는 것이다."라고 하시니, 이에 고자告子가 스스로 그 말이 잘못되었음을 깨닫고 대답하지 못했다.

내가 살펴보건대 '성性'은 사람이 하늘에서 얻은 이理요, '생生'은 사람이 하늘에서 얻은 기氣이니, 성性은 형이상形而上이요 기氣는 형이하形而下이다. 사람과 물건이 태어날 때 이 성性을 가지고 있지 않은 자가 없고, 또 이 기氣를 가지고 있지 않은 자가 없다. 그러나 기氣로써 말하자면 지각과 운동은 사람과 물건이 다르지 않은 것 같으나, 이理로써 말하자면 인의예지仁義禮智의 품부稟賦가 어찌 물건이 받아서 온전하겠는가? 이는 사람의 본성이 선善하지 않음이 없어서 만물의 영장이 되는 이유이다.

고자告子는 성性의 이理가 되는 것을 알지 못하고 이른바 기氣를 가지고 이理라고 한 것이다. 이 때문에 기류杞柳니 단수湍水니 하는 비유와 식색食色에는 선善도 없고 불선不善도 있다고 하는 말이 종횡으로 보순되고 어지럽게 잘못되었는데, 이 장章의 오류가 바로 그것의 뿌리가

된다. 그렇게 된 이유는 대개 한갓 지각하고 운동하는 움직임이 사람과 물건이 같은 줄만 알고, 인의예지仁義禮智의 수연粹然함이 사람과 물건이 다른 줄은 알지 못했기 때문이다. 맹자가 이것으로 절복折服시켰으니 그 뜻이 정밀하다.

주해

- 주자朱子가 말했다. "犬牛人之形氣, 既具而有知覺能運動者, 生也. 有生雖同, 然形氣既異, 則其生而有得乎天之理亦異. 蓋在人則得其全而無有不善, 在物則有所蔽而不得其全, 是乃所謂性也."(大全註疏)
- 犬牛分別不重, 只重人必別於物.(四書補註備旨)
- 준연(蠢然) : 움직이는 모양. 蠢(꿈틀거릴 준)
  《음부경陰符經》 하편下篇에 "天之無恩而大恩生, 迅雷烈風, 莫不蠢然."라고 했다.
  《역위건곤착도易緯乾坤鑿度》 권상卷上에 "畫坤爲人門, 萬物蠢然, 俱受蔭育."이라 했다. 鑿(뚫을 착)
- 繆(어그러질 류) 戾(어그러질 려) 紜(어지러울 운) 舛(어그러질 천)

【備旨】

孟子ㅣ因折之曰 如子之言인댄 凡有白者를 均謂之白이라 하니 是凡有生者는 皆同一性矣라 然則人有知覺運動하고 犬與牛ㅣ亦有知覺運動하니 將謂犬之性이 無異於牛之性하며 牛之性이 無異於人之性與아

不知以生而言인댄 物之知覺運動이 若與人同이로되 以生之理而言인댄 人有仁義禮智之稟則與物異하니 何可比而同之也리오 子乃謂生之謂性은 是同人道於犬牛矣니 何其悖理之甚哉아

맹자께서 인하여 그를 절복折服시켜 가라사대 “그대의 말과 같다면 무릇 흰색을 모두 흰색이라고 말하는 것이니, 이는 무릇 생生이 있는 것은 모두 성性이 동일하다고 하는 것이다. 그렇다면 사람에게 지각과 운동이 있고 개와 소에게도 또한 지각과 운동이 있으니, 장차 개의 본성이 소의 본성과 다름이 없으며, 소의 본성이 사람의 본성과 다름이 없다고 말하는 것인가?

생生으로써 말하건대 물건의 지각과 운동은 사람과 같은 것 같지만, 생生의 이理로써 말하자면 사람이 인의예지仁義禮智를 품부稟賦받은 것이 물건과 다르니, 어찌 비교하여 같다고 할 수 있는지 모르겠다. 그대가 이에 ‘타고난 자질을 성性이라고 한다.’고 말한 것은, 이는 인도人道를 견우犬牛와 동일시 한 것이니, 얼마나 그 이치에 심하게 어긋난 것인가!”

[11·4]

告子曰 食色이 性也니 仁은 內也라 非外也요 義는 外也라 非內也니라

고자告子 가로되 “감식甘食과 열색悅色은 본성이니, 인仁은 내면內面이지 외면外面이 아니요, 의義는 외면外面이지 내면內面이 아닙니다.”

告子ㅣ以人之知覺運動者로 爲性이라 故로 言人之甘食悅色者ㅣ卽其性이라 故로 仁愛之心은 生於內하고 而事物之宜는 由乎外하니 學者ㅣ但當用力於仁이요 而不必求合於義也니라

고자告子는 사람이 지각하고 운동하는 것을 본성이라 여겼다. 그러므로 "사람이 음식을 좋아하고 색色을 좋아하는 것은 바로 본성이다. 그러므로 인애仁愛의 마음은 내면內面에서 생기고, 사물의 마땅함은 외면外面에서 나온다. 배우는 자는 다만 마땅히 인仁에 힘쓸 것이요, 반드시 의義에 부합되기를 구할 필요는 없다."라고 말한 것이다.

주해

- 식색성야(食色性也) : 감식甘食과 열색悅色은 본성이다.
  《예기禮記·예운禮運》에 "飮食男女, 人之大欲存焉."이라 했다.
  "告子以甘食悅色, 是生而有之. 不期然而然者, 故曰性."(四書補註備旨)
  경원보씨慶源輔氏가 말했다. "人之甘食者, 知其食之美而甘之也. 悅色者, 知其色之美而悅之也. 知卽知覺也. 甘與悅卽運動也."(大全註疏)
- 인내(仁內)와 의외(義外) : 인仁을 내면으로 삼고, 의義를 외면으로 삼다.
  "仁以仁愛之心言. 隘生於內故以仁爲內.", "義以事物之宜言. 宜生於外故以義爲外."(四書補註備旨)

【備旨】

告子ㅣ誤執生之謂性하여 雖屢詘於孟子之辯이나 而猶不求諸心하고 乃復强伸其說曰 欲知生之謂性인댄 求之仁義則難明이요 驗之食色則易見이라
夫人이 生而甘食悅色은 是卽性也니
卽食色之甘悅而推之컨대 可見凡心之有所愛而謂之仁者는 皆內也니 非外也며 卽食色之可甘可悅而推之컨대 可見凡物之有所宜而謂之義者는 皆外也니 非內也라
仁旣在內면 則用力於仁이 可也요 義旣在外면 亦何必求合於義哉아

고자告子가 '타고난 자질을 성性이라 한다.'는 말을 잘못 고집하여, 비록 맹자의 변론에 누차 굴복되었으나, 여전히 마음에서 구하지 않고 이에 반복하여 억지로 그 말을 주장하여 가로되 "'타고난 자질을 성性이라고 한다.'는 말을 이해하는데 있어서, 인의仁義에서 구한다면 밝히기 어렵지만 식색食色에서 증험한다면 쉽게 알 수 있다.

무릇 사람이 태어나서 먹기를 좋아하고 색色을 좋아하는 것은 이것이 곧 본성이기 때문이다. 식색食色을 좋아하는 것에 나아가 미루어보건대, 모든 사람들의 마음에 좋아하는 바가 있어 그것을 인仁이라 말하는 것은 모두 내면內面이지 외면外面이 아님을 알 수 있다. 식색食色을 좋아하는 것에 나아가 미루어보건대, 모든 사물에 마땅한 바가 있어 그것을 의義라고 말하는 것은 모두 외면이지 내면이 아님을 알 수 있다.

인仁이 이미 내면內面에 있다면 인仁에 힘을 쓰는 것이 옳고, 의義가 이미 외면外面에 있다면 또한 어찌 반드시 의義에 부합되기만을 구하겠는가?"

주해

- 屢(자주 루) 詘(말이 막힐 굴)

孟子曰 何以謂仁內義外也오
曰 彼長而我長之라 非有長於我也니 猶彼白而我白之라 從其白於外也라 故로 謂之外也라하노라

맹자 가라사대 "어찌 인仁이 내면內面이고 의義가 외면外面이라고 말하는가?"

(고자告子) 가로되 "그가 나이가 많기 때문에 제가 그를 어른으로 대하는 것이지, 나에게 어른으로 대하는 마음이 미리 있는 것이 아닙니다. 이는 저 것이 흰색이어서 제가 흰색이라고 하는 것과 같습니다. 그 외면이 흰색인 것을 따랐기 때문에 그것이 외면에 있다고 말한 것입니다."

我長之는 我以彼爲長也요 我白之는 我以彼爲白也라

'아장지我長之'는 내가 그를 어른으로 대하는 것이요, '아백지我白之'는 내가 그것을 흰색으로 여기는 것이다.

주해

- 인내의외(仁內義外) : 인仁은 내면에 있고 의義는 외면에 있다.
  "言仁義一原, 仁旣在內, 何所據而獨謂義在外."(四書補註備旨)
- 피백이아백지(彼白而我白之) : 저 것이 흰색이기 때문에 내가 흰색이라고 말하다.
  "彼白, 以人色之白者", "隨其白在外而我白之, 非先有白之之心在內."(四書補註備旨)

【備旨】

孟子曰 仁義本同具於一心이어늘 子ㅣ乃謂仁在內하고 義獨在外라하니 果何所見乎아
告子曰 我以義爲外는 非無見也라 誠以彼有人焉하니 其年長也에 吾從而長之라 是因其長在彼요 而非先有長彼之心於我也니 猶彼有人焉하니 其色白也에 吾從而白之라 是從其白於外요 而非先有白彼之心於我也라 卽此觀

之컨대 則長不由於我而由於人하니 事物之宜ㅣ果在外矣라 故로 謂之義外也라하노라

맹자 가라사대 "인의仁義는 본래 동일하게 한 마음에 갖춰져 있거늘, 그대는 이에 '인仁은 내면에 있고 의義는 홀로 외면에 있다'고 하니, 과연 소견이 무엇인가?"

고자告子 가로되 "제가 의義를 외면이라고 한 것은 소견이 없는 것이 아닙니다. 진실로 저기에 사람이 있으니, 그의 나이가 많아서 제가 좇아서 그를 어른으로 여긴 것은, 이는 그 어른이 저 사람에게 있음을 인한 것이오, 먼저 저 사람을 어른으로 여기는 마음을 저에게 둔 것이 아니니, 이는 저기에 사람이 있으니 그의 색깔이 흰색이어서 제가 좇아서 그를 흰색으로 여긴 것은, 이는 그 흰색을 외면에서 좇은 것이요, 먼저 저것을 흰색으로 여기는 마음을 저에게 둔 것이 아닌 것과 같습니다.

이것으로 나아가 살피건대 어른으로 여긴 것은 저에게서 말미암은 것이 아니라 남에게서 말미암은 것이니, 사물의 마땅함이 과연 외면에 있는 것입니다. 그러므로 의義가 외면에 있다고 말한 것입니다."

曰 異於白馬之白也는 無以異於白人之白也어니와 不識케라 長馬之長也ㅣ無以異於長人之長與아 且謂長者ㅣ義乎아 長之者ㅣ義乎아

(맹자) 가라사대 "백마白馬의 흰색과 백인白人의 흰색은 다를 것이 없다. 그러나 모르긴 해도 나이든 말을 가련하게 여기는 마음이 나이든

사람을 어른으로 여기는 마음과 다름이 없다는 것인가? 또한 나이든 것을 의義라고 하겠는가? 나이든 자를 어른으로 여기는 것을 의義라고 하겠는가?"

張氏曰 上異於二字는 宜衍이라하고 李氏曰 或有闕文焉이라하니라

愚按 白馬白人은 所謂彼白而我白之也요 長馬長人은 所謂彼長而我長之也라 白馬白人은 不異하나 而長馬長人은 不同하니 是乃所謂義也라 義不在彼之長이요 而在我長之之心하니 則義之非外ㅣ明矣니라

장씨張氏 가로되 "앞의 '이어異於' 두 자는 마땅히 연문衍文이다."

이씨李氏[이욱李郁] 가로되 "혹 궐문闕文이 있다."

내가 생각하건대 백마白馬와 백인白人은 이른바 저들이 흰색이니 내가 흰색으로 여긴다는 것이요, 장마長馬와 장인長人은 이른바 저들이 나이가 들어서 내가 나이든 것으로 여기는 것이다. 백마白馬와 백인白人은 다르지 않으나, 장마長馬와 장인長人은 같지 않으니, 이것이 바로 이른바 '의義'이다. 의義는 저들이 나이든 데 있지 않고, 내가 저들이 나이가 들었다고 여기는 마음에 있으니, 의義가 외면에 있지 않은 것이 분명하다.

주해

- 장마(長馬)와 장인(長人) : 나이든 말과 나이든 사람.
  "長馬不過稱其齒之長. 長人則必有敬之之心."(四書補註備旨)
  경원보씨慶源輔氏가 말했다. "人孰以長人之心長馬乎? 其所以然者, 乃吾心之義有不同耳. 義蓋隨事之宜而裁之也."(大全註疏)
- 衍(넘칠 연) 闕(빠질 궐)

【備旨】

孟子ㅣ辨之曰 子ㅣ以白喩長하니 非其倫也라 蓋不特人有白者요 馬亦有白者하며 不特人有長者요 馬亦有長者라 彼白馬之白也는 誠無異於白人之白也어니와 不識케라 長馬之長也ㅣ果無以異於長人之長與아

吾知長馬之長은 特以彼爲長耳요 至於長人之長하여는 則不但以其人爲長也라 必有恭敬之心이 存焉하여 而與長馬之長이 不同하니 是卽所謂義也라 子ㅣ以長之白之而同論乎아 且子ㅣ所謂義者는 果安在也오

彼之年齒ㅣ長於我를 所謂長者也요 我之恭敬이 施於人를 所謂長之也니 子ㅣ果以人之長者爲義乎아 抑以在我長之者爲義乎아 如以長者爲義면 則義ㅣ可以爲在外어니와 若以長之者爲義면 則義ㅣ豈在外哉리오

맹자께서 분별하여 가라사대 "그대가 흰색으로 나이든 자를 비유하니 그것은 경우가 같지 않다. 대개 사람만 흰색이 있는 것이 아니요 말도 또한 흰색이 있으며, 사람만 나이든 자가 있을 뿐 아니라 말도 또한 나이든 말이 있다. 저 백마의 흰색은 진실로 백인의 흰색과 다름이 없지만, 모르긴 해도 나이든 말을 가련하게 여기는 마음이 과연 나이든 사람을 공경하는 마음과 다름이 없다는 것인가?

내가 알기로는 장마長馬를 가련하게 여기는 것은 다만 장마長馬가 나이가 들었다고 여길 뿐이지만, 장인長人을 어른으로 여기는 것은 그 사람을 어른으로 여길 뿐만 아니라 반드시 공경하는 마음이 있어서 장마長馬를 가련하게 여기는 것과 같지 않으니, 이것이 바로 이른바 '의義'이다. 그대는 나이가 들었다고 여기고 흰색이라고 여기면서 동일하게

논할 수 있는가? 또한 그대가 말한 '의義'는 과연 어디에 있는가?

저들의 나이가 나보다 많은 것을 '장자長者'라고 하고, 내가 남에게 공경하는 마음을 갖는 것을 '어른으로 여긴다'고 하는데, 그대는 과연 남보다 나이가 많은 것을 '의義'라고 여기는가? 그렇지 않으면 나에게 있는 어른으로 여기는 마음을 '의義'라고 여기는가? 만약 나이든 것을 의義로 삼는다면 의義가 외면에 있다고 할 수 있지만, 만약 어른으로 여기는 것을 의義로 삼는다면 의義가 어찌 외면에 있겠는가?"

주해

- 윤(倫) : 같다. 비교하다. '등륜等倫'과 같다. 倫(같을 륜)
  《의례儀禮·즉석卽夕》에 "凡絞紟用布, 倫如朝服."라고 했고, 《예기禮記·중용中庸》에 "毛猶有倫."라고 했다. 絞(묶을 교) 紟(옷고름 금)
  위魏나라 조식曹植의 〈학궁송學宮頌〉에 "德倫三五, 配皇作烈."이라 했다.

曰 吾弟則愛之하고 秦人之弟則不愛也하나니 是는 以我爲悅者也라 故로 謂之內요 長楚人之長하며 亦長吾之長하나니 是는 以長爲悅者也라 故로 謂之外也라하노라

가로되 "내 아우면 사랑하고, 진秦나라 사람의 아우이면 사랑하지 않으니, 이는 나를 위주로 기뻐하는 것입니다. 그러므로 인仁이 내면에 있다고 말한 것입니다.
초楚나라의 나이든 사람을 어른으로 여기며 또한 내 집안의 나이든 사람을 어른으로 여기니, 이는 어른으로 기뻐하는 것입니다. 그러므로 의義가 외면에 있다고 말한 것입니다."

言愛主於我라 故로 仁在內요 敬主於長이라 故로 義在外라

사랑은 나를 위주로 하기 때문에 인仁이 내면에 있고, 공경은 나이 든 자를 위주로 하기 때문에 의義가 외면에 있다고 말한 것이다.

주해

- 이아위열(以我爲悅) : 나를 위주로 기뻐하다. 곧 나의 관계 때문에 기뻐한다는 말이다.
  "以我爲悅, 見强不得我之愛意."(四書補註備旨)
- 이장위열(以長爲悅) : 어른을 위주로 기뻐하다. 곧 나이든 자와의 관계 때문에 기뻐한다는 말이다.
  "以長爲悅, 見沒不得人之長意."(四書補註備旨)

【備旨】

告子ㅣ復申其說曰 吾所謂仁內者는 何也오 蓋吾弟는 親之也니 則愛之하고 秦人之弟는 踈之也니 則不愛也라 愛與不愛는 是以我之心爲悅者也니 可見仁愛之心은 生於內라 故로 謂之仁在內也요 吾所謂義外者는 何也오 蓋致敬以長乎楚人之長者하며 亦致敬以長乎吾之長者하니 敬主於長은 是以人之長爲悅者也니 可見事物之宜由乎外라 故로 謂之義在外也라하노라
告子此言은 終以長者爲義하고 不知長之者爲義矣니라

고자告子가 다시 자신의 말을 설명하여 가로되 "제가 이른바 인仁이 내면에 있다고 한 것은 무엇이겠습니까? 대개 제 아우는 친근하니 그를 사랑하고, 진인秦人의 아우는 소원하니 그를 사랑하지 않습니다. 사

랑하고 사랑하지 않는 것은 이는 나의 마음을 기쁨으로 삼는 것이요, 인애仁愛의 마음이 내면에서 생긴다는 것을 알 수 있습니다. 그러므로 인仁이 내면에 있다고 말한 것입니다.

제가 이른바 의義가 외면에 있다고 한 것은 무엇이겠습니까? 대개 치경致敬하여 초楚나라의 나이든 사람을 어른으로 여기며, 또한 치경致敬하여 내 집안의 어른을 어른으로 여깁니다. 공경함이 나이든 사람을 주장한 것은 이는 나이든 자를 기쁨으로 삼는 것이요, 사물의 마땅함이 외면에서 나온다는 것을 알 수 있습니다. 그러므로 의義가 외면에 있다고 말한 것입니다."

고자告子의 이 말은 끝내 나이든 자를 의義로 삼고, 어른으로 여기는 것이 의義가 된다는 사실을 알지 못한 것이다.

주해

- 치경(致敬) : 공경의 뜻을 표하다.
  《좌전左傳·성공13년成公十三年》 條에 "勤禮莫如致敬, 盡力莫如敦篤."이라 했다.
  《삼국지三國志·위지魏志·최림전崔林傳》에 "(吳質)仗節統事, 州郡莫不奉牋致敬."이라 했다.

曰 耆秦人之炙ㅣ 無以異於耆吾炙하니 夫物이 則亦有然者也니 然則耆炙도 亦有外與아

가라사대 "진秦나라 사람의 불고기를 좋아하는 것이 자신의 불고기를 좋아하는 것과 다름이 없으니, 모든 사물이 또한 그러하다. 그렇다면 불고기를 좋아하는 마음도 또한 외면에 있는 것인가?"

耆는 與嗜同이라 言長之耆之ㅣ皆出於心也이라
林氏曰 告子以食色爲性이라 故로 因其所明者而通之니라
自篇首로 至此四章히 告子之辯이 屢屈而屢變其說하여 以求勝하고 卒不聞其能自反而有所疑也하니 此正其所謂不得於言勿求於心者니 所以卒於鹵莽而不得其正也니라

'기耆'는 기嗜와 같다. 어른으로 여기는 것과 좋아함이 모두 마음에서 나옴을 말한 것이다.

임씨林氏[임지기林之奇] 가로되 "고자告子는 감식甘食과 열색悅色을 본성으로 삼았다. 그러므로 그가 잘 아는 것으로 인하여 깨닫게 하신 것이다."

첫 장에서 이 4장에 이르기까지 고자告子의 변론이 여러 차례 설복說服당하고 그 말을 여러 차례 바꾸어 이기려고 했으나, 끝내 그 능히 스스로 돌이켜 의심한 바가 있다는 말을 듣지 못했으니, 이것이 바로 고자가 말한 '말에 얻지 못하였으면 마음에서 구하지 말라'는 것이다. 이 때문에 마침내 노망鹵莽하여 그 바른 도리를 얻지 못한 것이다.

주해

- 노망(鹵莽) : 거칠다. 구차하다. '노망魯莽'과 같다.
  鹵(거칠 로) 莽(우거질 망)
  송宋나라 왕안석王安石의 〈답사마간의서答司馬諫議書〉에 "重念蒙君實視遇厚, 於反覆不宜鹵莽."이라 했다.
  당唐나라 황보식皇甫湜의 〈制策一道〉에 "怙衆以固權位, 行賄以結恩澤, 因循鹵莽, 保持富貴而已."라고 했다. 怙(믿을 호) 賄(뇌물 회)
- 부득어언(不得於言) 물구어심(勿求於心) : 말에 얻지 못하면 마음에서 구하지 말라.
  《맹자孟子·공손추상公孫丑上》에 "告子曰 不得於言, 勿求於心. 不得於心, 勿求於氣. 不得於心, 勿求於氣, 可. 不得於言, 勿求於心, 不可."라고 했다.

운봉호씨雲峯胡氏가 말했다. "夫子嘗曰 義以方外. 夫義所以裁制其在外者而非在外也. 告子義外之說, 孟子所以深闢之."(大全註疏)

● 炙(고기구울 자) 耆(늙은이 기) 嗜(즐길 기)

【備旨】

> 孟子ㅣ乃因其明而通之曰 長楚人之長하며 亦長吾之長은 人固有然者어니와 彼耆秦人之炙ㅣ亦無以異於耆吾之炙하니 夫物則亦有同耆而然者也라 信如子ㅣ以長爲悅而外乎義인댄 然則耆炙之心도 亦有在乎外與아
> 吾知炙ㅣ雖在外而所以耆之者는 心也요 長이 雖在外而所以長之者는 心也니 耆炙非外어늘 而敬長爲外乎아 敬長非外어늘 而義豈在外乎아

맹자께서 이에 그가 잘 아는 것으로 인하여 깨닫게 하여 가라사대 "초楚나라의 나이든 자를 어른으로 여기며, 또한 내 집안의 어른을 어른으로 여기는 것은 사람들에게 진실로 그런 점이 있거니와,

저 진秦나라 사람의 불고기를 좋아하는 것이 자신의 불고기를 좋아하는 것과 다름이 없으니, 모든 사물이 또한 똑같이 좋아하여 그런 점이 있다.

진실로 그대의 말처럼 나이든 자를 기쁨으로 삼아 의義가 외면에 있다고 한다면, 그렇다면 불고기를 좋아하는 마음도 또한 외면에 있는 것인가?

내가 알기로는 비록 구운 고기가 외면에 있으나 그것을 좋아하는 것은 마음이요, 나이든 자가 비록 외면에 있으나 그를 어른으로 여기는 것은 마음이다. 구운 고기를 좋아하는 것이 외면이 아니거늘 어른

을 공경하는 것이 外面이 되겠는가? 어른을 공경하는 것이 외면이 아니거늘 의義가 어찌 외면에 있겠는가?"

[11·5]

孟季子問公都子曰 何以謂義內也오

맹계자孟季子가 공도자公都子에게 물어 가로되 "어찌하여 의義가 내면에 있다고 하는가?"

孟季子는 疑孟仲子之弟也니 蓋聞孟子之言而未達이라 故로 私論之하니라

맹계자孟季子는 아마도 맹중자孟仲子의 아우인 듯하다.

대개 맹자의 말을 듣고도 깨닫지 못했기 때문에 사사로이 논한 것이다.

주해

- 맹계자(孟季子) : 미상이다.

【備旨】

孟季子ㅣ聞孟子義內之說하고 未達其旨하여 乃私問公都子曰 人皆以義爲外어늘 夫子ㅣ獨以義爲在內라하시니 此其說이 果何謂也오

맹계자孟季子가 맹자의 '의내義內'설을 듣고도 그 뜻을 깨닫지 못하여, 이에 사사로이 공도자公都子에게 물어 가로되 "사람들이 모두 의義를 외면으로 여기거늘 부자夫子께서는 홀로 의義가 내면에 있다고 하시니, 이는 그 설說이 과연 무슨 말씀입니까?"

曰 行吾敬故로 謂之內也니라

(공도자公都子) 가로되 "내 마음에 있는 공경에서 나오기 때문에 내면에 있다고 말씀하신 것이다."

所敬之人이 雖在外나 然이나 知其當敬하여 而行吾心之敬以敬之면 則不在外也니라

공경해야 하는 사람이 비록 외면에 있으나, 그러나 그 마땅히 공경할 줄을 알고 내 마음의 공경을 행하여 그를 공경한다면 곧 외면에 있는 것이 아니다.

주해

- 행오경(行吾敬) : 내 마음의 공경에서 나오다. '행行'은 '출出'의 뜻이고, '오吾'는 '오심吾心'의 뜻이다.
  "行字當出字看, 吾字包心字在內."(四書補註備旨)

【備旨】

公都子曰 義主於敬하니 知敬之所自出이면 則知義之在內矣라 有人於此하니 在所當敬也에 行吾心之敬以敬之면 是敬由心出이라 故로 謂之內也니라

공도자公都子 가로되 "의義는 공경을 주장하니, 공경이 말미암아 나온 바를 알면 의義가 내면에 있음을 알 수 있다. 어떤 사람이 있어 마땅히 공경할 바에 내 마음의 공경을 행하여 그를 공경하면, 이는 공경이 마음에서 나온 것이다. 그러므로 내면이라고 말한 것이다."

鄕人이 長於伯兄一歲則誰敬고
曰敬兄이니라
酌則誰先고
曰先酌鄕人이니라 所敬은 在此하고 所長은 在彼하니 果在外라 非由內也로다

(孟季子) "고을 사람이 맏형보다 한 살이 많으면 누구를 공경해야 하는가?"
(公都子) 가로되 "맏형을 공경해야 한다."
(孟季子) "술을 따르면 누구에게 먼저 따르는가?"
(公都子) 가로되 "먼저 고을 사람에게 따른다."
(孟季子) "공경하는 자는 여기[맏형]에 있고 어른으로 여기는 자는 저기[향인]에 있으니, 결과적으로 의義는 외면에 있지 내면으로 말미암지 않는다."

伯은 長也라 酌은 酌酒也라

此皆季子問에 公都子答이요 而季子ㅣ又言 如此면 則敬長之心이 果不由中出也라하니라

'백伯'은 長이다. '작酌'은 술을 따라 술잔을 올린다는 뜻이다.

이는 모두 맹계자가 묻고 공도자가 대답한 것이다.

맹계자가 다시 말하되 "이와 같다면 어른을 공경하는 마음은 결과적으로 내면에서 나온 것이 아니다."라고 하였다.

주해

- 경형(敬兄) : 맏형을 공경하다.
  "疏不踰親, 況鄕人僅長一歲乎."(四書補註備旨) 僅(겨우 근)
- 선작향인(先酌鄕人) : 먼저 향인에게 술을 따르다. 酌(따를 작)
  "主不先客, 況其年又長一歲乎."(四書補註備旨)

【備旨】

孟季子ㅣ猶未達하고 意以敬雖在內나 然이나 吾所以用其敬者則在外也라하여 乃又辯曰 子ㅣ以行吾敬으로 明義之在內하니 似謂敬卽義矣나 不知敬義固當有別也라 試以敬長而言컨대 假如鄕人이 長於伯兄一歲則誰敬잇고

公都子曰 敬以親疎爲殺니 當敬兄也니라

孟季子曰 鄕人이 與伯兄同飮酌則誰先잇고

公都子曰 酌以賓主爲序니 當先酌鄕人也니라

孟季子曰 所敬者는 旣在此伯兄하고 當酌之時엔 所長者ㅣ又在彼鄕人하니 則吾不得以自主요 但因人爲轉移하니 義果在外라 非有內也로다

맹계자孟季子는 여전히 깨닫지 못하고 마음속으로 공경함이 비록 내면에 있으나 내가 그 공경을 쓰는 바는 외면에 있다고 생각하였다.

이에 다시 변론하여 가로되 "그대가 자신의 공경을 행하는 것으로 의義가 내면에 있음을 밝힌 것은 공경이 바로 의義라고 말한 것과 같으니, 이는 공경과 의義가 본디 마땅히 구별이 있다는 사실을 모르는 것이다. 시험 삼아 어른을 공경하는 것으로 말하건대, 가사 고을 사람이 맏형보다 한 살이 많으면 누구를 공경해야 하는가?"

공도자公都子 가로되 "공경은 친소親疎로써 강쇄降殺를 삼으니, 마땅히 맏형을 공경해야 한다."

맹계자 가로되 "고을 사람이 맏형과 함께 술을 마시면 누구에게 먼저 술을 따라야 하는가?"

공도자 가로되 "술을 따라 술잔을 올리는 것은 빈주賓主를 차례로 삼아야 하니 마땅히 고을 사람에게 먼저 따라야 한다."

맹계자 가로되 "공경하는 바가 이미 여기 맏형에게 있고, 술을 따를 때는 어른으로 여기는 바가 저기 고을 사람에게 있으니, 내가 스스로 주장할 수 없고 다만 사람에 따라 옮겨갈 뿐이다. 그러므로 의義는 결과적으로 외면에 있지 내면에 있는 것이 아니다."

주해

- 쇄(殺) : 줄이다. 덜다. 곧 '강쇄降殺'의 뜻이다. 殺(덜 쇄)
- 전이(轉移) : 전환하다. 옮기다. '천이遷移'와 같다. 轉(구를 전) 移(옮길 이) 《주례周禮·천관天官·대재大宰》에 "九曰閑民, 無常職, 轉移執事."라고 했고, 정현鄭玄의 註에서 정사농鄭司農의 설을 인용하여 "閑民, 謂無事業者, 轉移爲人執事, 若今傭賃也."라고 풀이했다.

公都子 | 不能答하여 以告孟子한대
孟子曰 敬叔父乎아 敬弟乎아하면 彼將曰敬叔父라하리라 曰弟爲尸則誰敬고하면 彼將曰敬弟라하리라 子 | 曰惡在其敬叔父也오하면 彼將曰 在位故也라하리니 子 | 亦曰在位故也라하라 庸敬은 在兄하고 斯須之敬은 在鄕人하니라

공도자公都子가 대답하지 못하고 맹자께 고하였다.
맹자 가라사대 "그대가 '숙부를 공경하는가, 아우를 공경하는가?' 라고 물으면, 그는 장차 '숙부를 공경한다.' 고 대답할 것이다. 그대가 '동생이 시동尸童이 되면 누구를 공경하는가?' 라고 물으면, 그는 장차 '동생을 공경한다.' 고 대답할 것이다. 그대가 '그 숙부를 공경함이 어디에 있는가?' 라고 물으면, 그는 장차 '동생이 시동尸童의 자리에 있기 때문이다.' 라고 할 것이다. 그대도 또한 '향인鄕人이 빈객의 자리에 있기 때문이라.' 라고 말하라. 평상시의 공경은 형에게 있지만, 일시적인 공경은 향인에게 있는 것이다."

尸는 祭祀所主以象神이니 雖子弟爲之나 然이나 敬之를 當如祖考也라
在位는 弟在尸位요 鄕人在賓客之位也라
庸은 常也요 斯須는 暫時也라 言因時制宜가 皆由中出也라

'시尸'는 제사에서 신주神主로 삼아 신神을 상징하는 바이다. 비록 아들이나 동생이 시동尸童이 되더라도, 공경하여 마땅히 조고祖考처럼 모

셔야 한다.

'재위在位'는 동생이 시동尸童의 자리에 있고, 향인鄕人이 빈객의 자리에 있는 것이다.

'용庸'은 평상의 뜻이요, '사수斯須'는 잠시의 뜻이다. 때에 따라 마땅한 조치를 취하는 것은 모두 내면에서 나온다는 말이다.

주해

- 시동(尸童) : 제사를 지낼 때 신위神位 대신으로 앉히던 어린아이. 尸(시동 시)
- 오재(惡在) : 어디에 있는가? '하재何在'와 같다. 惡(어찌 오) "惡在如言何在."(四書補註備旨)
- 인시제의(因時制宜) : 때에 따라 시의적절한 조치를 취하다. 《회남자淮南子·범론훈氾論訓》에 나온다. "器械者, 因時變而制宜適也."

【備旨】

公都子ㅣ屈於季子之辯而不能答하고 述其言以告孟子한대 孟子曰 子ㅣ盍就其所難者而反難之오 則因其辭而折之易矣라 試問之曰 弟與叔父는 皆至親也나 敬叔父乎아 敬弟乎아하면 彼將執其禮之常而曰 卑不敵尊하니 其敬叔父矣라하리라 子ㅣ又問之曰 弟或爲尸則誰敬고하면 彼將執其禮之變而曰 尸以象神하니 其敬弟矣라하리라 子ㅣ因辯之曰 旣曰敬弟則叔父不得以伸其尊矣니 惡在其爲敬叔父也오하면 彼將曰 我所謂敬弟者는 以弟在尸位故也니 叔父雖尊이나 勢不得不爲祖考屈矣라하리라 子亦曰 吾向所謂先酌鄕人者는 以鄕人在賓客之位故也니 伯兄雖親이나 勢不得不爲主道屈矣라하라

是는 盖平日庸常之所敬者는 在於伯兄之至親하니 亦猶敬叔父之至尊也요 吾斯須暫時之所敬者는 在鄕人之爲賓하니 猶之敬弟之爲尸也라 或常或暫이 雖異其施나 因時制宜ㅣ皆由中出하니 此可見義之在內矣니라

공도자公都子가 맹계자孟季子의 변론에 굴복하여 대답하지 못하고, 그 말을 서술하여 맹자께 고하였다.

맹자 가라사대 "그대는 어찌하여 그가 힐난詰難한 바에 나아가 도리어 힐난하지 않았는가? 그 말에 따라 그를 절복折服시키는 것은 쉬운 일이다.

시험 삼아 그에게 묻기를 '동생과 숙부는 모두 지친至親이나, 숙부를 공경하겠는가, 동생을 공경하겠는가?'라고 하면, 그는 장차 그 통상通常의 예제禮制를 들어 가로되 '낮은 신분은 높은 신분을 대적하지 못하니, 그 숙부를 공경할 것이다.'라고 할 것이다. 그대가 다시 물어 가로되 '동생이 혹 시동尸童이 되면 누구를 공경하겠는가?'라고 하면, 그는 장차 그 변례變禮를 들어 가로되 '시동尸童은 신神을 상징하는 것이니, 그 동생을 공경할 것이다.'라고 할 것이다.

그대가 인하여 그에게 변론하여 가로되 '이미 동생을 공경한다고 말한다면 숙부는 그 존귀함을 펼 수 없으니, 그 숙부를 공경함이 어디에 있는가?'라고 하면, 그는 장차 가로되 '내가 이른바 동생을 공경한다고 하는 것은 동생이 시동尸童의 자리에 있기 때문이다. 숙부가 비록 존귀하나 형세가 조고祖考에게 굽히지 않을 수 없다.'라고 할 것이다. 그대는 또한 '내가 지난번에 이른바 향인鄕人에게 먼저 술을 올린다고 말한 것은 향인鄕人이 빈객의 자리에 있기 때문이다. 백형伯兄이 비록 지친至親이나 형세가 주노主道에게 굽히지 않을 수 없다.'"라고 말하라.

이는 대개 평상시에 공경하는 바는 지친至親의 백형伯兄에게 있으

니, 또한 지존至尊의 숙부를 공경하는 것과 같다. 내가 잠시 동안 공경하는 바자 빈객인 향인鄕人에게 있으니, 시동尸童인 동생을 공경하는 것과 같다. 혹은 평상시에 행하고 혹은 잠시 동안 행하여 비록 그 시행하는 것이 다르나, 때에 따라 그 적절함을 취하는 것은 모두 내면으로 말미암아 나오는 것이니, 여기에서 의義가 내면에 있음을 알 수 있다.

주해

- 지친(至親) : 가장 가까운 친척.
  《예기禮記·삼년문三年問》에 나온다. "至親以期斷."
  《한서漢書·공광전孔光傳》에 "上卽位二十五年, 無繼嗣, 至親有同產弟中山孝王及同產弟子定陶王在."라고 했다. 嗣(이을 사)
- 예지상(禮之常) : 예禮의 떳떳함. 곧 통상通常의 예제禮制를 말한다.
  《한서漢書·교사지하郊祀志下》에 "古者壇場有常處, 尞禋有常用, 贊見有常禮."라고 했다. 尞(횃불 료) 禋(제사지낼 인)
  《진서晉書·예지중禮志中》에 "兩後匹嫡, 自謂違禮, 不謂非常之事而以常禮處之也."라고 했다.
- 예지변(禮之變) : 예禮의 변통. 곧 전상典常에 맞지 않는 '변례變禮'를 말한다.
  《한서漢書·유림전儒林傳·장산부張山拊》: "昔周公薨, 成王葬以變禮, 而當天心." 拊(어루만질 부) 薨(죽을 훙)
  한漢나라 동중서董仲舒의 《춘추번로春秋繁露·옥영玉英》에 나온다. "《春秋》有經禮, 有變禮……明乎經變之事, 然後知輕重之分, 可與適權矣."
- 주도(主道) : 빈객을 초청한 주인. 남을 접대하는 사람. '동도東道' 또는 '동도주東道主'와 같다.
  송宋나라 매요신梅堯臣의 〈침학사경휴지진주沉學士景休知眞州〉詩에 나온다. "家風自有東陽詠, 主道新移北海罇." 罇(술두루미 준)
  청淸나라 공상임孔尚任의 《도화선桃花扇·요사鬧榭》에도 나온다. "我與次兄原有主道, 正該少申敬意."

季子ㅣ聞之曰 敬叔父則敬하고 敬弟則敬하니 果在外라 非由內也로다
公都子曰 冬日則飮湯하고 夏日則飮水하나니 然則飮食도 亦在外也로다

계자季子가 듣고 가로되 "숙부를 공경하는 것도 공경하는 것이고, 동생을 공경하는 것도 공경하는 것이니, 결과적으로 의義는 외면에 있는 것이지 내면에서 나오는 것이 아니다."
공도자公都子가 가로되 "겨울에는 뜨거운 물을 마시고 여름에는 찬물을 마시니, 그렇다면 마시고 먹는 것도 또한 외면에 있는 것인가?"

此亦上章耆炙之意니라
范氏曰 二章問答이 大指略同하니 皆反覆譬喩하여 以曉當世하여 使明仁義之在內하시니 則知人之性善하여 而皆可以爲堯舜矣리라

이는 또한 상장上章의 '구운 고기를 좋아한다'는 뜻이다.
범씨范氏[범조우范祖禹] 가로되 "두 장章의 문답은 대지大指가 대략 같으니, 모두 반복하여 비유해서 당시 사람들을 깨우쳐 인의仁義가 내면에 있음을 밝힌 것이니, 사람의 본성이 선善하여 모두 요순堯舜과 같은 사람이 될 수 있음을 알게 한 것이다."

주해

- 경원보씨慶源輔氏가 말했다. "若以義爲外, 則便於性之本體偏枯了, 安能知人性之本善? 旣不知人性之本善, 則豈能知人皆可以爲堯舜哉!"(大全註疏)

【備旨】

季子ㅣ聞孟子之言而未達하여 又向公都子辯曰 信如夫子之言인댄 當敬叔父則敬叔父하니 卽吾之所敬이 在此也요 當敬弟則敬弟하니 卽吾之所長이 在彼也라 是敬ㅣ因人以施而不能以自主하니 義果在於外라 非出於內也로다
公都子ㅣ遂以所得於孟子之意로 而卽其易見者以曉之曰 子ㅣ謂敬在外而不在內라하니 盍觀之飮食之事乎아 冬日에 宜飮湯也니 則從而飮湯하고 時乎夏日에 宜飮水也니 則從而飮水하나니 子ㅣ以因人之敬으로 爲在外하니 然則因時而飮食者도 亦在外與아 吾知湯與水ㅣ雖在外나 而所以酌其當飮之宜者則吾心也요 叔父與弟ㅣ雖在外나 而所以酌其當敬之宜者則吾心也니 信乎義之在內요 而非外矣라 吾故로 曰行吾敬이요 故謂之內也라하노니 子ㅣ又何惑之深哉아

계자季子가 맹자의 말씀을 듣고도 깨닫지 못하여, 다시 공도자公都子에게 변론하여 가로되 "진실로 부자夫子의 말과 같다면 숙부를 공경해야 할 경우에는 숙부를 공경하니 곧 내가 공경할 바가 여기에 있고, 동생을 공경해야 할 경우에는 동생을 공경하니 곧 내가 어른으로 여기는 바가 저기에 있는 것이다. 이는 공경이 사람에 따라 베풀어지고 스스로 주장할 수 없는 것이니, 의義가 결과적으로 외면에 있고 내면에서 나온 것이 아니다."

공도자公都子가 마침내 맹자에게 체득한 뜻으로 그 쉽게 알 수 있는 것에 나아가 그를 깨우쳐 가로되 "그대는 공경이 외면에 있고 내면에

있지 않다고 말하니, 어찌 마시고 먹는 일에서 살피지 못하는가? 겨울철에는 마땅히 뜨거운 물을 마셔야 하니 따라서 뜨거운 물을 마시고, 여름철이 되면 마땅히 시원한 물을 마셔야 하니 따라서 시원한 물을 마신다. 그대는 사람에 따른 공경을 외면에 있다고 하니, 그렇다면 때에 따라 마시고 먹는 것도 또한 외면에 있는 것인가? 내가 알기로는 뜨거운 물과 시원한 물은 비록 외면에 있으나, 그 마실 때의 마땅함을 헤아리는 것은 바로 내 마음이다. 숙부와 동생은 비록 외면에 있으나, 공경할 때의 마땅함을 헤아리는 것은 바로 내 마음이다. 진실로 의義는 내면에 있지 외면에 있는 것이 아니다. 그러므로 내가 '나의 공경함을 행하기 때문에 내면이라고 한다.'고 말한 것이니, 그대는 또 어찌 의혹됨이 심한가?"

주해

- 자주(自主) : 주동적으로 움직이며 남의 지배를 받지 않다.
  청淸나라 이어李漁의 《풍쟁오風箏誤·개연凱宴》에 나온다. "學生因先君早喪, 蒙戚輔臣老伯撫養成人, 如今婚姻一事, 不能自主."
- 酌(헤아릴 작)

[11·6]

公都子曰 告子曰性은 無善無不善也라하고

공도자公都子 가로되 "고자告子는 '본성은 선善도 없고 불선不善도 없다.' 라고 말하며,

此亦生之謂性食色性也之意니 近世蘇氏胡氏之說이 蓋如此하니라

이는 또한 '생지위성生之謂性'과 '식색성야食色性也'의 뜻이니, 근세에 소씨蘇氏[소식蘇軾]과 호씨胡氏[호안국胡安國]의 설이 대개 이와 같다.

주해

- 무선무부선(無善無不善) : 선善도 없고 불선不善도 없다.
  "無善無不善, 只是渾然一物意."(四書補註備旨)

【備旨】

> 公都子ㅣ聞孟子性善之論而惑於衆說이라 故로 述以問孟子曰 性之在人에 必有一定之理요 而人之論性이 亦宜有一定之見이어늘 何今之言性者ㅣ不一也오 告子曰 性無有善無有不善은 謂不可以善惡名也니 是는 善惡皆性所無니 此一說也라

공도자公都子가 맹자의 성선론性善論을 들었는데, 여러 가지 학설에 현혹되었기 때문에 서술하여 맹자께 물어 가로되 "본성은 사람에게 있어서 반드시 일정한 이치가 있고, 사람이 본성을 논하는데 또한 마땅히 일정한 견해가 있습니다. 그런데 어찌 오늘날 본성을 말하는 자가 한결같지 않습니까? 고자告子가 말한 '본성은 선善도 없고 불선不善도 없다'는 것은 선악善惡으로 명명할 수 없다는 말입니다.

이는 선악善惡이 모두 본성性에 없다는 것이니 이것이 한 가지 설說입니다.

或曰 性은 可以爲善이며 可以爲不善이니 是故로 文武ㅣ興則民이 好善하고 幽厲ㅣ興則民이 好暴라하고

혹자는 '본성은 선善하게 될 수도 있고, 불선不善하게 될 수도 있다. 그러므로 문왕文王과 무왕武王이 일어나면 백성들이 선善을 좋아하고, 유왕幽王과 여왕厲王이 일어나면 백성들이 횡포橫暴한 짓을 좋아한다.' 라고 말하며,

此는 卽湍水之說也라

이는 곧 '단수湍水'의 설을 말한다.

주해

- 신안진씨新安陳氏가 말했다. "謂性可善可惡, 惟上所導. 如湍水可東可西, 惟人所決也."(大全註疏)

【備旨】

或曰 性은 可以使爲善이며 可以使爲不善이니 本無一定하여 惟所習也라 是故로 文武ㅣ興則民이 皆化之而爲善하니 是性可以爲善矣요 幽厲興則民이 皆化之而爲暴하니 是性可以爲不善矣라하니 此善惡이 皆由於習이니 此又一說也라

혹자 가로되 '본성은 선善하게 될 수도 있고 불선不善하게 될 수도 있으니, 본디 일정함이 없어 오직 익힌 바에 말미암는다. 이 때문에 문왕文王과 무왕武王이 일어나면 백성들이 모두 교화되어 선善을 행하니, 이는 본성이 선善하게 될 수 있는 것이다. 유왕幽王과 여왕厲王이 일어나면 백성들이 모두 교화되어 횡포하게 되니, 이는 본성이 불선不善하게 될 수 있는 것이다.'라고 하였습니다.

이는 선악善惡이 모두 익힌 바에 말미암는다는 것이니, 이것이 또 한 가지 설說입니다.

或曰 有性善하며 有性不善하니 是故로 以堯爲君而有象하며 以瞽瞍爲父而有舜하며 以紂爲兄之子요 且以爲君而有微子啓王子比干이라하나니

혹자는 '본성性이 선善한 자도 있고 본성이 불선不善한 자도 있다. 이 때문에 요堯를 인군人君으로 삼았으나 상象과 같은 자가 나왔고, 고수瞽瞍를 부모로 삼았으나 순舜과 같은 자가 나왔으며, 주紂를 형의 아들로 삼고 또한 인군人君으로 삼았으나 미자微子 계啓와 왕자王子 비간比干과 같은 자가 나왔다.' 고 말하였다.

韓子 性有三品之說이 蓋如此하니라
按此文하면 則微子比干이 皆紂之叔父로되 而書稱微子爲商王元子라하니 疑此或有誤字라

한자韓子[한유韓愈]의 "성삼품性三品"설이 대개 이와 같다.

이 글을 살펴보면 미자微子와 비간比干이 모두 주紂의 숙부라고 하였다. 그러나 《서경書經·미자微子》 편에 "미자微子는 상왕商王의 원자元子이다."라고 하였으니, 의심컨대 여기에 혹 오자誤字가 있는 듯하다.

주해

- 성삼품(性三品) : 당唐나라 한유韓愈가 주장한 '성정삼품性情三品'설을 말한다. 서한西漢의 동중서董仲舒는 인성人性을 상중하[성인지성聖人之性, 중민지성中民之性, 두소지성斗筲之性] 삼등三等으로 나누었고, 동한東漢의 왕충王充은 인성人性을 선중악善中惡 삼종三種으로 나누었는데, 한유는 이들의 주장을 계승하여 성性과 정情을 각각 상중하 삼품三品으로 나누어 "性之品有三, ……上焉整者, 善焉而已矣. 中焉者, 可導而上下也. 下焉者, 惡焉而已矣."(《原性》)라고 말하였다.
  주자朱子가 말했다. "韓子三品之說, 只說得氣, 不曾說得性."(大全註疏)

【備旨】

> 或又曰 性稟於有生之初하니 非人力所能移也라 有性善而不能使之惡者하며 有性不善而不能使之善者라 是故로 以堯爲君하여 若可化民於善矣나 而又有象之傲하니 是性有不善也며 以瞽瞍爲父하여 若可化子於不善矣나 而又有舜之聖하며 以紂爲兄之子하니 至親矣요 且以爲君하니 至尊矣라 若可化親於不善矣나 而且有微子啓之哲과 王子比干之仁하니 是性有善也라하니 此善惡皆性所有니 又一說也라

혹자가 또 가로되 '본성은 태어날 때 품부稟賦받은 것이니, 인력으로 바꿀 수 없다. 본성이 선善하면 악惡하게 만들 수 없으며, 본성이

불선不善하면 선善하게 만들 수 없다.

이 때문에 요堯를 인군人君으로 삼아 백성을 선善으로 교화시킬 수 있는 것 같았으나 또한 거만한 상象이 나왔으니 이는 본성이 불선不善한 것이다.

고수瞽瞍를 부모로 삼아 자식을 불선不善하게 만들 수 있을 것 같았으나 또한 성명聖明한 순舜이 나왔다. 주紂를 형의 자식으로 삼았으니 지친至親이며 또한 인군人君으로 삼았으니 지존至尊이다. 그러므로 친족을 불선不善하게 만들 수 있을 것 같았으나 또한 명철한 미자微子 계啓와 어진 왕자王子 비간比干이 나왔으니 이는 본성이 선善한 것이다.'라고 하였습니다.

이는 선악善惡이 모두 본성에 있다는 것이니, 또 한 가지 설說입니다.

今曰 性善이라하시니 然則彼皆非與잇가

孟子曰 乃若其情則可以爲善矣니 乃所謂善也니라

이제 부자夫子께서는 '본성은 선善하다.' 고 말씀하시니, 그렇다면 저들은 모두 틀린 것입니까?"

맹자 가라사대 "그 정情의 경우는 선善할 수 있으니, 바로 이른바 본성이 선善하다고 하는 것이다."

乃若은 發語辭라 情者는 性之動也라

人之情은 本但可以爲善이요 而不可以爲惡이니 則性之本善을 可知矣니라

'내약乃若'은 발어사이다. '정情'은 본성이 드러난 것이다.

사람의 정情은 본디 다만 선善할 수 있고 악惡할 수는 없으니, 본성이 본디 선善하다는 것을 알 수 있다.

주해

- 피(彼) : 저들. 앞의 세 가지 학설을 말한다.
  "彼指上三說."(四書補註備旨)
- 내약(乃若) : 발어사. '지우至于'와 같다.
  《묵자墨子·겸애중兼愛中》에 "乃若兼則善矣."라고 했고, 《맹자孟子·이루하離婁下》에 "乃若所憂則有之."라고 했다.
  "乃若二字, 從性無形而難言說來."(四書補註備旨)
- 기정(其情) : 그 정情. 또는 '성정性情'으로 해석하기도 한다. '기其'는 성性을 말한다.
  "其字指性說"(四書補註備旨)
  주자朱子가 말했다. "性不可說, 情却可說. 所以告子問性, 孟子却答他情. 蓋謂情可爲善則性無有不善."(大全註疏)
  신안진씨新安陳氏가 말했다. "性渾然全體在中未發無形象可見, 動而爲情, 方可見耳. 仁義禮智之性, 動而爲惻隱羞惡辭遜是非之情, 所謂本但可爲善而不可爲惡者也. 因其情之善而可知其性之本善."(大全註疏)

【備旨】

> 夫三說不同은 或各有見이어늘 今夫子ㅣ獨曰 性善이라하시니 然則彼三說者ㅣ果皆非與잇가 在夫子折衷衆論하여 必有一定之見이리니 幸擧以敎我焉하소서

"무릇 세 가지 설이 같지 않은 것은 혹 각기 견해가 있기 때문입니다. 이제 부자夫子께서 다만 '본성은 선善하다.'고 말씀하시니, 그렇다면

저 세 가지 설이 결과적으로 모두 틀린 것입니까? 부자夫子께서 중론衆論을 절충折衷하시는데 반드시 일정한 견해가 있을 것이니, 바라건대 거론하여 저를 가르쳐 주십시오."

【備旨】

孟子ㅣ不辨三說之非하시고 但以性善告之曰 吾所謂性善者ㅣ豈無所驗哉아 亦有驗於情耳니 性은 蘊於中하고 情은 發於外하니 乃若其情之發이면 則皆可以爲善矣라 卽情以驗性則性之善을 可知니 乃所謂性爲善也니라

맹자께서 세 가지 설의 그름을 분별하지 않고 다만 본성이 선善하다고만 고하여 가라사대 "내가 이른바 본성이 선善하다고 한 것이 어찌 증험할 바가 없겠는가? 또한 정情에 증험할 따름이다. 본성은 심중心中에 간직되고 정情은 외면으로 드러나니, 그 정情이 드러나게 되면 모두 선善이 될 수 있다. 정情에 나아가 본성을 증험하면 본성이 선善하다는 것을 알 수 있으니, 이것이 이른바 본성이 선善하다고 하는 것이다."

若夫爲不善은 非才之罪也ㅣ니라

"불선不善한 경우라도 그것은 자질資質의 죄罪가 아니다."

才는 猶材質이니 人之能也라 人有是性이면 則有是才하니 性旣善이면 則才亦善이라 人之爲不善은 乃物欲陷溺而然이

니 非其才之罪也니라

才는 재질과 같으니 사람의 능함이다. 사람이 이 性이 있는 즉 이 才質이 있으니 性이 이미 善한 즉 才質 또한 善하다. 사람이 不善을 함은 곧 물욕에 빠져 그러한 것이니 그 才質의 罪가 아니다.

주해

● 위불선(爲不善) : 정情이 불선不善한 경우를 말한다.
"爲不善, 卽殘忍無恥傲慢昏昧."(四書補註備旨)
쌍봉요씨雙峰饒氏가 말했다. "孟子是指那好底才說. 如仁指能愛其親, 義之能敬其兄, 所謂良能是也."(大全註疏)
주자朱子가 말했다. "情本自善. 其發也, 未有染汚, 何嘗不善. 才只是資質, 亦無不善. 譬物之未染, 只是白也."(大全註疏)

● 재(才) : 본성에 갖춰져 행할 수 있는 것. 곧 '자질資質'과 같다.
"才卽性之具而能爲者也. 如惻隱是情, 能行惻隱之事便是才."(四書補註備旨)
서산진씨西山眞氏가 말했다. "善者性也, 而能爲善者才也. 性以體言, 才以用言. 才本可以爲善, 而不可以爲惡. 今乃至於爲不善自, 是豈才之罪也哉. 陷溺使然也."(大全註疏)

【備旨】

情善而性善이어늘 夫人之爲不善은 又何也요 或者ㅣ必歸咎於才하니 殊不知才卽性之良能이라 性旣善則才亦善이니 人之爲不善은 乃物欲之累ㅣ有以陷溺而然이니 非其才之罪也니라

정情이 선善하면 본성도 선善한 것인데, 사람들이 불선不善하다고 한 것은 또한 무엇 때문인가? 혹자가 반드시 자질資質에 허물을 돌리는

것은, 특히 자질이 곧 본성의 양능良能임을 알지 못하기 때문이다.

본성이 이미 선하면 자질 또한 선한 것이다. 사람이 불선不善을 행하는 것은 바로 물욕物欲의 허물에 함닉陷溺되어 그런 것이지, 그 자질資質의 죄가 아니다.

주해

- 함닉(陷溺) : 점차 젖어들다. 영향을 미치다. 陷(빠질 함) 溺(빠질 닉)
  《맹자孟子·고자상告子上》에 "富歲, 子弟多賴. 凶歲, 子弟多暴, 非天之降才爾殊也, 其所以陷溺其心者然也."라고 했다.
  《속자치통감續資治通鑒·송이종소정4년宋理宗紹定四年》에 "九廟至重, 事如生存, 而徹小塗大, 不防於火之將至. 宰相之居, 華屋廣袤, 而焦頭爛額, 獨全於火之未然, 亦足見人心陷溺, 知有權勢, 不知有君父矣."라고 했다. 袤(길이 무)

惻隱之心을 人皆有之하며 羞惡之心을 人皆有之하며 恭敬之心을 人皆有之하며 是非之心을 人皆有之하니 惻隱之心은 仁也요 羞惡之心은 義也요 恭敬之心은 禮也요 是非之心은 智也니 仁義禮智ㅣ非由外鑠我也라 我固有之也언마는 弗思耳矣니 故로 曰求則得之하고 舍則失之라하니 或相倍蓰而無算者는 不能盡其才者也니라

"측은히 여기는 마음은 사람마다 모두 가지고 있으며, 부끄러워하는

마음은 사람마다 모두 가지고 있으며, 공경하는 마음은 사람마다 모두 가지고 있으며, 시비를 가리는 마음은 사람마다 모두 가지고 있다. 측은히 여기는 마음은 인仁이요, 부끄러워하는 마음은 의義요, 공경하는 마음은 예禮요, 시비를 가리는 마음은 지智이다.
인의예지仁義禮智는 외부로부터 나에게 녹아 들어온 것이 아니라, 내가 본디 가지고 있던 것인데 생각하지 않고 있었을 뿐이다. 그러므로 '구하면 얻고 버리면 잃는다.' 라고 말하니, 혹 사람마다 차이가 서로 배가 되고 다섯 배가 되며 무수無數 배가 되는 것은 그 자질資質을 다 발휘할 수 없었기 때문이다."

恭者는 敬之發於外者也요 敬者는 恭之主於中者也라 鑠은 以火銷金之名이니 自外以至內也라 算은 數也라
言四者之心은 人所固有로되 但人自不思而求之耳니 所以善惡相去之遠은 由不思不求而不能擴充以盡其才也니라
前篇에 言是四者爲仁義禮智之端이어늘 而此不言端者는 彼欲其擴而充之요 此直因用以著其本體라 故로 言有不同耳니라

'공恭'은 경심敬心이 밖으로 드러난 것이요, '경敬'은 공모恭貌가 내면에 주장된 것이다. '삭鑠'은 불로 쇠를 녹인다는 말이니, 밖에서 안으로 이르는 것이다. '산算'은 수數이다.

네 가지의 마음은 사람마다 본디 가지고 있는 바이지만, 다만 사람들이 스스로 생각하여 구하지 않을 뿐이니, 선악善惡의 거리가 서로 먼 것은 생각하지 않고 구하지도 않아서 그 자질을 확충하여 다할 수 없기 때문이라고 말한 것이다.

전편前篇에서는 이 네 가지가 인의예지仁義禮智의 단서가 된다고 말하

였는데, 여기에서 단서라고 말하지 않은 것은, 앞에서는 그것을 확충하려고 한 것이고, 여기에서는 다만 용用으로 그 본체를 드러냈기 때문이다. 그러므로 말씀이 같지 않다.

주해

- 측은지심(惻隱之心) : 측은히 여기는 마음.
  惻(슬퍼할 측) 隱(가엾게 여길 은)
  "惻傷之切, 隱痛之深. 心字是已發出來. 當情字看人, 皆有正見情之善也."(四書補註備旨)
- 수오지심(羞惡之心) : 부끄러워하는 마음. 羞(부끄러울 수) 惡(미워할 오)
  "羞恥己之不善. 惡憎人之不善."(四書補註備旨)
  주자朱子가 말했다. "惻隱羞惡, 心也. 能惻隱羞惡發揮之, 至於仁義不可勝用者, 才也."(大全註疏)
- 시비지심(是非之心) : 시비를 가리는 마음.
  "是知其善而以爲是. 非知其惡而以爲非."(四書補註備旨)
- 무산(無算) : 무수無數 배. '산算'은 수數와 같다. 算(수 산)
  "倍是一倍, 蓰是五倍, 無算是無數."(四書補註備旨) 蓰(다섯 곱 사)
  《설문說文》에 "算, 數也."라고 했고, 《의례儀禮·향음주례鄕飮酒禮》에 "無算爵."이라 했다.
- 공경(恭敬) : 공모恭貌와 경심敬心.
  북계진씨北溪陳氏가 말했다. "恭就貌上說. 敬就心上說."(大全註疏)
- 鑠(녹일 삭)

【備旨】

然이나 果何以見其情善而才亦善耶아 彼惻隱之心은 情之善者也니 人皆有之하며 羞惡之心은 情之善者也니 人皆有之하며 恭敬之心은 情之善者也니 人皆有之하며 是非之心은 情之善者也니 人皆有之라 故로 曰乃若其情則

可以爲善矣라

使人無是惻隱羞惡恭敬是非면 又安可以言情之善乎아 卽是惻隱之心이면 可以驗其性之有仁也요 卽是羞惡之心이면 可以驗其性之有義也니 曰仁曰義ㅣ豈有不善乎아 卽是恭敬之心이면 可以驗其性之有禮也요 卽是是非之心이면 可以驗其性之有智也니 曰禮曰智ㅣ又豈有不善乎아 故로 曰乃所謂善也라

使性非仁義禮智면 又安可以言性之善乎아 然이나 此仁義禮智四者之善은 非由外而鑠我也라 蓋得之於天하여 與生俱生하니 我固有之性也언마는 但人陷溺於物欲하여 弗思而求之耳矣니 故로 曰思而求면 則得此仁義禮智之善也요 苟不思而舍면 則失此仁義禮智之善也라하니 故로 卒歸於惡而與善相遠하여 至於或相培蓰者而無算者는 由其不能擴充惻隱羞惡恭敬是非之情하여 以盡其本然之才者也니 若能盡其才則何善不可爲哉아 吾故曰 爲不善者는 非才之罪也라하노라

그러나 과연 무엇으로써 그 정情이 선하고 자질資質 또한 선한 것을 알 수 있는가? 저 측은히 여기는 마음은 정情이 선한 것이니 사람마다 모두 지니고 있으며, 부끄러워하는 마음은 정情이 선한 것이니 사람마다 모두 지니고 있으며, 공경하는 마음은 정情이 선한 것이니 사람마다 모두 지니고 있으며, 시비를 가리는 마음은 정情이 선한 것이니 사람마다 모두 지니고 있다. 그러므로 '그 정情의 경우는 선善할 수 있다.' 고 말한 것이다.

가사 사람에게 이런 측은惻隱과 수오羞惡와 공경恭敬과 시비是非의 마

음이 없다면, 또한 어찌 정情이 선하다고 말할 수 있겠는가? 이 측은히 여기는 마음에 나아가면 그 본성에 인仁이 있음을 증험할 수 있고, 이 부끄러워하는 마음에 나아가면 그 본성에 의義가 있음을 증험할 수 있으니, '인仁'과 '의義'에 어찌 불선不善이 있겠는가? 이 공경하는 마음에 나아가면 그 본성에 예禮가 있음을 증험할 수 있고, 이 시비를 가리는 마음에 나아가면 그 본성에 지智가 있음을 증험할 수 있으니, '예禮'와 '지智'에 또한 어찌 불선不善이 있겠는가? 그러므로 '이에 이른바 본성이 선善하다.'고 말한 것이다.

가사 본성이 인의예지仁義禮智가 아니라면 또한 어찌 본성이 선하다고 말할 수 있겠는가? 그러나 이 인의예지仁義禮智 네 가지의 선은 외부로부터 나에게 녹아 들어온 것이 아니다. 대개 이것들을 하늘에서 얻어 태어나면서부터 함께 생겨난 것이니, 내가 본디 지니고 있는 본성이다. 하지만 사람들이 물욕에 빠져 생각하여 구하지 않을 뿐이다. 그러므로 '생각하여 구하다면 이 인의예지仁義禮智의 선함을 얻고, 만일 생각하지 않고 버린다면 이 인의예지仁義禮智仁의 선함을 잃는다.'고 말한 것이다.

그러므로 마침내 악惡으로 돌아가 선善과 서로 멀어져서 혹은 서로 배가 되고 다섯 배가 되며 무수無數 배가 되는 것은, 그가 능히 측은惻隱과 수오羞惡와 공경恭敬과 시비是非의 정情을 확충하여 그 본연의 자질을 다할 수 없기 때문이다. 만약 그 자질을 다할 수 있다면 어찌 선善을 할 수 없겠는가? 그러므로 내가 '불선不善을 하는 것은 자질의 죄가 아니다.'고 말한 것이다.

주해

● 여생구생(與生俱生) : 태어나면서 함께 생겨나다.
당唐나라 한유韓愈의 〈원성(原性)〉에 "性也者, 與生俱生也."라고 하였다.

詩曰 天生蒸民하시니 有物有則이로다 民之秉夷라 好是懿德이라하여늘 孔子曰 爲此詩者여 其知道乎인저 故로 有物이면 必有則이니 民之秉夷也故로 好是懿德이라하시니라

“《시경詩經》에 ‘하늘이 뭇 백성을 내시니, 사물이 있으면 법칙이 있도다. 백성들이 마음에 떳떳한 본성을 지니고 있으니, 이 아름다운 덕을 좋아한다.’ 라고 했는데, 공자孔子께서 ‘이 시詩를 지은 자는 그 도道를 아는 자로다! 그러므로 사물이 있으면 반드시 법칙이 있으니, 백성들이 떳떳한 본성을 지니고 있기 때문에 이 아름다운 덕을 좋아하는 것이다.’ 라고 말씀하셨다.”

詩는 大雅烝民之篇이라 蒸은 詩作烝하니 衆也라 物은 事也요 則은 法也라 夷는 詩作彝하니 常也라 懿는 美也라 有物必有法은 如有耳目則有聰明之德하고 有父子則有慈孝之心하니 是民所秉執之常性也라 故로 人之情이 無不好此懿德者라 以此觀之면 則人性之善을 可見이니 而公都子所問之三說은 皆不辯而自明矣니라

程子曰 性卽理也니 理則堯舜至於塗人이 一也요 才稟於氣하니 氣有淸濁하여 稟其淸者ㅣ爲賢하고 稟其濁者ㅣ爲愚하니 學而知之면 則氣無淸濁히 皆可至於善而復性之本이니 湯武身之ㅣ是也라 孔子所言下愚不移者는 則自暴自棄之人也니라

又曰 論性不論氣면 不備요 論氣不論性이면 不明이며 二之

則不是니라

張子曰 形而後에 有氣質之性이니 善反之면 則天地之性이 存焉이라 故로 氣質之性을 君子有弗性者焉이니라

愚按 程子此說才字는 與孟子本文으로 小異하니 蓋孟子는 專指其發於性者言之라 故로 以爲才無不善이라하고 程子는 兼指其稟於氣者言之하니 則人之才는 固有昏明强弱之不同矣니 張子所謂氣質之性이 是也라 二說이 雖殊나 各有所當이라 然이나 以事理考之면 程子爲密하니 蓋氣質所稟이 雖有不善이나 而不害性之本善이요 性雖本善이나 而不可以無省察矯揉之功이니 學者所當深玩也니라

'시詩'는 〈대아大雅·증민烝民〉 편이다. '증蒸'은 《시경詩經》에 '증烝'으로 되어 있으니 무리의 뜻이다. '물物'은 사물이요, '칙則'은 법칙이다. '이夷'는 《시경詩經》에 '이彝'로 되어 있으니 떳떳함이다. '의懿'는 아름다움이다.

'사물이 있으면 반드시 법칙이 있다'는 것은 이목耳目이 있으면 총명聰明의 덕이 있고, 부자父子가 있으면 자효慈孝의 마음이 있는 것과 같으니, 이는 백성들이 지니고 있는 떳떳한 본성이다. 그러므로 사람의 정이 이 아름다운 덕을 좋아하지 않음이 없는 것이다. 이것으로 보면 사람의 본성이 선하다는 것을 알 수 있으니, 공도자公都子가 물은 세 가지 설은 모두 변론하지 않아도 저절로 분명해진다.

정자程子[정이程頤] 가로되 "성性은 곧 이理이니, 이理는 요순堯舜으로부터 도인塗人에 이르기까지 한 가지이다. 자질資質은 기氣에서 얻어지는 것이니, 기氣에는 청탁淸濁이 있다. 그 맑은 것을 받은 자는 현인賢人가 되고, 그 탁한 것을 받은 자는 우인愚人이 된다. 배워서 이를 알면 기氣에 청탁淸濁이 없어져 모두 선에 이르러 본성의 근본을 회복할 수

있으니, 탕왕湯王과 무왕武王이 몸소 행했다는 것이 이것이다. 공자孔子께서 말한 '하우불이下愚不移'한 자는 자포자기自暴自棄한 사람이다."

또 가로되 "성性만 논하고 기氣를 논하지 않으면 구비되지 못하고, 기氣만 논하고 성性을 논하지 않으면 명확하지 못하며, 두 가지로 여긴다면 옳지 못하다."

장자張子[장재張載] 가로되 "형체가 있고난 후에 기질氣質의 성性이 있다. 이를 잘 돌이키면 천지天地의 성性이 보존된다. 그러므로 기질氣質의 성性을 군자君子는 성性이라고 여기지 않는다."

내가 살피건대 정자程子가 여기에서 말한 '재才'자는 《맹자孟子》의 본문과 약간 다르다. 대개 맹자는 오로지 성性에서 발현된 것만 가리켜 말했기 때문에 자질에 불선不善이 없다고 말한 것이다. 그러나 정자程子는 기氣에서 받은 것을 아울러 말했다. 그렇다면 사람의 자질에 진실로 혼명昏明과 강약强弱의 다름이 있게 되니, 장자張子가 말한 '기질氣質의 성性'이 이것이다. 두 가지 설이 비록 다르나 각각 마땅한 바가 있다. 그러나 사물의 이치로 상고하면 정자程子의 말이 치밀하다.

대개 기질氣質에서 받은 바가 비록 불선不善해도 성性의 본선本善을 해치지는 못하며, 성性이 비록 본래 선해도 성찰省察하고 교유矯揉하는 공부가 없으면 안 되니, 배우는 자가 마땅히 깊이 완미玩味해야 할 바이다.

주해

- 유물유칙(有物有則) : 사물이 있으면 법칙이 있다.
  "物以形言, 則以理言."(四書補註備旨)
  채씨蔡氏가 말했다. "天命之所賦者謂之則, 人性之所秉者謂之彝, 存於心而有所得者謂之懿, 實一而已."(四書補註備旨)
  彝(떳떳할 이) 懿(아름다울 의)
- 도인(塗人) : 길가는 행인. 곧 보통사람을 말한다. 塗(길 도)

송宋나라 증공曾鞏의 〈영사詠史〉시에 "國士憂社稷, 塗人養聲利."라고 했다.

- 하우불이(下愚不移) : 아주 어리석고 못난 사람의 기질은 변하지 않는다. 《논어論語·양화陽貨》에 "上智與下愚不移."라고 했다.
- 천지지성(天地之性)과 기질지성(氣質之性) : 성이원론性二元論으로 북송(北宋) 장재張載가 창시하고 정이程頤가 발전시킨 학설이다. 인간의 본성을 순선무악純善無惡의 본연지성本然之性과 유선유악有善有惡의 기질지성氣質之性으로 나누어 설명하였다.

  주자朱子가 말했다. "論天地之性則專指理而言. 論氣質之性則以理與氣雜而言之. 天地之性則太極本然之妙, 萬殊之一本也. 氣質之性則二氣交運而生, 一本而萬殊也. 氣質之性卽此理墮在氣質之中耳, 非別有一性也."(大全註疏)

  북계진씨北溪陳氏가 말했다. "氣質之性是以氣質言之. 天地之性是以大本言之. 其實天地之性亦不離乎氣質之中. 只是就氣質之中, 分別出氣質之性不與相雜而言耳."(大全註疏)
- 교유(矯揉) : 잘못된 것을 바로잡다. 矯(바로잡을 교) 揉(바로잡을 유) 《주역周易·설괘說卦》에 "坎, 爲矯揉, 爲引輪."이라 했고, 공영달孔穎達의 소疏에 "爲矯輮, 取其使曲者直爲矯, 使直者曲爲輮."이라 풀이했다.

  輮(휘어 굽힐 유)
- 蒸(무리 증) 彝(떳떳할 이)

【備旨】

卽情善以驗性善은 此非我私言也라 大雅蒸民之詩에 有曰 天生蒸民하시니 有是形體之物이면 有是至理之則이로다 此民所秉執之常性이라 無不好是懿美之德이라하여늘 孔子ㅣ讀此詩而贊之曰 爲此詩者여 其知性情之道乎인저 盖天之生人에 氣以成形而理亦賦焉이라 故로 有此物이면 必有此物之則이니 是乃民所秉執之常性也라 故로 人之情이 無不好是懿德者하니 使非同此秉彝之性이면 何以同此懿德之好乎아 爲此詩者여 信乎其知道也라하시니

由孔子說詩之言으로 觀之면 則知物則秉夷는 卽吾之所謂性善也며 好其懿德은 卽吾之所謂情善也요 而才善을 從可知矣니 彼三說者ㅣ豈待辯而後明哉아

정선情善에 나아가 성선性善을 증험하는 것은 이는 나의 사사로운 말이 아니다. 〈대아大雅·증민蒸民〉 詩에 말하기를 '하늘이 뭇 백성을 내시니, 이 형체가 있는 물건이 있으면 이 지극한 이치의 법칙이 있도다. 이 백성들의 마음에 떳떳한 본성을 지니고 있으니, 이 아름다운 덕을 좋아하지 아니함이 없도다!'라고 하였다.

공자孔子께서 이 시를 읽고 찬미하여 가라사대 '이 시를 지은 자는 성정性情의 도道를 아는구나. 대개 하늘이 사람을 내실 때 기氣로 형체를 이루고 이理도 또한 품부하셨다. 그러므로 이 사물이 있으면 반드시 이 사물의 법칙이 있다. 이에 백성들이 떳떳한 본성을 지니고 있기 때문에 사람의 정情에 이 아름다운 덕을 좋아하지 않음이 없는 것이다. 가사 이 떳떳한 본성을 지니고 있는 것이 같지 않다면, 어찌 이 아름다운 덕을 좋아하는 것이 같겠는가? 이 시를 지은 자여, 진실로 그 도道를 아는구나'라고 하셨다.

공자孔子께서 詩를 설명하는 말로 살피건대, 사물이 있으면 법칙이 있다는 것은 바로 내가 말한 '성선性善'이며, 이 떳떳한 덕을 좋아한다는 것은 바로 내가 말한 '정선情善'임을 알 수 있다. 그리고 자질이 선하다는 것은 이로부터 알 수 있으니, 저 세 가지 설이 어찌 변론을 기다린 후에 명확해 지리오.

[11·7]

孟子曰 富歲엔 子弟ㅣ多賴하고 凶歲엔 子弟ㅣ多暴하나니 非天之降才ㅣ爾殊也라 其所以陷溺其心者ㅣ然也니라

맹자 가라사대 "풍년에는 자제들이 대부분 믿고 따르며, 흉년에는 자제들이 대부분 흉포해진다. 이는 하늘이 내린 자질이 이처럼 다른 것이 아니라, 그 마음을 빠져들게 하는 것이 그렇게 만드는 것이다."

富歲는 豐年也라 賴는 藉也라
豐年엔 衣食饒足이라 故로 有所賴藉而爲善이요 凶年엔 衣食不足이라 故로 有以陷溺其心而爲暴니라

'부세富歲'는 풍년이다. '뢰賴'는 믿고 따르는 것이다.

풍년에는 의식이 넉넉하기 때문에 의지하는 바가 있어 선善을 행하게 되고, 흉년에는 의식이 부족하기 때뮤에 그 마음을 빠져들게 하는 것이 있어 흉포하게 된다.

주해

- 이수(爾殊) : 이처럼 다르다. '이爾'는 '여차如此'와 같다. 爾(이와 같을 이)
  "爾是如此. 殊是賴與暴不同."(四書補註備旨)
- 함닉(陷溺) : 빠져들게 하다. 여기서는 '물욕物欲'을 말한다.
  "陷溺指物欲言."(四書補註備旨)
- 賴(힘입을 뢰) 饒(넉넉할 요)

【備旨】

孟子ㅣ推人心之同以見性之善也하여 曰人性은 本有善而無惡하되 常情은 每因物而易遷하니 彼富歲엔 子弟ㅣ多有所賴藉而爲善이요 凶歲엔 子弟ㅣ多有至於暴棄而爲不善하나니 夫子弟一也나 而凶歲多暴하여 獨異於富歲之多賴者는 非天之降才ㅣ厚於彼而薄於此하여 如是其殊異也라 良由飢寒이 迫於外하고 利害攻其中하여 禮義不暇顧요 而非僻之心이 生하여 以陷溺其心者ㅣ至於多暴然也니 夫豈才之罪哉리오

맹자께서 인심人心이 같은 것을 미루어서 본성의 선善을 보여 가라사대 "인성人性은 본디 선善하고 악惡이 없으나, 상정常情은 매번 사물에 따라 쉽게 변한다. 저 풍년에는 자제들이 대부분 믿고 따르는 바가 있어 선을 행하지만, 흉년에는 자제들이 대부분 자포자기自暴自棄하게 되어 불선不善을 행하게 된다. 무릇 자제는 동일하나 흉년에는 대부분 포악하여 유독 풍년에 대부분 믿고 따르는 것과 다른 이유는 하늘이 내린 재주가 저 자제에게는 후하고 이 자제에게는 박하여 이와 같이 다른 것이 아니다. 진실로 기한飢寒이 외부에서 핍박하기 때문에 이해利害가 그 심중을 공격하여 예의禮義를 돌아볼 겨를이 없고, 비벽非僻의 마음이 생겨 그 마음을 빠져들게 하는 것이 대부분 포악하게 한 것이니, 어찌 재주의 죄이겠는가?"

주해

- 비벽지심(非僻之心) : 그릇되고 사특한 마음. '비벽非僻'은 '비벽非辟'과 같다. 僻(치우칠 벽) 辟(허물 벽)

《예기禮記·옥조玉藻》에 나온다. "非辟之心, 無自入也."
한漢나라 가의賈誼의 《신서新書·용경容經》에도 나온다.
"邪放非辟, 無因入之焉."

今夫麰麥을 播種而耰之하되 其地ㅣ同하며 樹之時ㅣ又同하면 浡然而生하여 至於日至之時하여 皆熟矣나니 雖有不同이나 則地有肥磽하며 雨露之養과 人事之不齊也니라

"이제 보리를 씨뿌리고 흙을 덮어주는데 그 땅도 같고 심은 때도 같다면 발연浡然히 싹이 나와 하지夏至 때에 이르러 모두 익게 된다. 비록 다른 점이 있다면, 그것은 땅의 비옥함과 척박함, 우로雨露의 다소多少, 사람의 경작이 다르기 때문이다."

麰는 大麥也라 耰는 覆種也라 日至之時는 謂當成熟之期也라 磽는 瘠薄也라

'모麰'는 대맥大麥이다. '우耰'는 씨앗을 덮는 것이다. 하지夏至 때는 성숙의 시기에 해당한다는 말이다. '요磽'는 척박瘠薄함이다.

주해

- 부동(不同) : 수확의 다소를 말한다.
  "不同以所穫多寡言."(四書補註備旨) 穫(거둘 확)
- 우로지양(雨露之養) : 우로雨露의 다소를 말한다.
  "養是天澤之施有厚薄."(四書補註備旨)
- 인사지부제(人事之不齊) : 경작의 부지런함과 나태함을 말한다.

"不齊是播種耕耘有勤惰."(四書補註備旨) 惰(게으를 타)

신안진씨新安陳氏가 말했다. "種麥三者多同, 雖其間有多寡之不同者, 則以地有肥瘠之分, 雨露有無之異, 人事有勤惰之不齊故耳. 以譬降才同而養其心與陷溺其心有不同也."(大全註疏)

● 麰(보리 모) 麥(보리 맥) 耰(씨를 덮을 우) 樹(심을 수) 浡(일어날 발) 磽(척박할 요) 瘠(척박할 척)

【備旨】

盍例觀之物性乎아 今夫麰麥因地之利하여 播種而耰之하되 其麗於地ㅣ同也며 因天之時하여 樹藝以植之하되 其得於時ㅣ又同也면 及其浡然而生하여 至於日至之時하여 不先不後而皆同歸於熟矣라 其熟之期ㅣ又同也니 麰麥之性이 何相似也오 雖其所獲이 有多寡之不同이나 則以地之力有肥磽하며 雨露之養有厚薄하며 人事之勤惰有不齊也니 在麰麥에 豈有不同哉아

어찌 물성物性을 예로 들어 보지 아니한가? 이제 보리를 땅의 이로움에 따라 씨뿌리고 흙을 덮어주되 그 땅에 달라붙은 것이 같으며, 하늘의 때에 따라 심고 북돋아주되 그 때를 얻은 것이 또한 같다면 그 발연浡然히 싹이 나와 하지夏至 때에 이르러 앞서지도 않고 늦지도 않게 모두 똑같이 익게 된다. 그 익는 시기가 또한 같으니 보리의 본성이 얼마나 서로 비슷한가?

비록 그 수확한 바에 많고 적음의 차이가 있는 것은 지력地力에 비옥함과 척박함이 있고, 우로雨露의 많고 적음이 있고, 사람의 경작에 부지런하고 게으른 차이가 있기 때문이니, 보리의 본성에 어찌 같지 않음이 있겠는가?

주해

- 여어지(麗於地) : 땅에 달라붙다. '여麗'는 '부려附麗'·'부착附著'·'의부依附'의 뜻이다. 麗(붙을 려)

  《주역周易·이괘離卦》의 단사彖辭에 "이는 붙음이다. 일월은 하늘에 붙어 있고, 백곡과 초목은 땅에 붙어 있으니, 거듭 밝음으로 바름에 붙어서 천하를 교화하여 이룬다.[離, 麗也. 日月麗乎天, 百穀草木麗乎土, 重明以麗乎正, 乃化成天下.]"라고 하였다.

  《설문說文》에 "草木附麗地而生也."라고 했다.

  《문선文選·좌사左思》의 〈위도부魏都賦〉에 "而子大夫之賢者, 尙弗曾庶翼等威, 附麗皇極."라고 했고, 이에 대한 이선李善의 註에 "言不曾與衆庶翼戴上者, 等其威儀, 而附著於大中之道也."라고 풀이했다.

- 수예(樹藝) : 곡식이나 나무 등을 심다. 재배하다. '수예樹蓺'과 같다. 藝(심을 예) 蓺(심을 예)

  《주례周禮·지관地官·대사도大司徒》에 "辨十有二壤之物, 而知其種, 以敎稼穡樹蓺."라고 했고, 가공언賈公彦의 소疏에 "敎民春稼秋穡, 以樹其木, 以蓺黍稷也."라고 풀이했다.

  《맹자孟子·등문공상滕文公上》에도 나온다. "後稷敎民稼穡, 樹藝五穀."

故로 凡同類者ㅣ 擧相似也니 何獨至於人而疑之리오 聖人도 與我同類者시니라

"그러므로 무릇 같은 종류의 사물은 본성이 모두 서로 비슷하니, 어찌 유독 사람에게만 이를 의심하겠는가? 성인聖人도 나와 같은 사람이다."

聖人亦人耳니 其性之善이 無不同也니라

성인聖人 또한 사람일 뿐이니, 그 본성의 선함이 같지 않음이 없다.

주해

● 동류(同類) : 같은 부류.
"同類, 同種類也."(四書補註備旨)
신안진씨新安陳氏가 말했다. "凡同類謂凡物之同類者, 人性善無不同, 此提掇綱領處."(大全註疏)

【備旨】

夫由麰麥之同而推之라 故로 凡天下之物이 惟不同類則已어니와 苟同一所生之類者는 其性이 擧相似也라 夫物은 且然하니 何獨至於人類而疑其性之不相似哉리오 雖聖人도 亦與我同一人之類者시니 類同而性同을 可知矣라

무릇 보리의 동류同類로 말미암아 미루어 말한 것이다. 그러므로 천하의 모든 사물이 동류가 아니면 그만이지만, 진실로 동일하게 생겨난 부류는 그 본성이 모두 서로 비슷하다.

사물 또한 그러하니 어찌 유독 인류人類에 대해서만 그 본성이 서로 같지 않다고 의심하겠는가? 비록 성인이라도 또한 나와 동일한 사람의 부류이니, 부류가 같으면 본성도 같다는 것을 알 수 있다.

故로 龍子ㅣ曰不知足而爲屨라도 我ㅣ知其不爲蕢也라하니 屨之相似는 天下之足이 同也일새니라

"그러므로 용자龍子가 말하기를 '발을 모른 채 짚신을 만든다고 해도, 나는 그것이 삼태기가 되지 않을 줄 안다.' 라고 하였으니, 짚신이 서로 비슷한 것은 천하 사람들의 발모양이 같기 때문이다."

蕢는 草器也라
不知人足之大小而爲之屨면 雖未必適中이나 然이나 必似足形이요 不至成蕢也라

'궤蕢'는 풀로 만든 그릇이다.

사람 발의 크기를 알지 못하고 짚신을 만들면, 비록 반드시 크기에 알맞지는 않을지라도, 그러나 필시 발 모양과 비슷하여 삼태기를 만들게 되지는 않을 것이다.

주해

- 궤(蕢) : 삼태기. '궤簣'와 같다. 簣(삼태기 궤)

【備旨】

人性之同을 不但有徵於物類而已라 驗之人身에 莫不皆然이라 故로 龍子ㅣ有言曰 業屨者ㅣ不知人足之大小而爲屨나 然이나 我知其不至於去足之遠하여 而爲蕢也라하니 龍子ㅣ言此는 蓋爲屨之相似者는 以天下之足이 同故也일새니라

인성人性이 같다는 사실을 다만 물류物類에서 징험할 수 있을 뿐만

아니라, 사람의 몸에서 징험해도 모두 그러지 않음이 없다. 그러므로 용자龍子가 말하기를 '짚신을 만드는 자가 사람 발의 크기를 모르고 짚신을 만들더라도, 그러나 그것이 발과의 거리가 멀어 삼태기가 되지 않을 줄 안다.'라고 하였다. 용자龍子의 이 말은 대개 신발을 서로 비슷하게 만든 것이 천하 사람들의 발모양이 같기 때문이다.

口之於味에 有同耆也하니 易牙는 先得我口之所耆者也라 如使口之於味也에 其性이 與人殊ㅣ若犬馬之與我不同類也이면 則天下ㅣ何耆를 皆從易牙之於味也리오 至於味하여는 天下ㅣ期於易牙하나니 是는 天下之口ㅣ相似也일새니라

"입은 맛에 대해 똑같이 즐기는 것이 있다. 역아易牙는 우리 입이 즐기는 바를 먼저 터득한 자이다. 예를 들어 입이 맛에 대하여 견마犬馬와 우리가 같은 부류가 아닌 것처럼 인간의 본성이 사람마다 다르다면, 천하 사람들이 어찌 모두 역아易牙가 만든 맛을 좇아서 좋아하겠는가? 맛을 이야기할 때는 천하 사람들이 모두 역아易牙처럼 만들기를 바라니, 이는 천하 사람들의 입맛이 서로 비슷하기 때문이다."

易牙는 古之知味者라
言易牙所調之味는 則天下ㅣ皆以爲美也라

'역아易牙'는 옛날 맛을 잘 아는 자이다.

역아易牙가 조리한 맛은 천하 사람들이 모두 훌륭하게 여긴다는 말이다.

주해

- 역아(易牙) : 춘추시대 제齊나라 환공桓公의 요리사.
- 선득(先得) : 사람들의 자미滋味가 같은 것을 먼저 터득하다.
  "先得是先得其滋味之同."(四書補註備旨)

【備旨】

> 豈惟足同哉아 口之於味에 亦有同嗜也니 雖易牙極善於味는 不過先得我口之所耆者也라 如使易牙口之於味也에 其所耆之性이 或與人殊ㅣ若犬馬之與我不同類也면 則天下之人이 何其所耆를 皆從易牙之於味也리오 至於味하여는 天下ㅣ皆期於易牙之所調하나니 是는 同此人則同此耆하여 而天下之口ㅣ相似也일새니라

어찌 오직 발모양만 같겠는가? 입은 맛에 대해 또한 똑같이 즐기는 것이 있다. 비록 역아易牙가 맛에 대해 지극히 뛰어났다고 해도 우리 입이 즐기는 바를 먼저 터득한 것에 지나지 않는다.

예를 들어 역아易牙의 입이 맛에 대해, 견마犬馬와 우리가 같은 부류가 아닌 것처럼 인간이 즐기는 본성이 혹 사람마다 다르다면, 천하 사람들이 어찌 모두 역아易牙가 만든 맛을 좇아서 좋아하겠는가?

맛을 이야기할 때는 천하 사람들이 모두 역아易牙처럼 요리하기를 바라니, 이는 이런 사람과 같게 되면 곧 이렇게 즐기는 것이 같아져서 천하 사람들의 입맛이 서로 비슷하기 때문이다.

惟耳도 亦然하니 至於聲하여는 天下ㅣ期於師曠하나니 是는 天下之耳ㅣ相似也일새니라

"귀도 또한 그러하다. 소리에 이르러서는 천하 사람들이 모두 사광師曠처럼 되기를 바라니, 이는 천하 사람들의 청각이 서로 비슷하기 때문이다."

師曠은 能審音者也라
言師曠所和之音은 則天下ㅣ皆以爲美也라

'사광師曠'은 능히 음音을 잘 살피는 자이다.

사광師曠이 조화를 이룬 음音은 천하 사람들이 모두 아름답게 여긴다는 말이다.

주해

● 사광(師曠) : 춘추시대 진晉나라 평공平公 때의 악관樂官. 曠(밝을 광)

【備旨】

然이나 豈惟口爲然哉리오 惟耳亦然하니 師曠所審之音은 天下之至和也니 而天下皆樂聽之矣라 至於聲하여는 天下ㅣ皆期於師曠之所和하나니 是는 同此人則同此聽이니 而天下之耳ㅣ相似也일새니라

그러나 어찌 입만 그러하겠는가? 귀 또한 그러하다. 사광師曠이 살핀

음音은 천하의 지극히 조화로운 음音이니 천하 사람들이 모두 즐겨 들었다. 소리에 이르러서는 천하 사람들이 모두 사광師曠의 조화로운 음을 바라니, 이는 이런 사람과 같아지면 곧 이렇게 즐기는 것이 같아져서 천하의 청각이 서로 비슷하기 때문이다.

惟目도 亦然하니 至於子都하여는 天下ㅣ莫不知其姣也하나니 不知子都之姣者는 無目者也니라

"눈도 또한 그러하다. 자도子都에 이르러서는 천하 사람들이 그 아름다움을 알지 못하는 자가 없었으니, 자도子都의 아름다움을 알지 못하는 자는 눈이 없는 자이다."

子都는 古之美人也라 姣는 好也라

'자도子都'는 옛날 아름다운 사람이다. '교姣'는 아름다움이다.

주해

- 자도(子都) : 춘추시대 최고의 미남자인 공손자도公孫子都를 말한다. 원명은 공손알公孫閼, 자字는 자도子都이다. 閼(가로막을 알)
《시경詩經·정풍鄭風·산유부소山有扶蘇》에 나온다. "山有扶蘇, 隰有荷華. 不見子都, 乃見狂且. 山有橋松, 隰有遊龍. 不見子充, 乃見狡童."

【備旨】

然이나 豈惟耳爲然哉리오 惟目亦然하니 子都之色은 天下之至美也라 天下ㅣ莫不知其姣矣니 苟不知子都之姣者는 必其無目者也라 是는 同此人則同此視하여 而天下之目ㅣ相似也니라

그러나 어찌 귀만 그러겠는가? 눈도 또한 그러하다. 자도子都의 미색은 천하의 지극한 아름다움이다. 천하 사람들 중에 그 아름다움을 알지 못하는 자가 없었으니, 만일 자도子都의 아름다움을 알지 못하는 자는 필시 그 눈이 없는 자일 것이다. 이는 이런 사람과 같아지면 곧 이렇게 보는 것이 같아져서 천하 사람들의 시각이 서로 비슷하기 때문이다.

故로 曰口之於味也에 有同者焉하며 耳之於聲也에 有同聽焉하며 目之於色也에 有同美焉하니 至於心하여 獨無所同然乎아 心之所同然者는 何也오 謂理也義也니 聖人은 先得我心之所同然耳시니 故로 理義之悅我心이 猶芻豢之悅我口니라

"그러므로 '입은 맛에 있어서 똑같이 즐기는 것이 있고, 귀는 소리에 있어서 똑같이 듣는 것이 있고, 눈은 빛깔에 있어서 똑같이 아름답게

보는 것이 있다'고 말한 것이다.
그런데 마음에 이르러서는 유독 똑같이 그러한 것이 없겠는가? 마음에 똑같이 그렇게 여기는 것은 무엇인가? 이理와 의義를 말하는 것이다. 성인聖人은 우리 마음에 똑같이 그러한 바를 먼저 얻었을 뿐이다. 그러므로 이理와 의義가 우리 마음을 기쁘게 하는 것은 추환芻豢이 우리 입을 기쁘게 하는 것과 같다."

然은 猶可也라 草食曰芻니 牛羊是也요 穀食曰豢이니 犬豕是也라
程子曰 在物爲理요 處物爲義니 體用之謂也라 孟子言人心이 無不悅理義者하니 但聖人則先知先覺乎此耳요 非有以異於人也니라
程子又曰 理義之悅我心이 猶芻豢之悅我口라하시니 此語는 親切有味하니 須實體察得理義之悅心이 眞猶芻豢之悅口라야 始得이니라

'연然'은 '가可'와 같다. 풀을 먹는 것을 '추芻'라고 하니 우牛와 양羊이 이것이요, 곡물을 먹는 것을 '환豢'이라 하니 견犬과 시豕가 이것이다.
정자程子 가로되 "사물에 있는 것이 이理가 되고, 사물에 대처하는 것이 의義가 되니, 체용體用을 두고 한 말이다. 맹자는 인심人心에 이理와 의義를 기뻐하지 않음이 없으나, 다만 성인聖人은 이 점을 먼저 알고 먼저 깨달았을 뿐이요, 남들과 다른 점이 있는 것이 아니라고 말한 것이다."
정자程子가 또 가로되 "'이理와 의義가 우리 마음을 기쁘게 하는 것은 추환芻豢이 우리 입을 기쁘게 하는 것과 같다'고 하였으니, 이 말은 친절親切하고 맛이 있다. 모름지기 진실로 이理와 의義가 우리 마음을

기쁘게 하는 것이 진실로 추환芻豢이 우리 입을 기쁘게 하는 것과 같음을 몸으로 살펴서 아는 자라야 비로소 얻을 것이다."

주해

● 추환(芻豢) : 우양저구牛羊猪狗 등의 희생犧牲. 곧 육류 음식을 말한다.
芻(꼴 추) 豢(기를 환)
《사기史記·화식열전서貨殖列傳序》에 나온다. "至若《詩》、《書》所述虞夏以來, 耳目欲極聲色之好, 口欲窮芻豢之味."
《초자발모楚子發母》에도 나온다. "今子爲將, 士卒並分菽粒而食之, 子獨朝夕芻豢黍粱, 何也?"
운봉호씨雲峰胡氏가 말했다. "芻豢, 人之所同耆也, 耆之斯悅之矣. 理義, 人之所同然也, 然之斯悅之矣."(大全註疏)

【備旨】

惟其相似ㅣ如此라 吾故曰 凡口之於味也에 人有同耆焉하며 凡耳之於聲也에 人有同聽焉하며 凡目之於色也에 人有同美焉이라 一身衆體ㅣ無有不同이 如此하니 至於心爲一身之宰神明之用하여 豈獨無所同然於天下者乎아 心之所同然者는 果何在也오 謂其卽物而存之理也며 謂其處物咸宜之義也니 蓋理義는 人心所同具라 雖踐形盡性之聖人이라도 不過先得我心之理義所同然耳라 故로 理義之悅懌於我心이 猶芻豢之物悅於我口也라 若於同然中而有不然은 則是陷溺其心이 如凶歲子弟矣니 豈天降才之殊哉리오

오직 그 서로 비슷한 것이 이와 같다. 내가 그러므로 '모든 입은 맛에 있어서 사람들이 똑같이 즐기는 것이 있고, 모든 귀는 소리에 있어서 사람들이 똑같이 듣는 것이 있고, 모든 눈은 빛깔에 있어서 사람들이 똑같이 아름답게 보는 것이 있다'고 말한 것이다. 일신一身의 중체衆體가 다름이 없는 것이 이와 같다. 그런데 마음이 일신의 주재宰와 신명神明의 용用이 되는 데에 이르러서는 어찌 유독 천하에 똑같이 그러한 바가 없겠는가?

마음에 똑같이 그러한 바는 과연 어디에 있는가? 그 사물에 나아가면 이理에 보존된다는 말이요, 사물에 대처하면 모두 의義에 마땅하다는 말이다. 대개 이理와 의義는 인심人心에 똑같이 갖추고 있는 바이다. 비록 천형진성踐形盡性한 성인聖人일지라도 우리 마음의 이理와 의義가 똑같이 그러하다는 것을 먼저 체득한 것에 지나지 않을 뿐이다.

그러므로 이理와 의義의 기쁨이 우리 마음을 기쁘게 하는 것은 추환芻豢의 물건이 우리 입을 기쁘게 하는 것과 같다. 똑같이 그러한 가운데에 그렇지 않은 경우가 있는 것은 이는 그 마음을 빠져들게 하는 것이 흉년 들었을 때의 자제子弟와 같으니, 어찌 하늘이 내린 재주가 다르겠는가?

주해

- 천형(踐形) : 사람이 하늘에서 품부稟賦받은 소질을 체현하다. 《맹자孟子·진심상盡心上》에 나온다. "形色, 天性也, 惟聖人然後可以踐形." 당唐나라 한유韓愈의 〈답후생문논어서答侯生問論語書〉에도 나온다. "聖人踐形之說, 孟子詳於其書."
- 진성(盡性) : 궁리진성窮理盡性. 이치를 궁구하여 천성(天性)을 다하다. 《주역周易·설괘說卦》에 "窮理盡性, 以至於命."이라 했고, 공영달孔穎達의 소疏에 "窮極萬物深妙之理, 究盡生靈所稟之性,"이라고 풀이했다. 《예기禮記·중용中庸》에 "唯天下至誠爲能盡其性, 能盡其性, 則能盡人之性, 能盡人之性, 則能盡物之性."이라 했고, 한漢나라 정현鄭玄의 註에 "盡性者, 謂順理之使不失其所也."라고 풀이했다.
- 懌(기뻐할 역)

[11·8]

孟子曰 牛山之木이 嘗美矣러니 以其郊於大國也라 斧斤이 伐之어니 可以爲美乎아 是其日夜之所息과 雨露之所潤에 非無萌蘖之生焉이언마는 牛羊이 又從而牧之라 是以로 若彼濯濯也하니 人이 見其濯濯也하고 以爲未嘗有材焉이라하나니 此ㅣ 豈山之性也哉리오

맹자 가라사대 "우산牛山의 나무가 일찍이 아름다웠는데, 그 산이 대국大國의 교외에 위치했기 때문에 도끼로 베어내니 가히 아름다울 수 있겠는가? 이는 그 밤낮으로 생장生長하고 우로雨露가 적셔주어 싹이 나오지 않은 것이 아니지만, 소와 양이 또한 따라서 방목되니 이 때문에 저와 같이 탁탁濯濯하게 된 것이다. 사람들이 저 탁탁濯濯한 모습만 보고 일찍이 재목이 없었다고 여기니, 이것이 어찌 산의 본성이겠는가?"

牛山은 齊之東南山也라 邑外를 謂之郊라 言牛山之木이 前此固嘗美矣러니 今爲大國之郊하여 伐之者衆이라 故로 失其美耳라

息은 生長也라 日夜之所息은 謂氣化流行하여 未嘗間斷이라 故로 日夜之閒에 凡物이 皆有所生長也니라

萌은 芽也요 蘖은 芽之旁出者也라 濯濯은 光潔之貌라 材는 材木也라 言山木雖伐이나 猶有萌蘖이어늘 而牛羊이 又從而害之라 是以로 至於光潔而無草木也니라

'우산牛山'은 제齊나라 동남쪽에 있는 산이다. 읍邑의 밖을 '교郊'라 이른다. 우산牛山의 나무가 전에는 진실로 아름다웠는데 이제 대국大國의 교외郊外에 위치하여 벌목하는 자가 많기 때문에 그 아름다움을 잃었을 뿐이라고 말한 것이다.

'식息'은 생장生長이다. '일야지소식日夜之所息'은 기화氣化가 유행하여 일찍이 끊어진 적이 없기 때문에 밤낮으로 모든 만물이 다 생장生長하는 바가 있다는 말이다.

'맹萌'은 싹이다. '얼蘖'은 싹이 곁으로 나오는 것이다. '탁탁濯濯'은 빛나고 깨끗한 모양이다. '재材'는 재목材木이다. 산의 나무가 비록 베어져도 오히려 싹이 나오는데, 소와 양이 또한 따라서 이를 해친다. 이 때문에 깨끗이 벌거숭이가 되어 초목이 없게 되었다는 말이다.

주해

- 부근벌지(斧斤伐之) : 도끼로 베어내다.
  "郊近則伐之者易, 國大則伐之者多."(四書補註備旨)
- 탁탁(濯濯) : 산이 벌거벗은 모양.
  조기趙岐의 註에 "濯濯, 無草之貌."라고 했다.
  "濯濯是全無草木."(四書補註備旨)
- 萌(싹 맹) 蘖(그루터기 얼)

【備旨】

孟子ㅣ就山木하여 例人心不可失養也曰 人心이 本自有天理之良이나 而善端이 每戕於物欲之害하니 觀之山木則可知矣라 牛山之木이 前此에 有所生而無所戕하여 固嘗美盛矣러니 但以其近於大國之郊也에 未免取材者衆하여 時有斧斤以伐之하니 向之美者ㅣ尙可以爲美乎아 然이나

其美雖失而根本猶存하니 是其氣化日夜之所生息과 加以雨露之所滋潤에 非無萌蘖之生焉이라 使於此而養之면 猶可以復其美也이언마는 牛羊이 又從而牧之하니 則生之者無幾요 而戕之者繼至라 是以로 萌蘖俱盡하여 若彼濯濯而光潔也하니 人但見其濯濯也하고 而以爲牛山이 未嘗有材焉이라하나니 不知山以生物爲性而材木無不生하니 此ㅣ豈山之性也哉리오 失養害之也니라

맹자께서 산목山木에 나아가 인심人心을 기르지 않을 수 없음을 예로 들어 가라사대 "인심은 본디 저절로 천리天理의 양심良心을 간직하고 있으나 선善의 단서가 매번 물욕의 해로움에 손상되니, 산의 나무를 살피면 가히 알 수 있다.

우산牛山의 나무는 전에 생겨나 손상된 바가 없이 진실로 아름답고 성하였다. 그러나 그 대국大國의 교외에 가까이 있어 재목을 취하려는 자가 많음을 면하지 못하여 때때로 도끼로 베어내니, 지난날 아름답던 것이 여전히 아름다울 수 있겠는가?

그러나 비록 그 아름다움을 잃었으나 근본은 여전히 남아 있으니, 이는 그 기화氣化가 밤낮으로 생장生長하고 우로雨露가 적셔주어 싹이 나오지 않은 나무가 없다. 가사 여기에다 기르면 오히려 가히 그 아름다움을 회복할 수 있거늘 소와 양이 또한 여기에 방목되니, 싹이 돋아날 기미는 없고 계속 해치게 되고 만다. 이 때문에 싹이 모두 없어져 저처럼 탁탁濯濯하게 깨끗이 빛나는 것이다.

사람들은 다만 그 탁탁濯濯한 것만 보고 우산牛山에는 일찍이 재목이 없었다고 생각하는데, 이는 산이란 만물을 생장시키는 것을 본성으로 삼아 재목을 생장시키지 않음이 없음을 알지 못한 것이니, 이것이 어

찌 산의 본성이겠는가? 산을 잘못 가꾸고 해쳤기 때문이다."

주해

- 신안진씨新安陳氏가 말했다. "山以生物爲性, 猶曰天地以生物爲心. 謂爲無材豈山之本性哉, 此全是引起以譬喩下一節."(大全註疏)
- 戕(손상입힐 장) 滋(불어날 자)

雖存乎人者인들 豈無仁義之心哉리오마는 其所以放其良心者ㅣ亦猶斧斤之於木也에 旦旦而伐之어니 可以爲美乎아 其日夜之所息과 平旦之氣에 其好惡ㅣ與人相近也者ㅣ幾希어늘 則其旦晝之所爲ㅣ有梏亡之矣나니 梏之反覆則其夜氣ㅣ不足以存이요 夜氣ㅣ不足以存則其違禽獸ㅣ不遠矣니 人이 見其禽獸也而以爲未嘗有才焉者라하나니 是豈人之情也哉리오

"비록 사람에게 보존된 것이 어찌 인의仁義의 마음이 없겠는가마는 그 양심良心을 잃어버린 바가 또한 마치 도끼와 자귀로 나무에 아침마다 베어내는 것과 같으니 아름다울 수가 있겠는가? 그 밤낮으로 생장한 바와 이른 새벽의 기운에 그 좋아하고 미워함이 남과 서로 가까운 자가 거의 드물거늘, 그 이튿날 행한 바가 양심을 해치게 된다. 해치기를 반복하게 되면 그 밤기운으로도 보존할 수가 없고, 밤기운으로 보존할 수가 없게 되면 그 금수禽獸와의 거리가 멀지 않다. 사람들은 그 금수를 보면서 일찍이 재질이 있지 않은 자라고 하니, 이것이 어찌 사람의 情이겠는가?"

良心者는 本然之善心이니 卽所謂仁義之心也라 平旦之氣는 謂未與物接之時 清明之氣也라 好惡與人相近은 言得人心之所同然也라 幾希는 不多也라 梏는 械也라 反覆은 展轉也라 言人之良心이 雖已放失이나 然이나 其日夜之間에 亦必有所生長이라 故로 平旦未與物接하여 其氣清明之際에 良心이 猶必有發見者라 但其發見至微하고 而旦晝所爲之不善이 又已隨而梏亡之하니 如山木旣伐에 猶有萌蘖이어늘 而牛羊이 又牧之也라 晝之所爲가 旣有以害其夜之所息하고 夜之所息이 又不能勝其晝之所爲라 是以로 展轉相害하여 至於夜氣之生이 日以寖薄하여 而不足以存其仁義之良心이면 則平旦之氣ㅣ亦不能清하여 而所好惡ㅣ遂與人遠矣니라

'양심良心'이란 본연의 선한 마음이니, 곧 이른바 인의仁義의 마음이다. '평단지기平旦之氣'는 사물과 아직 접촉하지 않을 때의 청명清明한 기운을 말한다. '호오여인상근好惡與人相近'은 인심人心이 똑같이 그러한 바를 얻었다는 말이다. '기희幾希'는 많지 않음이다. '곡梏'은 형틀이다. '반복反覆'은 전전展轉함이다.

사람의 양심良心이 비록 이미 방실放失되었으나, 그러나 그 밤낮의 사이에 또한 반드시 나서 자라는 바가 있기 때문에 이른 아침 사물과 아직 접촉하지 않고 그 기운이 청명할 때에 양심良心이 오히려 반드시 발현될 수 있다. 그러나 그 발현됨이 지극히 미미하고 이튿날 행하게 되는 불선不善이 또한 이미 따라서 양심을 상실하게 하니, 마치 산의 나무가 이미 베어졌으나 여전히 싹이 나거늘 소와 양을 다시 방목하는 것과 같으니, 낮의 행위가 이미 그 밤에 생장生長한 것을 해치게 되고 밤에 생장한 것이 또한 낮에 해치는 것을 이길 수가 없다. 이 때문에 반복해서 해치고 밤기운으로 생겨난 것이 날로 점차 엷어져서

그 인의仁義의 양심良心을 보존하지 못하게 되면, 이른 새벽의 기운이 또한 청명하지 못하여 좋아하고 싫어하는 바가 마침내 사람과 멀어지게 된다.

주해

- 단단(旦旦) : 매일. 날마다.
  당唐나라 유종원柳宗元의 〈포사자설捕蛇者說〉에 "豈若吾鄕鄰之旦旦有是哉!"라고 했다.
- 평단(平旦) : 이른 새벽. '청신淸晨'과 같다.
- 곡망(梏亡) : 속박을 받아 상실하게 됨. 곧 이욕利慾의 방해를 받아 본성을 상실한 것을 말한다. 梏(붙잡을 곡)
  손석孫奭의 소疏에 "梏, 手械也. 利欲之制善, 使不得爲, 猶梏之制手也."라고 했다.
  朱子가 말했다. "日夜之所息底是良心. 平旦之氣自是氣. 夜氣如雨露之潤, 良心如萌蘖之生. 人之良心, 雖有梏亡而彼未嘗不生也."(大全註疏)
- 단주(旦晝) : 이튿날.
  초순焦循의 《맹자정의孟子精義》에 "旦晝, 猶云明日."이라고 했다.
- 전전(展轉) : 반복하다. 변화하다.
  《전국책戰國策·조책일趙策一》에 "韓與秦接境壤界, 其地不能千里, 展轉不可約."이라 했고, 포표鮑彪의 註에 "展轉, 猶反覆也."라고 했다.
- 침박(浸薄) : 점차 엷어지다. 寖(점점 침)

【備旨】

然이나 不特山木有是美也라 雖存乎人者인들 於其有生之初에 豈無仁義之良心哉리오마는 其所以放失其良心者는 物欲害之요 亦猶斧斤之伐乎木也니 旦旦而伐之어늘 人心尚可以爲美乎아
然이나 良心雖放이나 而本體未泯하니 其日間紛擾之後에

到得夜時寧靜하여 良心이 亦必有所生息이라 故로 平旦之氣淸明하여 其好惡ㅣ與人良心之相近也者ㅣ特幾希耳니 是卽吾心之萌蘖也라 使於此而養之면 而良心復全其美矣어늘 夫何旦晝之所爲不善이 又已隨而梏亡之矣요 亦卽萌蘖之牧於牛羊也오

今日梏之하고 明日又梏之하여 反覆相尋而不已하니 則其夜氣浸薄하여 而不足以存其良心也요 夜氣ㅣ不足以存而好惡ㅣ不與人同하니 則其違禽獸ㅣ不遠矣라 人이 見其如禽獸也而以爲未嘗有天降之才焉者라하나니 不知人有是性이면 則有是情而亦有是才하니 良心不存이 是豈人之情也哉리오 亦失養害之也라

그러나 다만 산의 나무만이 이런 아름다움이 있는 것이 아니다. 비록 사람에게 보존된 것이 처음 태어났을 때 어찌 인의仁義의 양심良心이 없겠는가? 그 양심을 방실放失하게 된 것은 물욕이 해친 것이요, 또한 도끼와 자귀로 나무를 베어내는 것과 같으니, 아침마다 베어내는데 인심人心이 여전히 아름다울 수 있겠는가?

그러나 양심을 비록 잃었으나 본체는 아직 없어지지 않았으니, 그 낮의 어지럽고 소란스러운 시간이 지나 밤의 편안하고 고요한 때가 되면 양심良心이 또한 반드시 생장하게 된다. 그러므로 이른 새벽의 기운이 청명하여 그 좋아하고 미워함이 다른 사람의 양심과 상근相近한 것이 다만 거의 드물 뿐이니, 이것이 바로 내 마음의 새싹이다.

가사 여기에서 그 싹을 기르면 양심이 다시 그 아름다움을 회복할 수 있거늘, 어찌 낮에 행한 불선不善이 또한 이미 따라서 양심을 상실

하게 하고, 또한 소와 양을 새싹에 방목하는 것인가?

오늘 양심을 상실하고 내일 다시 상실하여 끊임없이 반복하며 그치지 아니하니, 그 밤기운이 점차 엷어져서 그 양심을 보존할 수 없게 되고, 밤기운이 양심을 보존할 수 없으니 좋아하고 싫어함이 남과 같지 못하게 되어 그 금수와의 거리가 멀지 않게 된다.

사람들은 그 금수와 같음을 보고 일찍이 하늘이 내려준 재능이 없었다고 생각한다. 이것은 사람에게 이런 본성이 있다면 바로 이런 정情이 있고 또한 이런 재주가 있음을 알지 못한 것이니, 양심良心을 보존하지 못하는 것이 이것이 어찌 사람의 정情이겠는가? 또한 양심을 기르지 못하고 해치는 것이다.

주해

- 방실(放失) : 방종하여 구속되지 않음. '실失'은 '일佚'과 통한다.
  한漢나라 왕충王充의 《논형論衡·정재程材》에 "阿意苟取容幸, 將欲放失, 低嘿不言者, 率多文吏."라고 했다. 嘿(고요할 묵)
- 일간(日間) : 낮. '백주白晝'와 같다.
- 분요(紛擾) : 분란소요紛亂騷擾. 어지럽고 소란스러움.
- 생식(生息) : 생식번식生殖繁殖. '생장生長'과 같다.
  당唐나라 한유韓愈의 《조주자사사상표潮州刺史謝上表》에 "天戈所麾, 莫不寧順. 大宇之下, 生息理極."이라 했다.
- 기희(幾希) : 거의 드물다. 곧 많지 않다[不多]는 말이다.
- 맹얼(萌蘖) : 싹. 사물의 발단. 萌(싹 맹) 蘖(움 얼)
- 부전(復全) : 다시 회복하다.
  《근사록집해近思錄集解》 권2 〈위학爲學〉에 "天命流行, 賦予萬物, 本無非善, 所謂天地之性也. 氣聚成形, 性爲氣質所拘, 則有純駁偏正之異, 所謂氣質之性也. 然人能以善道自反, 則天地之性, 復全矣."라고 했다.
- 상심(相尋) : 끝없이 서로 이어지다. '상계相繼'와 같다.

故로 苟得其養이면 無物不長이요 苟失其養이면 無物不消ㅣ니라

"그러므로 진실로 그 기름을 얻으면 생장하지 않는 물건이 없고, 진실로 그 기름을 잃으면 사라지지 않는 물건이 없게 된다."

山木人心이 其理一也라

산의 나무와 사람의 마음이 그 이치가 한 가지이다.

【備旨】

> 由此觀之컨대 山木人心이 惟係於所養耳라 故로 苟得其養이면 不惟山木日以滋長이라 卽吾心仁義之良도 有不可勝用者리니 何物之不長也리오 苟失其養이면 不惟山木日以濯濯이라 卽吾心仁義之幾希도 將無復有存者리니 何物之不消也리오 知此면 則人當養其心矣니라

이로 말미암아 살피건대, 산목山木과 인심人心은 오직 기르는 바에 달려있을 뿐이다. 그러므로 진실로 그 기름을 얻으면, 오직 山木이 날로 불어나고 자랄 뿐만 아니라 곧 내 마음의 어진 인의仁義도 가히 이겨 쓰지 못할 것이니, 어느 물건이 생장하지 않겠는가?

진실로 그 기름을 잃으면 오직 산목山木이 날로 탁탁濯濯할 뿐만 아니라, 곧 내 마음의 많지 않은 인의仁義도 장차 다시 보존되지 못할 것이니, 어느 물건이 소멸되지 않겠는가? 이를 안다면 사람이 마땅히 그 마음을 길러야 할 것이다.

孔子曰 操則存하고 舍則亡하여 出入無時하여 莫知其鄕은 惟心之謂與인저하시니라

"공자께서 가라사대 '마음은 잡으면 보존되고 놓으면 잃게 된다. 나가고 들어오는데 때가 없으며, 그 나아가는 방향을 알 수 없는 것은 오직 마음을 두고 하는 말인 저!' 라고 하셨다."

孔子言 心은 操之則在此하고 舍之則失去하여 其出入이 無定時하고 亦無定處如此라하시니 孟子ㅣ引之하사 以明心之神明不測이 得失之易 而保守之難이라 不可傾刻失其養하시니 學者ㅣ當無時而不用其力하여 使神清氣定하여 常如平旦之時면 則此心常存하여 無適而非仁義矣리라

程子曰 心豈有出入이리오 亦以操舍而言耳니 操之之道는 敬以直內而已니라

愚聞之師하니 曰人理義之心이 未嘗無하니 唯持守之면 卽在爾라 若於日晝之間에 不至梏亡이면 則夜氣愈清이요 夜氣清이면 則平旦未與物接之時에 湛然虛明氣象을 自可見矣니라 孟子ㅣ發此夜氣之說하시니 於學者에 極有力하니 宜熟玩而深省之也니라

공자께서 "마음은 잡으면 여기에 있고 놓으면 잃어버려 그 출입하는데 정해진 때가 없고 또한 정해진 곳이 없음이 이와 같다."라고 하시니, 맹자께서 이를 인용하여 마음은 신명神明하고 예측할 수 없어 득실得失은 쉬우나 보존하여 지키는 것이 어려우니 잠시라도 그 양심養心을 잃어서는 안 된다는 것을 밝히셨다. 그러므로 배우는 자는 마땅히

때로 그 힘을 쓰지 않음이 없어 정신을 맑게 하고 기운을 안정시켜 항상 이른 새벽의 때와 같이 한다면, 이 마음이 항상 보존되어 도처에 인의仁義 아님이 없을 것이다.

정자程子 가로되 "마음에 어찌 출입出入이 있겠는가? 또한 붙잡고 놓아버린 것으로 말한 것이다. 마음을 붙잡는 도는 경敬으로써 안을 곧게 할 따름이다."

내가 스승에게 듣건대, "사람은 의리義理의 마음이 일찍이 없지 않으니, 오직 이것을 잡아 잘 지키면 곧 여기에 있을 뿐이다. 만약 낮 시간에 마음을 상실하는 데 이르지 아니하면 밤기운이 더욱 맑을 것이요, 밤기운이 맑으면 이른 새벽 사물과 아직 접하지 않을 때에 담연湛然히 허명虛明한 기상氣象을 스스로 가히 볼 수 있다. 맹자께서 이 밤기운의 말씀을 발명發明하여 배우는 자에게 지극히 힘이 있으니, 마땅히 익숙히 완미玩味하고 깊이 살펴야 할 것이다."라고 하셨다.

주해

- 향(鄕) : 방향. '향嚮'과 통한다. 또는 '리里'의 뜻으로 보기도 한다.
  조기趙岐의 註에 "鄕猶里, 以喩居也"라고 했고, 초순焦循의 《맹자정의孟子精義》에 "近讀鄕爲向."이라 했다.
- 무적(無適) : '無往' 또는 '도처到處'과 같다. 適(갈 적)
- 경이직내(敬以直內) : 공경하여 안에 있는 마음을 바르게 하다. 《주역(周易)·곤괘(坤卦)·문언전(文言傳)》에 "敬以直內, 義以方外, 敬義立而德不孤."라고 하였다.
  신안진씨新安陳氏가 말했다. "敬以直內, 本文未有此意, 乃程子揭要義以補孟子之意也."(大全註疏)
- 담연(湛然) : 청철淸澈하고 편안한 모습. 湛(맑을 담)
  《대대예기大戴禮記·사대四代》에 "僉然湛然."이라 했다.
- 숙완(熟玩) : 진지하게 깊이 연구하다.
  주희朱熹의 〈답여자약서答呂子約書〉에 "蓋本其平日用功, 只以博學力行爲事, 而未嘗虛心平氣, 熟玩聖賢之言, 以求至理之所在."라고 했다.

【備旨】

孔子ㅣ嘗有言曰 天下有物焉하니 操之則在此而存하고 舍之則失去而亡이라 亡則出하고 存則入하여 初無一定之時也요 出則在外하고 入則在內하여 初莫知其一定之鄕也하니라 若是者는 果何物哉아 其惟心之謂與인저하시니라 由孔子之言觀之컨대 則知心貴常操而不舍也니 人若能操存以養之면 將良心仁義之美ㅣ其復全矣哉인저

공자께서 일찍이 말씀하시기를 "천하에 어떤 물건이 있으니 이것을 잡으면 여기에 있게 되어 보존되고, 이것을 놓으면 잃게 되어 없어진다. 없으면 나가고 있으면 들어오는 데 애초에 일정한 때가 없고, 나가면 밖에 있고 들어오면 안에 있는데 애초에 그 일정한 방향을 알 수가 없다. 이와 같은 것은 과연 무슨 물건인가? 그것은 오직 마음을 두고 하는 말인 저!"라고 하셨다.

공자의 말씀으로 말미암아 살피건대, 마음은 항상 붙잡아 놓지 않음을 귀하게 여김을 알 수 있다. 사람이 만약 능히 마음을 붙잡아 보존하여 기를 수 있다면, 장차 양심良心과 인의仁義의 아름다움이 그 다시 온전하게 될 것이다.

주해

- 상조(常操) : 언제나 변함없이 붙잡고 지키다.
  《한비자韓非子·해로解老》에 "萬物各異理而道盡, 稽萬物之理, 故不得不化. 不得不化, 故無常操."라고 했다.
- 조존(操存) : 심지心志를 굳게 붙들 잃지 않다.
  《주자전서朱子全書》 권3에 "爲學之要, 只在著實操存, 密切體認自己身心上理會."라고 했다.

[11·9]

孟子 曰無或乎王之不智也로다

맹자 가라사대 "왕의 지혜롭지 못함을 괴이하게 여길 필요가 없도다."

或은 與惑同니 疑怪也라 王은 疑指齊王이라

'혹或'은 '혹惑'과 같으니, 의심스럽고 괴이함이다.

'왕王'은 의심컨대 제왕齊王을 가리킨다.

주해

● 혹(或) : 괴이하게 여기다. '혹惑'과 같다.

《呂氏春秋·심위편審爲篇》에 나오는 고유高誘의 註에 "惑, 怪也."라고 했다.

● 의괴(疑怪) : 기이하다. 괴이하게 여기다.

《후한서後漢書·복담전伏湛傳》에 "陛下舍近務遠, 棄易求難, 四方疑怪, 百姓恐懼, 誠臣之所惑也."라고 했다.

【備旨】

孟子ㅣ爲齊王不能純心用賢而發也曰 智臨者는 大君之宜然이요 君德은 莫貴於智하니 必有所以智者어늘 今無或乎齊王之不智也로다

맹자께서 제왕齊王이 능히 마음을 순수하게 하여 어진 이를 등용하지 못하자 이를 발명하여 가라사대 "지혜로 정사를 다스리는 것은 대군大君이 마땅히 그리해야 한다. 군덕君德은 지혜보다 귀한 것이 없

으니 반드시 지혜로운 바가 있어야 한데, 지금 제왕齊王이 지혜롭지 못함을 괴이하게 여길 필요가 없도다."

주해

- 지림(智臨) : 예지임사睿智臨事. 총명과 지혜로 일을 처리하다. '임사臨事'는 일을 처리하다, 정사政事를 다스리다는 뜻이다. 睿(밝을 예)
《논어論語·술이述而》에 "必也臨事而懼, 好謀而成者也."라고 했다.

雖有天下易生之物也나 一日暴之요 十日寒之면 未有能生者也니 吾見이 亦罕矣요 吾退而寒之者ㅣ至矣니 吾如有萌焉에 何哉리오

"비록 천하에 쉽게 생장하는 물건이 있다 하더라도 하루 동안 햇볕을 쪼이고 열흘 동안 춥게 하면 능히 생장할 것이 없다. 내가 왕을 배알하는 기회가 또한 드물고, 내가 물러나오면 왕의 마음을 극히 차갑게 할 것이니, 그에게 싹이 있다고 한들 내가 어찌하겠는가?"

暴는 溫之也라
我見王之時少하니 猶一日暴之也요 我退則諂諛雜進之日多하니 是十日寒之也라 雖有萌蘖之生이나 我亦安能如之何哉리오

'폭暴'은 따뜻하게 함이다.

내가 왕을 배알하는 때가 적으니, 하루 동안 햇볕을 쪼이는 것과 같

다. 내가 물러나면 아첨하는 자들이 모두 나아가는 날이 많으니, 이는 열흘 동안 차갑게 하는 것이다. 비록 싹이 나오더라도 내가 또한 그 싹을 어찌 할 수 있겠는가?

주해

- 폭(暴) : 햇볕에 쬐이다. '폭曝'과 통한다. 暴(햇볕쪼일 폭)
- 잡진(雜進) : 잡진교졸雜進巧拙. 재주가 뛰어난 자와 졸렬한 자가 모두 등용되다.
  당唐나라 한유韓愈의 〈진학해進學解〉에 나온다. "登明選公, 雜進巧拙, 紆餘爲姸, 卓犖爲傑, 校短量長, 惟器是適者, 宰相之方也."
  紆(굽을 우) 犖(뛰어날 락)
- 櫱(그루터기 움 얼)

【備旨】

> 何則고 君心은 惟在所養하니 王之不智ㅣ由於失所養耳라 譬如雖有天下至易生之物也나 必得陽氣之舒而後에 能生也니 苟一日暴之以陽이요 十日寒之以陰이면 則暴之所生이 不勝其寒之所剝하여 未有能生者也라
>
> 今吾見齊王之時ㅣ亦罕矣니 但一日暴之也요 吾退而群邪雜進하니 是所以寒之者ㅣ至矣니 不猶十日寒之乎아 則王之見我에 雖有善心之萌이나 而梏亡甚易하니 吾其如王之有萌焉에 何哉리오 雖欲養之以善而使王之成其智나 不可得矣라

무엇 때문인가? 인군人君의 마음은 오직 마음을 기르는 바가 달려있

으니, 왕이 지혜롭지 못한 것은 마음을 기르는 바를 잃었기 때문이다.

비유컨대 비록 천하에 지극히 자라기 쉬운 물건이 있다고 해도 반드시 양기陽氣의 서발舒發을 얻은 후에 능히 자랄 수 있다. 만일 하루 동안 햇볕을 쪼이고 열흘 동안 그늘져 차갑게 한다면, 햇볕을 쪼여 생장한 것이 그 추위로 껍질이 벗겨짐을 이기지 못하여 능히 자랄 수 없게 된다.

이제 내가 제왕齊王을 배알하는 때가 또한 드무니, 다만 하루 동안 햇볕에 쬐이는 것이요, 내가 물러나서 사악한 무리들이 모두 나아가 배알하니, 이는 차갑게 하는 것이 많은 것으로 열흘 동안 차갑게 하는 것과 같지 아니한가?

그러니 왕이 나를 만나 비록 선심善心의 싹이 생겨났으나 상실하기가 지극히 쉬우니, 내가 왕의 선심善心의 싹을 어찌 하겠는가? 비록 선善으로 싹을 길러 왕으로 하여금 그 지혜를 이루게 하고자 하나, 할 수 없는 일이다.

주해

- 하즉(何則) : '무엇 때문인가?', 자문자답自問自答에 쓰이는 말이다.
  《좌전左傳·환공6년桓公六年》에 나온다. "吾牲牷肥腯, 粢盛豐備, 何則不信?"
  牷(희생 전) 腯(살찔 돌) 粢(기장 자)
  《사기史記·노중연추양열전魯仲連鄒陽列傳》에도 나온다. "諺曰 有白頭如新, 傾蓋如故. 何則? 知與不知也."
- 서(舒) : 서발舒發. 발산發散의 뜻이다.
- 剝(벗길 박)

今夫弈之爲數ㅣ小數也나 不專心致志則不得也니 弈秋는 通國之善弈者也라 使弈秋로 誨二人弈이어든 其一人은 專心致志하여 惟弈秋之爲聽하고 一人은 雖聽之나 一心에 以爲有鴻鵠이 將至어든 思援弓繳而射之하면 雖與之俱學이라도 弗若之矣나니 爲是其智ㅣ弗若與아 曰非然也니라

"무릇 바둑을 두는 재주는 작은 기예技藝에 불과하나 마음을 오로지 하고 뜻을 다하지 않으면 터득하지 못한다. 혁추奕秋는 전국에서 바둑을 잘 두는 사람이다. 혁추奕秋로 하여금 두 사람에게 바둑을 가르치게 하는데, 그중 한 사람은 마음을 오로지 하고 뜻을 다하여 오직 혁추奕秋의 말을 듣고, 한 사람은 비록 혁추의 말을 듣고는 있으나 다른 마음으로는 기러기와 고니가 장차 날아오면 활과 주살을 당겨서 쏘아 맞힐 것을 생각한다면, 비록 그와 함께 배울지라도 남과 같지 못하게 되니, 이것은 그의 지혜가 남과 같지 못해서인가? 당연히 그렇지 않다."

弈은 圍棋也라 數는 技也라 致는 極也라 弈秋는 善弈者니 名秋也라 繳은 以繩繫矢而射也라

程子爲講官하여 言於上曰 人主一日之間에 接賢士大夫之時 多하고 親宦官宮妾之時 少하면 則可以涵養氣質 而薰陶德性이라하여시늘 時不能用하니 識者恨之하니라

范氏曰 人君之心은 惟在所養이니 君子 養之以善則智하고 小人 養之以惡則愚라 然이나 賢人은 易疎하고 小人은 易親

이라 是以로 寡不能勝衆하고 正不能勝邪하니 自古로 國家治日常少 而亂日常多는 蓋以此也니라

'혁奕'은 바둑두는 것이다. '수數'는 기예技藝이다. '치致'는 다함이다. '혁추奕秋'는 바둑을 잘 두는 자이니 이름이 추秋이다. '격繳'은 줄로 화살을 묶어 쏘는 것이다.

정자程子가 강관講官이 되어 왕에게 아뢰기를 "인주人主가 하루 동안 어진 사대부를 접견하는 때가 많고, 환관宦官과 궁첩宮妾을 가까이 하는 때가 적으면, 기질氣質을 함양涵養하고 덕성德性을 훈도薰陶할 수 있습니다."라고 하셨는데, 당시에 능히 쓰지 못하니 식자識者들이 한스럽게 여겼다.

범씨范氏[범조우范祖禹] 가로되 "인군人君의 마음은 오직 기르는 바에 달려있으니, 군자君子가 선善으로 마음을 기르면 지혜롭게 되고 소인小人이 악惡으로 마음을 기르면 어리석게 된다. 그러나 현인賢人은 소원疎遠하기 쉽고 소인小人은 친근하기가 쉽다. 이 때문에 적은 사람은 많은 사람을 이길 수 없고, 정직한 자는 사악한 자를 이길 수 없다. 예로부터 국가가 다스려진 날은 항상 적고, 혼란스런 날은 항상 많은 것은 대개 이것 때문이다."

주해

- 금부(今夫) : 발어사.
- 통국(通國) : '전국全國'과 같다.
- 강관(講官) : 임금에게 경서經書를 강의하는 벼슬아치.
- 혁추(奕秋) : 춘추시대 노魯나라에서 바둑을 가장 잘 두던 사람.
  '奕'은 '혁弈'과 같다. 奕(바둑 혁)
- 궁작(弓繳) : 생사生絲로 묶은 화살. 繳(주살 작)
- 鴻(큰 기러기 홍) 鵠(고니 곡) 薰(향풀 훈) 陶(질그릇 도)

【備旨】

然이나 吾見之罕이 非吾之不欲見也요 亦由王聽信不專故로 至此耳라
今夫弈之爲數ㅣ特技藝之末(이요) 小數也나 不專一其心以極致其志면 則不可得其數之精也라 彼弈秋者는 通國之稱善弈者也니 設使弈秋도 誨二人以學弈이어든 其一人은 則專心致志하여 惟奕秋之言을 是聽而毫不外馳하고 其一人은 雖同聽之나 乃一心에 以爲有鴻鵠將至어든 思爲之援弓繳而射之하면 是其聽在弈秋나 而其心은 在鴻鵠也니 雖與彼一人俱學乎弈이라도 吾知其弗若彼之精矣나니 爲是其稟受之智ㅣ弗若彼一人之爲優與아 曰非然也니라 聰明原逮而鴻鵠日馳하여 心弗若其專하고 志弗若其致也라
夫王心이 有鴻鵠也면 安望其親君子遠小人이리오 吾其如有萌焉에 何哉리오 無或乎王之不智也로다

그러나 나의 만남이 드문 것이 내가 만나고자 하지 않음이 아니요 또한 왕께서 들음이 진실로 오로지 하지 아니함으로 말미암은 故로 여기에 이르렀을 뿐이다. 이제 대저 바둑의 數가 특히 技藝(기예)의 말엽이 작은 數이나 그 마음을 오로지 하나로 하여 그 뜻을 지극히 하지 아니한 즉 가히 그 數의 정밀함을 얻지 못할 것이다. 저 奕秋(혁추)라는 자는 通國이 바둑을 잘 두는 자라 칭하니, 설사 奕秋(혁추)가 두 사람을 가르쳐 바둑을 배울진댄, 그 한 사람은 곧 마음을 오로지 하고 뜻을 지극히 하여 오직 奕秋(혁추)의 말을 이에 듣고 추

호도 밖으로 달림이 없고, 그 한 사람은 비록 같이 들으나 이내 한편의 마음이 써 호되 큰 기러기와 고니가 장차 이름에 있거든 활과 작살을 당겨 그것을 쏘기를 생각하면, 이는 그 들음은 奕秋(혁추)에 있으나 그 마음은 큰 기러기와 고니에 있는지라, 비록 저 한 사람과 더불어 같이 奕秋에게 배우나, 내 그 저 사람의 정밀함 같지 못함을 알겠다.

이는 그 稟受(품수)한 지혜가 저 한 사람의 뛰어남이 되지 못하기 때문입니까? 가로되 그렇지 않다. 聰明(총명)은 원래 미치나 鴻鵠(홍곡)에 날로 달려 마음은 그 오로지 하지 않은 듯 하고 뜻은 그 지극히 하지 않은 듯 함이다. 대저 왕의 마음이 鴻鵠에 있다면 어찌 그 君子를 친히 하고 小人을 멀리하기를 바라리오. 내 그 만약 싹이 있으나 어찌 하겠는가? 왕의 지혜롭지 못함에 이상함이 없도다.

주해

● 馳(달릴 치) 稟受=稟賦 : 선천적으로 타고남. 逮(미칠 체)

[11·10]

孟子曰 魚도 我所欲也며 熊掌도 亦我所欲也언마는 二者를 不可得兼인댄 舍魚而取熊掌者也리라

生亦我所欲也며 義亦我所欲也언마는 二者를 不可得兼인댄 舍生而取義者也리라

맹자 가라사대 "물고기도 내가 원하는 바이며, 웅장熊掌도 또한 내가

원하는 바이지만, 두 가지를 겸하여 얻을 수 없다면 물고기를 버리고 웅장熊掌을 취하리라!
생명도 또한 내가 원하는 바이며, 의義 또한 내가 원하는 바이지만, 두 가지를 겸하여 얻을 수 없다면 생명을 버리고 의義를 취하리라!"

魚與熊掌이 皆美味로되 而熊掌尤美也라

물고기와 웅장熊掌은 모두 맛이 좋지만 웅장熊掌의 맛이 더욱 좋다.

주해

● 웅장(熊掌) : 중국 팔대 진미 중의 하나. '웅번熊蹯'이라고도 한다.
蹯(짐승발바닥 번)
매승枚乘의 〈칠발七發〉에 "熊蹯之臑, 勺藥之醬."이라 했고, 조식曹植의 〈명도편名都篇〉에도 "膾鯉臇胎鰕, 寒鱉炙熊蹯."이라고 했다.
臑(동물앞다리 노) 勺(구기 작) 膾(날고기 회) 臇(지짐이 전) 鰕(새우 하) 鱉(금계 별)

【備旨】

孟子ㅣ示人存羞惡之心也曰 世人이 往往不能善其生死富貴之道者는 只未察其本心耳라
試以嗜味論컨대 魚ㅣ乃味之美者라 固我所欲也며 熊掌은 又味之美者라 亦我所欲也라 然이나 或勢有所限하여 得魚則失熊掌하고 得熊掌則失魚하여 二者를 不可得兼인댄 則寧舍魚而取熊掌者也리라
知此 則可以論義矣니 生而存形도 亦我之所欲也며 義而

全節 亦我之所欲也라 然이나 或勢遭其窮하여 全生則害義하고 全義則害生하여 二者를 不可得兼인댄 則寧舍生而取義者也리라

맹자께서 사람에게 수오지심羞惡之心이 남아 있음을 보여 가라사대 "세상 사람들이 왕왕 그 생사生死와 부귀富貴의 道를 잘하지 못하는 것은 다만 그 본심을 살피지 못하기 때문이다.

시험 삼아 좋아하는 맛으로 논하건대, 물고기는 맛이 좋은 것으로 진실로 내가 원하는 바이며, 웅장熊掌도 맛이 좋은 것으로 또한 내가 원하는 것이다. 그러나 혹 형세가 제한되어 물고기를 얻으면 웅장熊掌을 잃게 되고, 웅장熊掌을 얻으면 물고기를 잃게 되어, 두 가지를 겸하여 얻을 수 없다면 차라리 물고기를 버리고 웅장熊掌을 취할 것이다.

이 점을 이해한다면 가히 의義를 논할 수 있으니, 살아서 육신을 보존하는 것도 내가 원하는 바요, 의義로써 절개를 온전히 하는 것도 또한 내가 원하는 바이다. 그러나 혹 형세가 그 궁박함을 만나 목숨을 보존하려면 의義를 해치게 되고, 의義를 온전히 하려면 목숨을 해치게 되어 두 가지를 가히 겸하여 얻을 수 없다면 차라리 목숨을 버리고 의義를 취할 것이다."

주해

- 嗜(즐길 기) 遭(만날 조) 寧(차라리 녕)

生亦我所欲이언마는 所欲이 有甚於生者라
故로 不爲苟得也하며
死亦我所惡언마는 所惡ㅣ有甚於死者라 故로
患有所不辟也니라

"목숨도 내가 원하는 바이지만 원하는 바가 목숨보다 더한 것이 있기 때문에 목숨을 구차하게 얻으려고 하지 않으며,
죽음은 또한 내가 싫어하는 바이지만 싫어하는 바가 죽음보다 더한 것이 있기 때문에 환난患難을 피하지 않는 바가 있다."

釋所以舍生取義之意라
得은 得生也라 欲生惡死者는 雖衆人利害之常情이나 而欲惡ㅣ有甚於生死者는 乃秉彝義理之良心이라 是以로 欲生而不爲苟得하고 惡死而有所不避也니라

목숨을 버리고 의義를 취하는 뜻을 풀이한 것이다.

'득得'은 목숨을 얻음이다. 목숨을 원하고 죽음을 싫어하는 것은 비록 중인衆人들이 이롭거나 해롭게 여기는 상정常情이나, 원하고 싫어하는데 생사보다 더 심한 것은 바로 상도常道를 지키는 의리義理의 양심良心이다. 이 때문에 살기를 원하지만 구차하게 얻지 아니하고, 죽음을 싫어하지만 피하지 않는 경우가 있는 것이다.

주해

- 피(辟) : 피하다. 회피하다. '피辟'는 '피避'와 통한다. '도逃'의 뜻과 같다. 辟(피할 피) 避(피할 피) 逃(달아날 도)
- 병이(秉彝) : 상도常道를 지키다. 彝(떳떳할 이)

《시경詩經·대아大雅·증민烝民》 편에 "天生烝民, 有物有則. 民之秉彝, 好是懿德."이라 했는데, 이에 대해 모전毛傳에 "彝, 常."이라 했고, 朱熹의 《시경집전詩經集傳》에 "秉, 執."이라 풀이했다.
懿(아름다울 의)

【備旨】

> 其所以舍生而取義者는 何哉오 蓋生亦我所欲이나 而義之可欲이 尤有甚於生者라 故로 吾不爲苟且以得生也하며 死亦我所惡나 而不義之可惡ㅣ尤有甚於死者라 故로 當患難而有所不辟以倖免也라
> 蓋好生惡死는 雖人情趨避之常이나 而舍生取義는 乃天理民彝之正이니 於此에 見羞惡之良心이 人所固有니 而不可無察識之功矣라

그 목숨을 버리고 의義를 취하는 이유는 무엇인가?

대개 목숨도 또한 내가 원하는 바이나, 가히 의義를 원하는 것이 목숨보다 더욱 심한 것이 있기 때문에 나는 구차하게 목숨을 구하려고 하지 않는다. 죽음은 또한 내가 싫어하는 바이나, 가히 불의不義를 싫어하는 것이 죽음보다 더욱 심한 것이 있기 때문에 환난에 닥쳐 이를 피하면서 요행으로 면하지 않는 경우가 있다.

대개 사는 것을 좋아하고 죽는 것을 싫어하는 것이 비록 인정人情상 이익을 좇고 해로움을 피하는 상정常情이나, 목숨을 버리고 의義를 취하는 것은 바로 천리天理상 백성들이 지켜야할 정도正道이다. 이에 수오羞惡의 양심良心은 사람이 본디 지니고 있는 것이니, 분명하게 살피지 않을 수 없는 공부임을 알 것이다.

주해

- 민이(民彝) : 사람이 지켜야 할 윤리도덕과 법도. '人倫'과 같다. 《서경書經·강고康誥》에 "天惟與我民彝大泯亂."이라 했고, 이에 대해 공전孔傳에 "天與我民五常, 使父義母慈兄友弟恭子孝, 而廢棄不行, 是大滅亂天道."라고 풀이했다.
- 찰식(察識) : 명백히 살펴서 알다.
- 추피(趨避) : 추리피해趨利避害. 이익을 좇고 해로움을 피하다. 趨(달릴 추) 청淸나라 기윤紀昀의 《열미초당필기閱微草堂筆記·난양소하록육灤陽消夏錄六》에 나온다. "故聖人以陰陽之消長, 示人事之進退, 俾知趨避而已."

如使人之所欲이 莫甚於生이면 則凡可以得生者를 何不用也며
使人之所惡ㅣ 莫甚於死者면 則凡可以辟患者를 何不爲也리오

"만약 사람들이 원하는 바가 목숨보다 더한 것이 없다면, 무릇 목숨을 얻을 수 있는 방법을 어찌 쓰지 않겠는가?
만약 사람들이 싫어하는 바가 죽음보다 더한 것이 없다면, 무릇 환난을 피할 수 있는 일을 어찌 하지 않겠는가?"

設使人無秉彝之良心하고 而但有利害之私情이면 則凡可以偸生免死者를 皆將不顧禮義而爲之矣리라

만약 사람에게 상도常道를 지키는 양심良心이 없고, 다만 이해利害를 따지는 사사로운 정만 있다면, 무릇 삶을 훔치고 죽음을 면할 수 있는 일들을 모두가 장차 예의禮義를 돌아보지 않고 할 것이다.

주해

- 설사(設使) : 만약. '가사假使'.

【備旨】

如使人之所欲이 莫有甚於生하여 而不知義之可欲이면 則凡可以得生者를 將何不用也며 又豈肯爲義而舍生哉아 使人之所惡ㅣ莫有甚於死하여 而不知不義之可惡면 則凡可以辟患者를 將何不爲也며 又豈肯爲義而取死哉아

만약 사람들이 원하는 바가 목숨보다 더한 것이 없고 의義를 원할 줄 모른다면, 무릇 목숨을 구할 수 있는 방법을 장차 어찌 쓰지 않을 것이며, 또한 어찌 의義를 위해 기꺼이 목숨을 버리겠는가?

만약 사람들이 싫어하는 바가 죽음보다 더한 것이 없고 불의不義를 싫어할 줄 모른다면, 무릇 환난을 피할 수 있는 방법을 장차 어찌 쓰지 않을 것이며, 또한 어찌 의義를 위해 기꺼이 죽음을 택하겠는가?

由是라 則生而有不用也하며 由是라 則可以辟患而有不爲也니라

"이 때문에 살 수 있으나 쓰지 않는 경우가 있고, 이 때문에 환난을 피할 수 있으나 하지 않는 경우가 있는 것이다."

由其必有秉彛之良心이라 是以로 其能舍生取義ㅣ如此라

그에게 반드시 상도常道를 지키는 양심良心이 있기 때문에, 이로써 그가 능히 목숨을 버리고 의義를 취하는 것이 이와 같은 것이다.

주해

- 경원보씨慶源輔氏가 말했다. "由是之是, 蓋指秉彛之良心而言也."(大全註疏)

【備旨】

> 惟其必有好義之良心하여 而所欲이 果有甚於生하니 由是라 則苟可以得生이나 而有所不用也니 不然이면 豈樂於輕生耶아 惟其必有惡不義之良心하여 而所惡ㅣ果有甚於死하니 由是라 則可以辟患이나 而有所不爲也니 不然이면 豈樂於取死耶아 觀此컨대 而秉彛之良心은 爲人之所必有也라

오직 그에게 반드시 의義를 좋아하는 양심良心이 있어야 원하는 바가 과연 목숨보다 더한 것이 있게 된다. 이로 말미암아 진실로 목숨을 얻을 수 있으나 그 방법을 쓰지 않으니, 그렇지 않으면 어찌 즐겨 목숨을 가볍게 여기겠는가?

오직 그에게 반드시 불의不義를 싫어하는 양심良心이 있어야 싫어하는 바가 과연 죽음 보다 더한 것이 있게 된다. 이로 말미암아 환난을 피할 수 있으나 그 일을 하지 않으니, 그렇지 않으면 어찌 즐겨 죽음을 취하겠는가?

이를 살피건대 상도常道를 지키는 양심良心을 사람이 반드시 간직해야 한다.

是故로 所欲이 有甚於生者하며 所惡ㅣ有甚於死者하니 非獨賢者ㅣ有是心也라 人皆有之언마는 賢者는 能勿喪耳니라

"이 때문에 원하는 바가 목숨보다 더한 것이 있으며, 싫어하는 바가 죽음 보다 더한 것이 있다. 다만 현자賢者만이 이런 마음이 있을 뿐만 아니라 사람마다 모두 이런 마음이 있지만은 현자賢者는 능히 이를 잃지 않을 뿐이다."

羞惡之心을 人皆有之로되 但衆人은 汩於利欲而忘之하고 惟賢者는 能存之而不喪耳니라

수오羞惡의 마음을 사람마다 모두 지니고 있되, 다만 중인衆人들은 이욕利慾에 빠져 이것을 잊고 오직 현자賢者만이 능히 보존하여 잃지 않을 뿐이다.

주해

- 비독(非獨) : 비단 ~뿐만 아니라. '비단非但'과 같다.
- 경원보씨慶源輔氏가 말했다. "羞惡之心, 卽所謂秉彝之良心也. 秉彝之良心是指其全體而言. 羞惡之心則又於全體之中, 指其所謂義者言之也."(大全註疏)
- 汩(빠질 골)

【備旨】

是故로 所欲於義ㅣ有甚於欲生者하며 所惡於不義ㅣ有甚於惡死者하니 非獨賢者ㅣ有是羞惡之心也라 人人이 皆有

之로되 但衆人은 汩於利欲之私하여 有喪其良心者요 惟賢者는 能存養省察이라 是以로 可生可死니 而此欲義惡不義之心을 獨能堅守而勿喪耳니 夫豈賢者之所獨所有哉리오

이 때문에 의義를 원하는 바가 목숨보다 더한 경우가 있고 불의不義를 싫어하는 바가 죽음보다 더한 경우가 있으니, 다만 현자賢者만이 이런 수오羞惡의 마음을 지니고 있는 것이 아니라, 사람마다 모두 이런 마음을 지니고 있다. 다만 중인衆人은 이욕利慾의 사사로움에 빠져 그 양심良心을 잃는 경우가 있으나, 오직 현자賢者만이 능히 존양성찰存養省察을 하여 살 수도 있고 죽을 수도 있으며, 의義를 행하고 불의不義를 싫어하는 마음을 홀로 능히 굳게 지키며 잃지 않을 뿐이니, 어찌 어진 자만이 홀로 지니고 있겠는가?

주해

● 존양(存養) : 존심양성存心養性. 본심을 보존하고 선성善性을 기르다. 주희朱熹의 〈답하숙경서答何叔京書〉에 "二先生拈出敬之一字, 眞聖學之綱領, 存養之要法."이라 했다. 拈(집을 념)

一簞食와 一豆羹을 得之則生하고 弗得則死라도 嘑爾而與之면 行道之人도 弗受하며 蹴爾而與之면 乞人도 不屑也니라

"한 그릇의 밥과 한 그릇의 국을 얻으면 살고 얻지 못하면 죽을지라도, 꾸짖으면서 주면 길 가는 사람도 받지 않으며 밟아서 주면 걸인乞人도 달갑게 여기지 않는다."

豆는 木器也라 嘑는 咄啐之貌라 行道之人은 路中凡人也라 蹴는 踐踏也라 乞人은 丐乞之人也라 不屑은 不以爲潔也라 言雖欲食之急이라도 而猶惡無禮하여 有寧死而不食者하니 是其羞惡之本心이니 欲惡有甚於生死者를 人皆有之也라

'두豆'는 나무 그릇이다. '호嘑'는 큰소리로 꾸짖는 모습이다. '行道之人'은 길 가는 보통 사람이다. '축蹴'은 밟는 것이다. '걸인乞人'은 구걸하는 사람이다. '불설不屑'은 깨끗하게 여기지 않음이다.

비록 먹으려는 마음이 다급할지라도 오히려 무례함을 싫어하여 차라리 죽을지언정 먹지 않는 경우가 있으며, 이는 그 수오羞惡의 本心이니, 좋아하고 싫어하는 것이 살고 죽는 것보다 더한 것을 사람마다 모두 지니고 있다는 말이다.

주해

- 호(嘑) : 꾸짖다. '호呼'와 같다. 嘑(꾸짖을 호)
  조기趙岐의 註에 "嘑爾, 猶呼爾, 咄啐之貌也."라고 했다.
  "嘑, 大聲招呼也."(四書補註備旨)
- 돌쵀(咄啐) : 큰소리로 꾸짖다. 咄(꾸짖을 돌) 啐(꾸짖을 쵀)
- 簞(대광주리 단) 食(밥 사) 豆(나무그릇 두) 羹(국 갱) 蹴(찰 축) 屑(달갑게 여길 설) 乞(빌 걸) 丐(빌 개)

【備旨】

所謂人皆有是心者를 果何以驗之오 今夫一簞之食와 一豆之羹이 其爲物이 固甚微나 然이나 飢餓之際에 得食之則生하고 不得食則死하니 此其勢誠急 而其情이 或亦可苟者니 宜不顧夫義之可否 而受且屑之矣라

然이나 使嘑爾而與之면 豈惟賢者ㅣ弗之受리오 雖行道人도 惡其無禮하여 有寧死而不肯受之者온 況非行道者乎아 使蹴爾而與之면 豈惟賢者ㅣ不之屑이리오 雖乞人之至賤도 亦惡其無禮하여 有寧死而不屑取之者온 況非乞人乎아
是其羞惡之本心이 不以行乞而泯이며 不以危迫而亡 而欲惡ㅣ有甚於生死하니 人皆有之者를 於此驗矣라

이른바 사람마다 모두 이런 마음을 지니고 있다는 것을 과연 무엇으로써 증험하겠는가?

이제 한 그릇의 밥과 한 그릇의 국은 그 물건이 본디 매우 미미한 것이나, 그러나 굶주릴 때 얻어먹으면 살고 얻어먹지 못하면 죽으니, 이는 그 형세가 참으로 급박하고 그 마음이 혹 또한 구차할 수 있으니, 마땅히 의義의 옳고 그름을 따지지 않고 감수하면서 달갑게 여겨야 한다.

그러나 가사 큰소리로 꾸짖으면서 준다면 어찌 오직 현자賢者만이 이를 받지 않겠는가? 비록 길가는 사람일지라도 그 무례함을 싫어하여 차라리 죽을지언정 즐겨 받지 않을 것인데, 하물며 길가는 사람이 아닌 경우인 저!

가사 밟으면서 준다면 어찌 오직 현자만이 깨끗하지 않다고 여기겠는가? 비록 걸인乞人같이 지극히 천한 사람일지라도 또한 그 무례함을 싫어하여 차라리 죽을지언정 달갑게 받지 않을 것인데, 하물며 걸인乞人이 아닌 경우인 저!

이는 그 수오羞惡의 본심이 행인과 걸인이라고 해서 없어지지 않고 위급하다고 해서 없어지지 않으며, 원하고 싫어하는 것이 생사生死보

다 더한 것이 있으니, 사람마다 모두 이 마음을 지니고 있다는 것을 여기에서 증험할 수 있다.

주해

● 泯(없어질 민)

萬鍾則不辨禮義而受之하나니 萬鍾이 於我何加焉이리오 爲宮室之美와 妻妾之奉과 所識窮乏者ㅣ得我與인저

"그러나 만종萬鍾의 봉록俸祿은 예의禮義를 분별하지 않고 받나니, 만종의 봉록이 나에게 무슨 소용이 있겠는가? 궁실宮室의 아름다움과 처첩의 시중과 내가 아는 궁핍한 자들이 내 은혜에 감사하도록 만들기 위해서이다."

萬鍾於我何加는 言於我身無所增益也라 所識窮乏者得我는 謂所知識之窮乏者 感我之惠也라

上言人皆有羞惡之心하고 此言衆人所以喪之 由此三者하니 蓋理義之心이 雖曰固有나 而物欲之蔽ㅣ亦人所易昏也라

'만종의 봉록이 나에게 무슨 소용이 있겠는가?'는 내 몸에 더하는 바가 없다는 말이다. '내가 아는 궁핍한 자들이 나에게 감격해한다'는 내가 알고 있는 궁핍한 자들이 내 은혜에 감사해한다는 말이다.

위에서는 사람마다 모두 수오羞惡의 마음이 있다는 것을 말했고, 여기에서 중인衆人들이 이 마음을 잃은 이유가 이 세 가지로 말미암은

것을 말했다. 대개 의리의 마음을 비록 본디 지니고 있다고 해도 물욕의 가림에 또한 사람들이 쉽게 어두워지는 것이다.

주해

● 만종(萬鍾) : 만종의 봉록. '종鍾'은 용량의 단위로서, 육곡사두六斛四斗에 해당된다. '곡斛'은 10말을 말한다. 斛(휘 곡)

【備旨】

夫簞食豆羹이 生死所係나 尚以嘑蹴爲恥而不受온 而況萬種乎아 孰意萬種之祿이면 則不辨禮義而受之리오 夫萬種之受ㅣ非生死所係니 於我에 有何加焉이리오 無乃爲宮室計而欲極其華美하며 爲妻妾計而欲極其奉承하며 爲所識窮乏者計而欲其感我之賙濟라 故로 受此無禮義之萬種與아 不然이면 胡喪良心이 如此리오

무릇 한 그릇의 밥과 한 그릇의 국이 생사生死에 관계되는데도 오히려 큰소리로 꾸짖고 밟는 것을 부끄럽게 여겨 받지 않거늘, 하물며 만종萬鍾의 봉록祿俸이겠는가! 누가 만종의 봉록이라고 해서 예의를 분별하지 않고 받겠는가?

무릇 만종의 봉록을 받는 것이 생사生死와 관계없으니, 나에게 무슨 소용이 있겠는가?

어찌 궁실을 위한 계책으로 그 화려하고 아름다움을 다하려고 하고, 처첩을 위한 계책으로 그 받듦을 다하려고 하며, 내가 아는 궁핍한 자를 위한 계책으로 그들이 나의 구휼에 감사하도록 만들기 위해 이런 예의가 없는 만종의 봉록을 받는 것이 아니겠는가? 그렇지 않다면 어찌 양심을 잃는 것이 이와 같겠는가?

주해

● 무내(無乃) : '어찌 ~이 아니리오?', '어찌 ~하지 아니한가?' '무내無迺', '막비莫非'와 같다. 迺(이에 내)
《논어論語·옹야雍也》 편에 나온다. "居敬而行簡, 以臨其民, 不亦可乎? 居簡而行簡, 無乃太簡乎?"

● 주제(賙濟) : 구휼하다. 진휼하다. 賙(진휼할 주)

鄕爲身엔 死而不受라가 今爲宮室之美하여 爲之하며 鄕爲身엔死而不受라가 今爲妻妾之奉하여 爲之하며 鄕爲身엔 死而不受라가 今爲所識窮乏者ㅣ得我而爲之하나니 是亦不可以已乎아 此之謂失其本心이니라

"전에는 자신을 위해서 죽어도 받지 않다가 이제 궁실의 아름다움을 위해서 봉록을 받고, 전에는 자신을 위해서 죽어도 받지 않다가 이제 처첩의 받듦을 위해서 봉록을 받으며, 전에는 자신을 위해서 죽어도 받지 않다가 이제 내가 아는 궁핍한 자들이 나에게 감사하도록 만들기 위해 봉록을 받으니, 이는 또한 그만둘 수 없는 것인가? 이것을 일러 그 본심本心을 잃었다고 하는 것이다."

言三者는 身外之物이니 其得失이 比生死爲甚輕이어늘 鄕爲身엔 死猶不肯受嘑蹴之食이라가 今乃爲此三者而受無禮義之萬鍾하니 是豈不可以止乎아
本心은 謂羞惡之心이라
此章은 言羞惡之心은 人所固有언마는 或能決死生於危迫之

際로대 而不免計豐約於宴安之時라 是以로 君子不可頃刻而不省察於斯焉이라

'이 세 가지는 몸 밖의 물건이니 그 득실得失이 생사生死에 비해 매우 가볍거늘, 전에는 자신을 위해 죽어도 오히려 꾸짖고 밟으며 주는 음식은 즐겨 받지 않다가, 이제 이 세 가지를 위하여 예의도 없는 만종의 봉록을 받으니, 이것을 어찌 그만둘 수 없겠는가?'라고 말씀하신 것이다.

'본심本心'은 수오羞惡의 마음을 말한다.

이 章은 수오羞惡의 마음을 사람이 본디 지니고 있지만 혹 급박할 때에 사생死生을 결단할 수도 있는데, 한가로이 편안하게 지낼 때는 풍약豐約을 따지는 것을 면치 못하므로 군자는 경각이라도 이 점을 성찰하지 않을 수 없다고 말한 것이다.

주해

- 연안(宴安) : 한가하고 편안하게 즐기다. '일락逸樂'과 같다.
  《한서漢書·경십삼왕전찬景十三王傳贊》에 나온다. "是故古人以宴安爲鴆毒, 亡德而富貴, 謂之不幸." 鴆(짐새 짐)
- 풍약(豐約) : 풍성함과 가난함. '성쇠盛衰'와 같다.
  《초어楚語》에 "夫事君者, 不以豐約擧."라고 했고, 그 註에 "豐, 盛. 約, 衰也."라고 해석했다.
- 향(鄕) : 지난번. '향嚮'과 같다. 鄕(지난번 향)

【備旨】

甚矣라 人心之蔽也여 鄕爲身엔 死而不受嘑蹴之食이라가 今爲宮室之美하여 而顧爲此萬種之受焉하며 鄕爲身엔 死而不受嘑蹴之食이라가 今爲妻妾之奉承하여 顧爲此萬種

之受焉하며 鄕爲身엔 死而不受嘑蹴之食이라가 今爲所識窮乏之不給者ㅣ得我하여 而顧爲此萬種之受焉이라

夫簞豆는 有係於生死니 是不可已者어늘 且已之而不受矣요 而三者는 身外之物이니 是亦不可以已而不受乎아 可已而不已하니 此之謂失其羞惡之本心하여 而反行乞之不若也니 深可哀哉라

심하도다! 인심人心의 가림이여! 전에는 자신을 위해 죽어도 꾸짖고 밟으면서 주는 음식을 받지 않다가 이제 궁실의 아름다움을 위하여 도리어 이 만종의 봉록을 받으며, 전에는 자신을 위해 죽어도 꾸짖고 밟으면서 주는 음식을 받지 않다가 이제 처첩의 받듦을 위하여 도리어 이 만종의 봉록을 받으며, 전에는 자신을 위해 죽어도 꾸짖고 밟으면서 주는 음식을 받지 않다가 이제 자신이 아는 궁핍한 자들이 자신의 은혜에 감사할 것을 위해 도리어 이 만종의 봉록을 받는다.

무릇 한 그릇의 밥과 한 그릇의 국은 생사生死와 관계되니 이를 내버려둘 수 없지만 또한 버려두고 받지 않았다. 이 세 가지는 몸 밖의 물건이니 이 또한 내버려두고 받지 않을 수는 없는가? 그만둘 수 있는데도 그만두지 못하니, 이것을 두고 그 수오羞惡의 본심本心을 잃고 도리어 행인과 걸인만도 못하다고 말하니, 심히 슬프도다!

주해

- 고(顧) : 다만. 도리어.
- 단두(簞豆) : 단사두갱簞食豆羹. 한 그릇의 밥과 한 그릇의 국.

[11·11]

孟子 曰仁은 人心也요 義는 人路也니라

맹자 가라사대 "인仁은 사람의 마음이요, 의義는 사람의 길이다."

仁者는 心之德이니 程子所謂心如穀種이요 仁則其生之性이 是也라

然이나 但謂之仁이면 則人不知其切於己라 故로 反而名之曰人心이라하시니 則可以見其爲此身酬酢萬變之主하여 而不可須臾失矣라 義者는 行事之宜니 謂之人路라하시니 則可以見其爲出入往來必由之道하여 而不可須臾舍矣라

인仁은 마음의 덕德이니, 정자程子가 말한 "마음은 곡식의 씨앗과 같고, 인仁은 거기에서 생겨나는 성性이다"라고 한 것이 이것이다.

그러나 다만 '인仁'이라만 말한다면 사람들은 그것이 자신에게 간절하다는 것을 알지 못한다. 그러므로 돌이켜 그것을 '인심人心'이라고 하시니, 인仁이 만 가지 변화에 응수하는 이 몸의 주인이 되므로 잠시라도 잃어서는 안 됨을 알 수 있다.

'의義'란 일을 행하는 마땅함이니 그것을 '인로人路'라고 하시니, 의義가 출입하고 왕래하는데 반드시 경유해야 할 길이 되므로 잠시라도 버려둘 수 없음을 알 수 있다.

주해

- 수작(酬酌) : 빈주賓主가 술잔을 서로 주고받음. 곧 교제하고 응수應酬하다는 뜻이다. '수酬'는 주인이 빈객에게 술을 권하는 것이고, '작酢'은 빈객이 주인에게 술을 권하는 것이다. 酬(권할 수) 酌(따를 작)

《주역周易·계사系辭》에 나온다. "是故可與酬酢."

《회남자淮南子·주술훈主術訓》에 "觴酌俎豆酬酢之禮, 所以效善也."라고 했다. 觴(잔 상) 俎(도마 조)

- 신안진씨新安陳氏가 말했다. "遺書云, 心譬如穀種, 生之性便是仁, 陽氣發處乃情也."(大全註疏)
- "仁是生生之理, 卽人之所以爲心者, 故曰人心."(四書補註備旨)
- "義卽仁之隋時制宜出來的. 故曰人路. 路字非譬喩."(四書補註備旨)

【備旨】

> 孟子ㅣ示人以求放心曰 仁義之心을 人皆有之나 而能存之者ㅣ少하니 亦未知其甚切於人耳라
>
> 夫心爲人身之主宰어늘 人知其至切矣로되 而不知仁卽人之心也니 而外心이면은 不可以言仁矣요 路爲人身之往來어늘 人知其至切矣로되 而不知義卽人之路也니 而外義면 不可言路矣라 仁義之切於人이 何如哉아

맹자께서 사람에게 방심放心을 구할 것을 보여 가라사대 "인의仁義의 마음을 사람마다 모두 지니고 있으나 능히 이를 보존하는 자가 적으니, 또한 그것이 사람에게 매우 절실한 것임을 알지 못할 뿐이다.

대저 마음은 사람 몸의 주재主宰가 되니 사람들이 그것이 지극히 절실하다는 것은 알지만, 인仁이 바로 사람의 마음인줄은 알지 못하니 마음을 벗어나서 인仁을 말할 수 없다. 길은 사람 몸이 왕래하는 것이니 사람들이 그것이 지극히 절실하다는 것은 알지만 의義가 바로 사람의 길임은 알지 못하니 의義를 벗어나서 길을 말할 수 없다. 그러므로 인의仁義가 사람에게 간절함이 어떠한가?

주해

- 방심(放心) : 본심本心을 잃다. 양심良心을 잃다.

舍其路而弗由하며 放其心而不知求하나니 哀哉라

"그 길을 버려두고 말미암지 않으며, 그 마음을 잃고서도 찾을 줄을 모르니 슬프도다!"

哀哉二字를 最宜詳味하니 令人惕然有深省處라

'애재哀哉' 두 글자를 가장 자세하게 음미해야 하니, 사람으로 하여금 척연惕然히 깊이 성찰하게 하는 곳이다.

주해

- "兩其字, 卽上文兩人字."(四書補註備旨)
- 운봉호씨雲峯胡氏가 말했다. "蓋曰人心人路, 則禽獸無是心, 亦無是路矣. 人舍其爲人之路而不由, 放其爲人之心而不知求, 則不可謂之人矣. 不可謂之人則謂之何哉? 此孟子所以深哀之."(大全註疏)
- 惕(두려워할 척)

【備旨】

夫仁義之切於人이 如此하니 則人當操存而不放하고 率由而不舍어늘 何世之人은 乃舍置其當行之路而不由하고 放

失其固有之心而不知求오 是失其所以爲人之理면 則不可謂之人矣니 不亦可哀之甚哉아

무릇 인의仁義가 사람에게 절실한 것이 이와 같으니, 사람이 마땅히 붙잡아 보존하며 잃지 말아야 하고, 率由(솔유)하여 버리지 말아야 한다. 그런데 어찌 세상 사람들은 이에 그 마땅히 가야할 길을 내버려두고 말미암지 않으며, 그 본디 지니고 있는 마음을 잃고서도 찾을 줄 알지 못하는가?

이는 그 사람이 되는 바의 이치를 잃으면 사람이라고 이를 수 없는 것이니, 또한 심히 슬프지 아니한가?

주해

- 솔유(率由) : 법도를 따르다. 준수하다.
  《서경書經·미자지명微子之命》에 나온다. "率由典常, 以蕃王室." 蕃(우거질 번)
  《후한서後漢書·양통전梁統傳》에도 나온다. "文帝寬惠柔克, 遭世康平, 唯除省肉刑相坐之法, 它皆率由, 無革舊章."

人이 有雞犬放則知求之하되 有放心而不知求하나니

"사람들이 닭과 개를 잃으면 찾을 줄은 알지만, 본심은 잃고서도 찾을 줄을 모른다."

程子曰 心은 至重하고 雞犬은 至輕이어늘 雞犬放則知求之하되 心放而不知求하나니 豈愛其至輕而忘其至重哉아 弗思

而已矣니라

愚謂上兼言仁義하고 而此下專論求放心者는 能求放心이면 則不違於仁하여 而義在其中矣라

정자程子 가로되 "마음은 지극히 중하고 닭과 개는 지극히 가볍거늘 닭과 개를 잃으면 찾을 줄은 알지만, 마음은 잃고서도 찾을 줄을 알지 못하니, 어찌 그 지극히 가벼운 것을 사랑하고 그 지극히 중한 것을 잊어서 이겠는가? 생각하지 않았을 따름이다."

내 생각건대 앞에서는 인의仁義를 아울러 말했고, 여기서는 오로지 '방심放心'을 찾는 것을 논한 것은 능히 방심을 찾을 수 있으면 인仁을 떠나지 않고 의義가 그 가운데 있기 때문이다.

주해

- 위어인(違於仁) : 인仁을 떠나다. 違(떠날 위)
  《논어論語·옹야雍也》 편에 나온다. "回也, 其心三月不違仁. 其餘則日月至焉而已矣."
- 朱子가 말했다. "鷄犬放有未必可求者. 惟是心纔求則便在未有求而不可得者. 知其爲放而求之則不放矣."(大全註疏)
- 경원보씨慶源輔氏가 말했다. "能求其心則心存, 心存則無適而非天理之流行, 而應事接物之際, 必能合時措之宜. 故曰義在其中. 蓋有體必有用也."(大全註疏)

【備旨】

所以然者는 良由於不思耳라 夫仁이 爲人心이니 其視雞犬之物이면 果孰爲重也며 吾心之放을 其視雞犬之放이면 果孰爲失也오 若人有雞犬放則知求也하되 有心放而不知求하나니 急其至輕而忘其至重은 不思故也라

그렇게 된 이유는 진실로 생각하지 않았기 때문이다. 무릇 인仁은 인심人心이니, 그것을 닭이나 개에 견주면 과연 무엇이 중할 것이며, 내 본심을 잃어버린 것을 닭이나 개를 잃어버린 것과 견주면 과연 무엇을 잃은 것이겠는가?

이에 사람이 닭과 개를 잃으면 구할 줄은 알되 마음을 잃으면 구할 줄을 모르니, 그것이 지극히 가벼운 것은 급박하게 여기고 그것이 지극히 중한 것은 잊어버리는 것은 생각하지 않았기 때문이다.

주해

- 약(若) : 이에. '내乃'와 같다.
  《주어周語》에 "必有忍也, 若能有濟也."라고 했다.
- 視(견줄 시)

學問之道는 無他라 求其放心而已矣니라

"학문의 도는 다른 것이 아니라 그 잃어버린 본심을 찾는 것일 따름이다."

學問之事ㅣ固非一端이나 然이나 其道則在於求其放心而已라 蓋能如是면 則志氣清明하고 義理昭著하여 而可以上達이요 不然이면 則昏昧放逸하여 雖曰從事於學이나 而終不能有所發明矣라

故로 程子曰 聖賢千言萬語ㅣ只是欲人將已放之心約之하여 使反復入身來니 自能尋向上去하여 下學而上達也라하시니라

此乃孟子ㅣ開示切要之言이어늘 程子ㅣ又發明之하여 曲盡其指하시니 學者ㅣ宜服膺而勿失也니라

학문의 일은 진실로 한 가지가 아니다. 그러나 그 道는 그 잃어버린 본심을 구하는데 있을 따름이다.

대개 능히 이와 같이 하면 지기志氣가 청명하고 의리義理가 밝게 드러나 위로 통할 수 있고, 그렇지 않으면 혼매昏昧하고 방일放逸하여 비록 학문에 종사한다고 말해도 끝내 발명發明하는 바가 있을 수 없다.

그러므로 정자程子가 가로되 "성현의 천 마디 말씀과 만 마디 말씀은 다만 사람이 이미 놓아 버린 마음을 가져다 돌이켜서 몸에 들이고자 할 뿐이니, 스스로 위쪽을 향해 찾아가서 아래로 인사人事를 배우고 위로 천리天理에 통할 수 있다"

이는 바로 맹자께서 열어 보이신 긴요한 말씀인데, 정자程子께서 다시 발명發明하여 그 뜻을 곡진曲盡히 하시니, 배우는 자가 마땅히 가슴에 새겨 잃지 말아야 한다.

주해

- 복응(服膺) : 가슴에 새기다. 명심하다.
  膺(가슴 응)
  《예기禮記·중용中庸》에 나온다. "得一善, 則拳拳服膺而弗失之矣."
  주희의 《사서집주四書集註》에 "服, 猶著也. 膺, 胸也. 奉持而著之心胸之間, 言能守也."라고 풀이했다.
- 朱子가 말했다. "學問亦多端矣, 而孟子直以爲無他. 蓋身如一屋子, 心如一家主. 有此家主然後能灑掃門戶, 整頓事務. 若無主則此屋不過荒屋耳."(大全註疏)
- 신안진씨新安陳氏가 말했다. "靜時昏昧, 動時放逸."(大全註疏)

【備旨】

> 夫放心而不知求者는 亦未知學問之道ㅣ無他術也요 惟在靜存動察하여 以求其放逸之心而已矣라
> 是知道莫切於仁義하고 功莫要於存心하여 能求其放逸之心이면 則心存而仁存하고 仁存而義卽在其中矣니 使放心不收면 則何者ㅣ爲學問之道哉아

무릇 본심을 잃고도 찾을 줄 모르는 것은 또한 학문의 道에 다른 방법이 없으며, 오직 고요할 때 마음을 보존하고 움직일 때 기미를 살펴서 그 방일放逸한 마음을 구하는데 있다는 것을 알지 못하기 때문이다.

이에 道는 인의仁義보다 간절함이 없고, 공부는 존심存心보다 긴요함이 없음을 알고서 능히 그 방일放逸한 마음을 구할 수 있다면, 마음이 보존되면 인仁이 보존되며 인仁이 보존되면 의義가 바로 그 가운데 있게 되니, 가사 방심放心을 거두어들이지 못한다면 무엇이 학문하는 道가 되겠는가?

주해

- 정존동찰(靜存動察) : 고요할 때 마음을 보존하고 움직일 때 마음의 기미를 살핀다.
  《심경부주(心經附註)》 권4에서 면재황씨勉齋黃氏가 말했다. "古之聖賢, 戰戰兢兢, 靜存動察, 如履淵氷, 如奉槃氷, 不使此心少有所放."

[11·12]

孟子曰 今有無名之指ㅣ屈而不信이 非疾痛害事也언마는 如有能信之者면 則不遠秦楚之路하나니 爲指之不若人也니라

맹자 가라사대 "지금 무명지無名指가 굽어져 펴지지 않으나 아프거나 일하는데 지장은 없는데, 만약 이를 펴줄 자가 있다면 진초秦楚의 길을 멀다고 여기지 않으니, 이는 손가락이 남과 같지 않기 때문이다."

無名指는 手之第四指也라

'무명지無名指'는 손의 네 번째 손가락이다.

주해

- 신(信) : 펴다. '신伸'과 통한다.

【備旨】

孟子ㅣ借指以論心曰 吾人立身에 所貴於不屈者는 在一心이요 不在一指也라 今有無名之指하여 其爲體也微矣요 屈而不伸은 其爲病也小矣라 則固非甚疾痛之患 而爲害於事也니 卽不急於求伸이 亦可也언마는 如有善術而能信之者면 則不遠秦楚之路하여 而求以伸之하나니 是何其迫切之若此哉아 爲指之屈 而不若人也일새라

맹자께서 손가락을 빌어 마음을 논하여 가라사대 "우리가 몸을 세우는데 굽어지지 않는 것을 귀하게 여기는 것은 한 마음에 있지 한 손가락에 있지 않다. 이제 무명지는 신체에서 미약한 부분이고 굽어져 펴지지 않는 것은 작은 병이니, 진실로 통증이 심하거나 하는 일에 지장을 주는 것이 아니어서 손가락을 펴는데 급급하지 않아도 된다.

그런데도 만약 좋은 재주로 손가락을 펴줄 수 있는 자가 있다면 진초秦楚의 길도 멀다 하지 않고 찾아가 손가락을 펴니, 어찌 급박하게 여기는 것이 이와 같은가? 굽어진 손가락이 남과 같지 않기 때문이다."

주해

- 박절(迫切) : 급박하다. 긴박하다.

指不若人則知惡之하되 心不若人則不知惡하나니 此之謂不知類也니라

"손가락이 남과 같지 않으면 싫어할 줄 알면서도 마음이 남과 같지 않으면 싫어할 줄 모르니, 이것을 일러 경중輕重을 알지 못한다고 한다."

不知類는 言其不知輕重之等也라

'류類를 알지 못한다'는 것은 그 경중輕重의 등급을 알지 못한다는 말이다.

주해

- 남헌장씨南軒張氏가 말했다. "人與聖人同類, 以心之同耳. 不同者, 陷溺之故也."(大全註疏)

【備旨】

夫指不若人이면 則知惡之以求伸하되 至於心屈於物欲이 不若人하얀 則不知惡之求以伸하나니 是指本輕而反重之하고 心本重而反輕之라 此之謂不知輕重之類也니 吾固不能不爲斯人慨矣라

무릇 손가락이 남과 같지 않으면 싫어하여 펴기를 구할 줄은 알되, 마음이 물욕物欲에 굽혀서 남과 같지 아니하게 되면 싫어하여 펴기를 구할 줄 모르니, 이는 손가락은 본디 가벼운 것이나 도리어 중하게 여기고, 마음은 본디 중하나 도리어 가볍게 여기는 것이다. 이것을 일러 경중輕重의 類(류)를 알지 못한다고 한다. 내 진실로 능히 이 사람을 위하여 개탄하지 않을 수 없다.

주해

● 류(類) : 사리事理. 도리道理.
《묵자墨子》에 나온다. "義不殺少而殺衆, 不可謂知類."

[11·13]

孟子曰 拱把之桐梓를 人苟欲生之인댄 皆知所以養之者이로되 至於身하여는 而不知所以養之者하나니 豈愛身이 不若桐梓哉리오 弗思丨甚也일새니라

맹자 가라사대 "한 웅큼 두 웅큼 정도의 오동나무와 가래나무를 사람들이 진실로 생장시키려고 하는데 모두 기르는 방법을 알지만, 몸에 대해서는 기르는 방법을 알지 못하니, 어찌 몸을 사랑하는 것이 오동나무와 가래나무만 같지 못하겠는가? 생각이 깊지 못하기 때문이다."

拱은 兩手所圍也요 把는 一手所握也라 桐梓는 二木名이라

'공拱'은 두 손으로 에워싸는 것이요, '파把'는 한 손으로 잡는 것이다. '동재桐梓'는 두 나무의 이름이다.

주해

- 공파(拱把) : 한 웅큼과 두 웅큼의 크기. 拱(두 손 껴안을 공) 把(잡을 파) 조기趙岐의 註에 "拱, 合兩手也. 把, 以一手把之也."라고 했다.
- 桐(오동나무 동) 梓(가래나무 재)

【備旨】

孟子ㅣ示人當知所以養身也曰 吾身之與外物로 其輕重이 固自有辨이어늘 乃人之昧焉 而不覺者ㅣ多矣라
卽如拱把之桐梓는 特材木之微耳어늘 人苟欲生之인댄 則必培植灌漑하여 皆知所以養之者로되 至於身하얀 爲萬物之主 而不知所以養之하여 以使其身之歸於善者하니 豈眞愛身이 不若一桐梓哉리오 心有所蔽 而不思甚也일새니 使思之則養이 自有所不容已矣라

맹자께서 사람이 마땅히 몸을 기르는 법을 알아야함을 보여 가라사대 "내 몸은 외물外物과 그 경중輕重에 진실로 스스로 분별이 있어야 하거늘, 이에 사람들이 몽매하여 깨닫지 못한 자가 많도다.

곧 한 웅큼 두 웅큼 정도의 오동나무와 가래나무는 다만 작은 재목에 불과하거늘 사람들이 진실로 생장시키고자 한다면 반드시 심고 북돋고 물을 주어서 모두 나무를 기르는 방법을 안다. 그러나 몸에 대해서는 만물의 주인이 되지만 몸을 길러서 그 몸이 선善으로 돌아가게 할 줄은 모르니, 어찌 진실로 몸을 사랑함이 오동나무와 가래나무 한 그루만 같지 못하겠는가? 마음에 가린 바가 있어 깊이 생각하지 못하기 때문이니, 가사 깊이 생각을 한다면 기름을 저절로 그만둘 수 없을 것이다."

[11·14]

孟子曰 人之於身也에 兼所愛니 兼所愛則兼所養也라 無尺寸之膚를 不愛焉則無尺寸之膚를 不養也니 所以考其善不善者는 豈有他哉리오 於己에 取之而已矣니라

맹자 가라사대 "사람이 몸에 대해 겸해서 사랑하니, 겸해서 사랑한다면 겸해서 기르게 된다. 척촌尺寸의 살갗을 사랑하지 않음이 없다면 척촌尺寸의 살갗을 기르지 않음도 없을 것이니, 잘 기르고 잘 기르지 못함을 살피는 데 어찌 다른 방법이 있겠는가? 자기 몸에서 그것을 취할 따름이다."

人於一身에 固當兼養이라 然이나 欲考其所養之善否者는 惟在反之於身하여 以審其輕重而已矣니라

사람은 한 몸에 대해 진실로 마땅히 겸해서 길러야 한다. 그러나 그 기르는 잘잘못을 살피려면, 오직 그것을 몸에서 돌이켜 그 경중輕重을 살피는데 달려 있을 뿐이다.

주해

- 신(身) : 여기서는 구복口腹과 심지心志를 포괄해서 하는 말이다.
  "身字包口腹心志在內."(四書補註備旨)
- 신안진씨新安陳氏가 말했다. "無所不愛曰兼愛, 無所不養曰兼養, 無尺寸之膚至不養也, 申兼愛兼養意."(大全註疏)

【備旨】

> 孟子ㅣ示人其當養其大體也曰 人固以養身爲貴나 尤以善養爲難이니 人之於一身也에 百體備具하여 皆兼所愛니 旣兼所愛則必兼所養也라 由此度之컨대 無尺寸之膚를 而不愛焉이면 則無尺寸之膚를 而不養也라 然이나 欲於無所不養之中에 求所以考其何者ㅣ養得其道而爲善이며 何者ㅣ養失其道而爲不善者는 豈有他術哉리오 亦惟反之於己하여 以審取其所養之輕重而已矣니 斯爲得善養之道也라

맹자께서 사람이 마땅히 그 대체大體를 길러야 함을 보여 가라사대 "사람이 진실로 몸을 기르는 것을 귀하게 여기나, 잘 기르는 것은 특히 어렵다. 사람의 한 몸에 백체百體가 갖추어져 모두 겸해서 사랑하니 이미 겸해서 사랑한다면 반드시 겸해서 길러야 한다.

이로 말미암아 헤아리건대 척촌尺寸의 살갗을 사랑하지 않음이 없다면 척촌尺寸의 살갗도 기르지 않음이 없을 것이다. 그러나 기르지 않음이 없는 가운데 그 어떤 것이 기르는데 그 도를 얻어 잘한 것이고, 어떤 것이 기르는데 그 도를 잃어 잘못한 것인가를 살피려고 하는데 어찌 다른 방법이 있겠는가? 또한 오직 자신에게 돌이켜 그 기르는 바의 경중輕重을 살펴서 취할 따름이니, 이것이 바로 잘 기르는 이다."

體有貴賤하며 有小大하니 無以小害大하며 無以賤害貴니 養其小者ㅣ爲小人이요 養其大者ㅣ爲大人이니라

"몸은 귀하고 천함이 있고 크고 작음이 있으니, 작은 것으로써 큰 것을 해치지 말며, 천한 것으로써 귀한 것을 해치지 말아야 한다. 그 작은 것을 기르는 자는 소인小人이 되고, 그 큰 것을 기르는 자는 대인大人이 된다."

賤而小者는 口腹也요 貴而大者는 心志也라

천하고 작은 것은 구복口腹이요, 귀하고 큰 것은 심지心志이다.

【備旨】

善不善을 取之己者는 亦以己之身體有不一也라 有分獨尊而爲貴하고 有令是從而爲賤하며 有各分一形而爲小하고 有兼統衆形而爲大하니 善養者는 當無以養其小者害其大하며 無以養其賤者害其貴니 若徒養其小者면 便是徇人欲而爲卑下之小人이니 必須養其大者라야 乃能存天理而爲高明之大人이라 此善不善之所以分이니 而不可不自考也라

잘 기르고 잘 기르지 못한 것을 자신에게서 취한 것은 또한 자신의 신체에 같지 않음이 있기 때문이다. 분수대로 홀로 높으면 귀하게 되고 명령대로 따르면 천하게 되니, 각각 한 가지 형체로 나누면 작게 되고 겸하여 여러 형체를 통솔하면 크게 된다.

잘 기르는 자는 마땅히 그 작은 것을 기르다 큰 것을 해치지 말며, 그 천한 것을 기르다 귀한 것을 해치지 말아야 한다. 만약 한갓 그 작은 것만을 기른다면 인욕人欲을 좇아 비천한 소인小人이 될 것이다. 반드시 그 큰 것을 길러야 이에 능히 천리天理를 보존하여 고명高明한 대인大人이 될 수 있다. 이는 잘 기르고 잘 기르지 못함이 나뉘는 바이니 가히 스스로 살피지 않을 수 없다.

주해

● 순인욕(徇人欲) : 인욕人欲을 따르다. 徇(좇을 순)
《이정집二程集·외서外書》에 "천리를 따르는 것이 도심道心이고, 인욕을 따르는 것이 인심人心이다.[徇天理底道心 徇人欲底人心.]"라고 했다.

今有場師ㅣ舍其梧檟하고 養其樲棘하면 則爲賤場師焉이니라

"이제 장사場師가 그 오동나무와 가래나무를 버리고 그 가시나무를 기른다면 천한 장사場師가 될 것이다."

場師는 治場圃者라 梧는 桐也요 檟는 梓也니 皆美材也라 樲棘는 小棗니 非美材也라

'장사場師'는 장포場圃를 다스리는 자이다. '오梧'는 오동나무요, '가檟'는 가재나무이니 모두 좋은 재목이다. '이극樲棘'은 작은 대추나무이니 좋은 재목이 아니다.

주해

- 장포(場圃) : 농가의 채소밭. 圃(밭 포)
  《시경詩經·빈풍豳風·칠월七月》에 나온다. "九月築場圃, 十月納禾稼."
  稼(심을 가)
- 檟(가래나무 가) 樲(멧대추나무 이) 棘(멧대추나무 극) 梓(가래나무 재) 棗(대추나무 조)

【備旨】

試以材木而言컨댄 如今有場師於此하니 舍其梧檟有用之材하고 而養其樲棘無用之木하면 則是美惡不分하여 以無用害有用也니 非賤場師而何오

시험 삼아 재목으로 말하건대, 예를 들어 지금 여기에 장사場師가 있는데 그 쓸모가 있는 오동나무와 가래나무를 버리고 그 쓸모가 없는 가시나무를 기른다면, 이는 좋고 나쁨을 구분하지 못하여 무용無用으로 유용有用을 해치는 것이니, 천한 장사場師가 아니고 무엇이겠는가?

養其一指하고 而失其肩背而不知也면 則爲狼疾人也니라

"그가 한 손가락만 기르고 그 어깨와 등을 잃고서도 알지 못한다면 낭질狼疾한 사람이 될 것이다."

狼은 善顧나 疾則不能이라 故로 以爲失肩背之喩니라

'낭狼'은 돌아보기를 잘하나 빨리 달리면 돌아보지를 못한다. 그러므로 어깨와 등을 잃는 비유로 삼은 것이다.

주해

- 낭질(狼疾) : 어리석다. 우둔하다. 狼(이리 랑)
  조기趙岐의 註에 ""謂醫養人疾, 治其一指而不知其肩背之有疾, 以至於害之, 此爲狼藉亂不知治疾之人也."라고 했다.
- 신안진씨新安陳氏가 말했다. "一指肩背有大小之分. 故借以傍證小體大體." (大全註疏)
- "失是遺. 一指肩背俱是小體, 非實以肩背爲大體也. 但就小體中亦有大小." (四書補註備旨)

【備旨】

又以一身而言컨댄 人若養其一指之細하고 而自失其肩背之大하여 而不知之也면 則是는 輕重反常이니 如狼之疾走에 但顧前而不顧後也니 非狼疾之人而何오

또한 한 몸으로써 말하건대, 사람이 만약 작은 손가락 하나만을 기르고 스스로 커다란 어깨와 등을 잃고도 그런 줄을 알지 못한다면, 이는 경중輕重이 뒤바뀐 것이다. 예를 들어 이리가 빨리 달아나는데 다만 앞만 돌아보고 뒤를 돌아보지 못하는 것과 같으니, 낭질狼疾의 사람이 아니고 무엇이겠는가?

주해

● 반상(反常) : 이상異常. 상도常道나 상정常情에서 벗어나다. 《주역周易·둔괘屯卦》에 나온다. "十年乃字, 反常也."

飮食之人을 則人賤之矣나니 爲其養小以失大也니라

"음식만을 따지는 사람을 사람이 천하게 여기니, 그가 작은 것을 기르면서 큰 것을 잃기 때문이다."

飮食之人은 專養口腹者也라

'음식지인飮食之人'은 오로지 구복口腹만을 기르는 자이다.

【備旨】

觀養木與養指之弊컨대 可見人當養其貴且大者矣라 彼飮食之人이 專養口腹하면 則人皆目之爲小人而賤之矣나니 爲其所養者小而所失者大하여 不免於賤場師 狼疾人之譏也라

나무를 기르고 손가락을 기르는 폐단을 살피건대, 사람은 마땅히 그 귀하고 큰 것을 길러야 한다는 사실을 알 수 있다. 저 음식만을 따지는 사람은 오로지 구복口腹만을 기르니, 사람들이 모두 그를 소인小人이라 여기고 천하게 여긴다. 왜냐하면 그가 기르는 바가 작고 잃은 바가 커서 천장사賤場師와 낭질인狼疾人이라는 기롱譏弄을 면하지 못하기 때문이다.

飮食之人이 無有失也면 則口腹이 豈適爲尺寸之膚哉리오

"음식만을 탐하는 사람이 잃은 것이 없다면, 구복口腹의 목적이 어찌 다만 척촌尺寸의 살갗만을 위해서 이겠는가?"

此는 言若使專養口腹 而能不失其大體면 則口腹之養은 軀命所關이니 不但爲尺寸之膚而已라 但養小之人은 無不失其大者라 故로 口腹이 雖所當養이나 而終不可以小害大 賤害貴也니라

이는 가사 오로지 구복口腹만을 기르면서도 능히 그 대체大體를 잃지 않을 수 있다면 구복口腹의 기름이 몸과 생명에 관계되니, 다만 척촌尺寸의 살갗이 될 뿐이 아니다. 다만 작은 것을 기르는 사람은 그 큰 것을 잃지 않음이 없기 때문에 구복口腹이 비록 마땅히 길러야 할 바이나 끝내 작은 것으로써 큰 것을 해치고 천한 것으로써 귀한 것을 해쳐서는 안 된다는 말이다.

주해

● 適(다만 적)

【備旨】

> 若使飮食之人이 而能於大者에 無所失也면 則口腹之養이 乃軀命所關이니 豈但爲尺寸之膚而已며 又何必賤惡之哉리오 但養小之人은 無有不失其大者니 此其所以可賤也라 養體者ㅣ可不審善養之道哉아

가사 음식만을 따지는 사람이 능히 큰 것에 잃는 바가 없다면 구복口腹의 기름이 바로 몸과 생명에 관계되니 어찌 다만 척촌尺寸의 살갗이 될 뿐이며, 또한 어찌 반드시 그것을 천하게 여기고 싫어하겠는가?

다만 작은 것을 기르는 사람은 그 큰 것을 잃지 않음이 없으니, 이것이 천하게 여기는 이유이다. 몸을 기르는 자가 잘 기르는 道를 살피지 않겠는가?

[11·15]

公都子問曰 鈞是人也로되 或爲大人하며 或爲小人은 何也잇고
孟子曰 從其大體ㅣ爲大人이요 從其小體ㅣ爲小人이니라

공도자公都子가 물어 가로되 "똑같은 사람인데 어떤 사람은 대인大人이 되고 어떤 사람은 소인小人이 되는 것은 무엇 때문입니까?"
맹자 가라사대 "그 대체大體를 따르는 자는 대인大人이 되고, 그 소체小體를 따르는 자는 소인小人이 된다."

鈞은 同也라 從은 隨也라 大體는 心也요 小體는 耳目之類也라

'균鈞'은 똑같음이다. '종從'은 따르는 것이다. '대체大體'는 마음이요, '소체小體'는 이목耳目과 같은 것이다.

주해

- 균(鈞) : 같다. '균均'과 같다. 鈞(같을 균)
- 신안진씨新安陳氏가 말했다. "心能爲身之主, 使耳目從心之命者, 大人也. 心不能爲身之主, 反聽命於耳目而從其欲者, 小人也."(大全註疏)

【備旨】

公都子ㅣ問曰 鈞是人也니 宜無大小之別矣어늘 或爲大人而爲世所尊하며 或爲小人而爲世所鄙하니 其故何也

잇고
孟子曰 人之一身이 體備大小하니 顧其所從何如耳라 如以小體로 從其大體而聽命焉이면 則大體無累하여 斯爲大人矣요 如以大體로 反從其小體而役志焉이면 則小體是徇하여 斯爲小人矣라

공도자公都子가 물어 가로되 "똑같은 사람이니 의당 대인과 소인小의 구별이 없어야 하거늘, 어떤 자는 대인이 되어 세상의 존중을 받고 어떤 자는 소인이 되어 세상의 천시를 받으니, 그 까닭은 무엇입니까?"

맹자 가라사대 "사람의 한 몸에 대체大體와 소체小體가 갖춰졌으니, 그 따르는 바가 어떠한가를 돌아볼 따름이다. 만약 소체가 그 대체를 따라 명을 듣는다면 대체에게 허물이 없어 이에 대인大人이 되고, 만약 대체가 반대로 소체를 따라 뜻[志]을 부리면 소체가 주창하여 이에 소인小人이 된다."

曰 鈞是人也로되 或從其大體하며 或從其小體는 何也잇고
曰 耳目之官은 不思而蔽於物하나니 物이 交物則引之而已矣요 心之官則思라 思則得之하고 不思則不得也니 此ㅣ天之所與我者라 先立乎其大者면 則其小者ㅣ弗能奪也니 此ㅣ爲大人而已矣니라

가로되 "똑같은 사람인데 어떤 사람은 그 대체大體를 따르고, 어떤 사람은 그 소체小體를 따르는데 무엇 때문입니까?"
가라사대 "이목耳目과 같은 기관器官은 사고하지 못하여 외물外物에 가려지니, 외물이 이목과 접촉하면 그것을 이끌고 미혹하게 할 뿐이다. 마음이라는 기관은 사고할 수 있으니 사고하면 얻을 수 있고 사고하지 못하면 얻을 수 없다. 이는 하늘의 우리에게 부여한 것이요, 먼저 그 큰 것을 세우면 그 작은 것이 능히 빼앗지 못하니 이렇게 대인大人이 될 뿐이다."

官之爲言은 司也라 耳司聽하고 目司視하여 各有所職而不能思라 是以로 蔽於外物하나니 旣不能思而蔽於外物이면 則亦一物而已라 又以外物로 交於此物이면 其引之而去不難矣라 心則能思 而以思爲職하니 凡事物之來면 心得其職 則得其理 而物不能蔽오 失其職이면 則不得其理 而物來蔽之라 此三者는 皆天之所以與我者로대 而心爲大하니 若能有以立之면 則事無不思하여 而耳目之欲이 不能奪之矣니 此所以爲大人也다 然이나 此天之此를 舊本에 多作比하고 而趙註에 亦以比方 釋之어늘 今本에 旣多作此하고 而註亦作此하니 乃未詳孰是라 但作比字면 於義爲短이라 故로 且從今本云이라
范浚心箴曰 茫茫堪輿하여 俯仰無垠이라 人於其間에 眇然有身하니 是身之微는 大倉稊米로되 參爲三才는 曰惟心耳라 往古來今에 孰無此心이리오마는 心爲形役하여 乃獸乃禽이라 惟口耳目과 手足動靜이 投間抵隙하여 爲厥心病이니라 一心之微를 衆欲攻之하니 其與存者가 嗚呼幾希로다 君子

存誠하여 克念克敬하나니 天君泰然하여 百體從令하니라

'관官'이라는 말은 맡는다는 뜻이다. 귀는 듣는 것을 맡고, 눈은 보는 것을 맡아 각각 맡은 바가 있으나 사고할 줄 모른다. 이 때문에 외물外物에 가려지니 이미 사고할 줄 몰라서 외물外物에 가려지면 또한 한 가지 물건일 뿐이다.

또한 외물外物로 이 물건[耳目]에 접촉하면 그 이목을 끌고 가는 것이 어렵지 않다. 마음은 능히 사고할 수 있고 사고하는 것을 직분으로 삼는다.

무릇 외물이 다가올 때 마음이 그 직분을 얻으면 그 이치를 얻게 되어 외물이 가릴 수가 없으며, 그 직분을 잃으면 그 이치를 얻지 못하여 외물이 와서 이를 가리게 된다.

이 세 가지는 모두 하늘이 우리에게 부여한 것이지만, 마음이 큰 것이 되니, 만약 능히 바로 설 수 있으면 일을 생각하지 않음이 없어 이목耳目의 사욕이 마음을 빼앗을 수 없으니, 이것이 대인大人이 되는 이유이다.

그러나 '차천此天'의 '차此'자를 구본舊本에는 대부분 '비比'로 되어 있고, 조씨趙氏[조기趙岐]의 주註도에 비방比方으로 해석하였다. 금본今本에는 이미 대부분 '차此'자로 되어 있고, 주註에도 '차此'로 되어 있으니, 이에 누가 옳은지 상세하지 않다. 다만 '비比'자로 쓰면 뜻에 부족함이 있기 때문에 우선 금본今本을 따른다.

범준(范浚, 1102～1150)의 〈심잠心箴〉에 가로되 "아득한 천지여! 굽어보고 우러러보는데 끝이 없도다. 사람이 그 사이에 살고 있으니, 작은 이 몸은 커다란 창고의 낱알 하나에 불과하지만, 참여하여 삼재三才가 된 것은 오직 마음 때문이다. 예나 지금이나 누가 이 마음이 없겠는가마는 마음이 육신의 노예가 되어 이에 금수처럼 되었도다. 오직 입과 귀와 눈과 수족手足과 동정動靜이 기회를 틈타 파고들어 그 마음의 병이 된다. 작은 한 마음을 많은 욕망이 공격하니, 그 보존된 것이 오호라 참으로 많지 않도다. 군자君子는 정성을 보존하여 능히 생각하고 능히 공경해야 하나니, 천군天君이 태연해져 백체百體가 명을 따르도다."

주해

- 차삼자(此三者) : 이 세 가지. 곧 이목耳目과 심心을 말한다.
- 물교물(物交物) : 외물外物이 이목耳目과 접촉하다. 앞의 '물物'字는 외물을 말하고, 뒤의 '물物'字는 이목을 말한다.
  朱子가 말했다. "物交物, 上物字指外物, 下物字指耳目. 耳目謂之物者, 以其不能思. 心能思, 所以爲大體."(大全註疏)
  "上物字指聲色, 下物字指耳目."(四書補註備旨)
- 감여(堪輿) : 천지. 대지. 堪(땅 감) 輿(수레 여)
  《한서漢書·양웅전상揚雄傳上》에 나온다. "屬堪輿以壁壘兮, 梢夔魖而抶獝狂." 이에 대해 안사고顏師古의 註에 "張晏曰 '堪輿, 天地總名也.' 孟康曰 '堪輿, 神名, 造圖宅書者.'……堪輿, 張說是也."라고 했다.
  夔(조심할 기) 魖(역귀 허) 獝(미칠 휼)
- 제미(稊米) : 조. 좁쌀. 아주 작은 것을 의미한다. 稊(돌피 제)
  《장자莊子·추수秋水》 편에 나온다. "計中國之在海內, 不似稊米之在太倉乎."
- 투간저극(投間抵隙) : 기회를 틈타서 남에게 의탁하다. 명리를 구하다. '투극저희投隙抵巇'와 같다. 抵(거스를 저) 隙(틈 극) 巇(빈틈 희)
  운봉호씨雲峯胡氏가 말했다. "此言口欲美, 目欲色, 耳欲聲, 四肢欲安佚. 本心微有間隙, 彼則乘之而入矣."(大全註疏)
  명明나라 유기劉基의 〈증혁기상자선서贈奕棋相子先序〉에 나온다. "有乘機應變攻守之法, 避實擊虛, 投間抵隙, 兼弱取亂之道, 無所不備."
- 기희(幾希) : 많지 않다. 매우 적다. 가깝다.
- 浚(깊을 준) 箴(경계할 잠) 茫(아득할 망) 垠(끝 은) 眇(아득할 묘)
  參(간여할 참)

【備旨】

公都子曰 鈞是人也니 宜其所從이 皆同矣어늘 乃有或從其大體하며 或從其小體者는 何也잇고
孟子曰 大體小體之分은 惟在能思與不能思之間而已라 彼耳目之官은 司視司聽而已요 不能思慮 而聲色之外物이 得以蔽之하나니 是耳目도 亦一物而已라 以彼聲色之物로 而交於此耳目之物이면 則引耳目而去하여 聽淫聲視邪色이 不難矣라
夫耳目은 以形用하니 此其所以爲小體也요 若心之官 則以思爲職이라 凡事物之來에 盡其職而思면 則得其理而物不能蔽之也요 失其職而不思면 則不得其理 而蔽於物也라 夫心은 以神用하니 此其所以爲大軆也라 然이나 此大軆小軆는 皆天之所以與我者니 苟知心之爲大而靜存動察하고 於未視未聽之先에 植立其精明之體면 則其耳目之所欲이 弗能奪吾心之聰明也라 能從其大體ㅣ如此면 此謂出羣衆之中이요 伸萬物之上 而稱爲大人者ㅣ以此而已矣라 苟心失其職하여 而求造於大人之域이면 豈可得哉아

공도자公都子 가로되 "똑같은 사람이니 마땅히 그 따르는 바가 모두 같아야 하거늘, 이에 어떤 사람은 그 대체大體를 따르고 어떤 사람은 그 소체小體를 따르는 것은 무엇 때문입니까?"

맹자 가라사대 "대체大體와 소체小體의 구분은 오직 능히 생각하고 능히 생각하지 못하는 사이에 있을 따름이다. 저 이목耳目의 기관器官

은 보고 듣는 것을 맡을 뿐이요, 능히 생각하지 못하면 성색聲色의 외물外物들이 가릴 수 있다. 이 이목耳目도 한 가지 물건일 뿐이니, 저 성색聲色의 외물로 이 이목耳目의 기관과 접촉하면 이목을 이끌고 가서 음성淫聲을 듣게 하고 사색邪色을 보게 하는 것이 어렵지 않다.

무릇 이목은 육신의 작용이니, 이는 그것이 소체小體가 되는 이유이다. 마음과 같은 기관은 사고하는 것을 직분으로 삼기 때문에, 무릇 사물이 다가올 때 그 직분을 다하여 생각을 하면 그 이치를 얻어 외물外物이 가릴 수 없으며, 그 직분을 잃고 생각하지 않으면 그 이치를 얻지 못하여 외물에 가리게 된다.

무릇 마음은 정신의 작용이니, 이는 그것이 대체大體가 되는 이유이다. 그러나 이 대체大體와 소체小體는 모두 하늘이 우리에게 부여한 바이니, 진실로 마음의 위대함을 알고 정존동찰(靜存動察)을 하고, 아직 보거나 듣지 않을 때 그 정명精明한 대체大體를 바로 세우면 그 이목耳目이 하고자 하는 바가 능히 내 마음의 총명聰明을 빼앗지 못할 것이다. 능히 그 대체大體를 따름이 이와 같으면, 이것을 일러 무리 가운데 뛰어나다고 하는 것이며, 만물 위로 뻗어나가 '대인大人'이라고 일컫는 것은 바로 이것 때문일 뿐이다. 만일 마음이 그 직분을 잃고서 대인大人의 경계에 나아가려고 한다면, 이것이 어찌 가능하겠는가?"

주해

- 신용(神用) : 신명神明한 작용. 정신적 功能.
  《문선文選·임방任昉》에 "斯固通人之所包, 非虛明之絶境, 不可窮者, 其唯神用者乎!"라고 했고, 유량劉良의 註에 "其不可窮究者, 其唯神明之用者乎!"라고 풀이했다.
- 정존동찰(靜存動察) : 고요하게 사색하고 홀로 있음을 삼간다.
  명明나라 황관黃綰의 《명도편明道編》 권5에 나온다. "紫陽分戒愼恐懼爲靜存, 分隱微愼獨爲動察."

[11·16]

孟子曰 有天爵者하며 有人爵者하니 仁義忠信樂善不倦은 此ㅣ天爵也요 公卿大夫는 此ㅣ人爵也니라

맹자 가라사대 "천작天爵도 있고 인작人爵도 있다. 인의충신仁義忠信의 선善을 즐겨하며 게을리 하지 않으니 이는 천작天爵이요, 공경公卿과 대부大夫는 이는 인작人爵이다."

天爵者는 德義可尊이니 自然之貴也라

'천작天爵'이란 덕의德義로써 존경할 만하니 자연의 존귀함이다.

주해

- 천작(天爵) : 자연의 작위. 곧 고상한 도덕수양을 말한다. 爵(벼슬 작)
- 인작(人爵) : 작록爵祿. 곧 사람이 내린 벼슬을 말한다.
  조기趙岐의 註에 "天爵以德, 人爵以祿."라고 했다.
  "仁是德之愛, 義是德之宜. 忠信是仁義之存乎心, 見於事者無一不實."(四書補註備旨)
- 낙선(樂善) : 선善을 즐겨하다. '선善'은 인의충신仁義忠信의 善을 말한다.
  "樂善是樂仁義忠信之善, 樂之無間, 便是不倦."(四書補註備旨)
- 남헌장씨南軒張氏가 말했다. "仁義, 又言忠信. 忠信只是誠實此二者."(大全註疏)
- 쌍봉요씨雙峯饒氏가 말했다. "仁義, 人人有之. 忠信樂善, 人所當勉. 須忠信樂善, 仁義方爲我有, 乃爲可貴."(大全註疏)

【備旨】

孟子ㅣ爲棄天爵者而發也曰 人情이 莫不重爵矣라 有自然之貴ㅣ與生俱來而爲天爵者하며 有使然之貴ㅣ因世而設而爲人爵者하니 何謂天爵고 心之德愛曰仁이요 心之裁制曰義며 仁義發諸心하여 無不盡曰忠이요 仁義見諸事하여 無不實曰信이니 樂此仁義忠信之善하여 自始至終而不倦은 此ㅣ皆不假於勞而自尊하고 不待於人而後貴니 乃天爵也라 何謂人爵고 公一位 卿一位 大夫一位니 頒自朝廷하여 名分各別은 此皆假乎勢而後重하고 待乎人而後榮이니 乃人爵也라 爵有天人之異ㅣ如此나 然이나 其輕重則有分矣라

맹자께서 천작天爵을 버리는 자를 위하여 발명하여 가라사대 "사람의 마음에 벼슬을 중시하지 않는 사람이 없다. 자연의 존귀함을 태어나면서 갖추어 천작天爵이 된 것도 있으며, 그렇게 시키는 존귀함을 세상에 따라 설치하여 인작人爵이 된 것도 있으니, 무엇을 천작天爵이라 하는가?

마음의 덕애德愛를 '인仁'이라 하고, 마음을 재제裁制하는 것을 '의義'라고 하며, 인의仁義가 마음에서 발하여 다하지 않음이 없는 것을 '충忠'이라 하고, 인의仁義가 사물에 드러나 진실하지 않음이 없는 것을 '신信'이라 한다. 이 인의충신仁義忠信의 선善을 즐겨하며 처음부터 끝까지 게을리 하지 않는 것은 이것들이 모두 수고롭지 않아도 저절로 존귀하고 남의 힘을 기다린 후에 존귀해진 것이 아니기 때문이니, 이것이 바로 천록天爵이다.

무엇을 인작人爵이라 하는가? 공公도 한 작위요, 경卿도 한 작위요,

대부大夫도 한 작위이다. 조정에서 내려왔으나 명칭과 본분이 각각 다른 것은 이것들이 모두 권세를 빌린 후에 중해지고, 남의 힘을 기다린 후에 영화롭게 되기 때문이니, 이것이 바로 인작人爵이다. 천작天爵과 인작人爵의 다름이 이와 같으나, 그러나 그 경중輕重에는 구분이 있다."

古之人은 修其天爵而人爵從之러니라

"옛 사람들은 그 천작天爵을 닦으면 인작人爵이 뒤따랐다."

修其天爵은 以爲吾分之所當然者耳요 人爵從之는 蓋不待求之而自至也라

'그 천작天爵을 닦았다'는 것은 내 분수의 당연한 바를 할 뿐이요, '인작人爵이 뒤따른다'는 것은 대개 벼슬을 구하지 않아도 저절로 이른다는 것이다.

주해

- 고지인(古之人) : 옛사람. 곧 삼대三代 태평성세 때의 사람을 말한다. "古之人, 三代盛時之人. 修是操存省察意."(四書補註備旨)
- 남헌장씨南軒張氏가 말했다. "古之人修其天祿而已, 非有所爲而爲之. 人爵從之者, 言其理則然也."(大全註疏)

【備旨】

古昔盛時엔 人心淳厚하여 學惟爲己하고 盡夫仁義忠信之理하여 造於樂善不倦之地하여 以修其天爵하고 盡吾分之

當然하여 初無意於人爵也에 而人爵從之러니 道德尊而名譽流하여 公卿大夫之位ㅣ不期得而自得也라

옛날 성시盛時에는 인심人心이 순후淳厚하여 오직 위기爲己의 학문만을 닦았다. 인의충신仁義忠信의 도리를 다하여 선善을 즐겨하되 게을리하지 않는 자리에 나아가 그 천록天爵을 닦았으며, 내 분수의 마땅함을 다하여 애초에 인작人爵에 뜻이 없었으나 인작人爵이 뒤따랐고, 도덕이 높고 명예가 널리 퍼져 공경대부公卿大夫의 지위를 기약하지 않아도 저절로 얻어졌다.

주해

- 성시(盛時) : 하은주夏殷周 삼대三代의 태평성세를 말한다.

今之人은 修其天爵하야 以要人爵하고 旣得人爵而棄其天爵하나니 則惑之甚者也라 終亦必亡而已矣니라

"지금 사람들은 그 천작天爵을 닦아 인작人爵을 구하며, 이미 인작人爵을 얻으면 그 천작天爵을 버리고 만다. 미혹함이 심하니 마침내 또한 반드시 인작人爵마저 잃게 된다."

要는 求也라 修天爵以要人爵하니 其心이 固已惑矣요 得人爵而棄天爵이면 則其惑又甚焉이니 終必幷其所得之人爵而亡之也라

'요要'는 구함이다. 천작天爵을 닦아 인작人爵을 구하니 그 마음이 진실로 이미 미혹한 것이요, 인작人爵을 얻고 나서 천작天爵을 버린다면 그 미혹됨이 또한 심한 것이니, 마침내 반드시 그가 얻었던 인작人爵까지 아울러 잃게 된다.

주해

- 금지인(今之人) : 전국시대 당시의 사람들을 말한다.
  "今之人指戰國時言. 要是有心求意."(四書補註備旨)
- 주자朱子가 말했다. "孟子時人尙修天爵作以要人爵. 後世皆廢天爵以要人爵."(大全註疏)

【備旨】

若今之人則異乎古人矣라 富貴利欲之心勝하고 知人爵之由天爵而得이라 於是에 修其天爵하여 以爲要求人爵之地하고 旣得人爵이면 則所期旣滿 而遂棄其天爵하나니 夫要人爵이면 固惑矣요 而又棄天爵 則惑之甚者也니 天爵旣棄면 人爵其可保乎아 終亦必亡而已矣라 然則學者ㅣ可不以古人爲法하여 而以今人爲戒哉리오

지금과 같은 사람들은 옛 사람들과 달라 부귀富貴와 이욕利欲의 마음이 강하고 인작人爵이 천작天爵에서 말미암아 얻어진다는 것을 안다. 그래서 그 천작天爵을 닦아 인작人爵을 구하는 처지로 삼고, 이미 인작을 얻으면 바라는 바가 이미 채워져 마침내 그 천작을 버리고 만다.

무릇 인작을 구하는 것은 진실로 미혹한데 또한 천작까지 버리니, 미혹함이 심한 것이다. 천작을 이미 버렸는데 인작을 보존할 수 있겠는가? 마침내 또한 반드시 인작마저 잃고 말 것이다. 그러므로 배우

는 자가 고인古人을 법으로 삼고 금인今人을 경계를 삼지 않을 수 있겠는가?

[11·17]

孟子曰 欲貴者는 人之同心也니 人人이 有貴於己者언마는 弗思耳니라

맹자 가라사대 "존귀하고자 하는 것은 사람의 공통된 마음이니, 사람마다 자신에게 존귀한 것이 있지만 이를 생각하지 않을 뿐이다."

貴於己者는 謂天爵也라

자신에게 존귀한 것은 천작天爵을 말한다.

주해

- 귀어기(貴於己) : 자신에게 존귀한 것. 곧 천작天爵을 말한다.
  "貴於己便見非人之所貴意."(四書補註備旨)

【備旨】

孟子ㅣ望人求貴於己曰 人皆以貴爲榮 則欲貴者는 人之同有是心也라 但人人이 自有天爵之尊 而貴於己者하여 至可欲也언마는 特人蔽於物而弗之思라 是以로 舍在己而求在人耳라

맹자께서 사람들이 자신에게 존귀한 것을 구하기를 바라며 가라사대 "사람들이 모두 존귀貴함을 영예로 삼으니, 존귀하고자 하는 것은 사람들에게 똑같이 이런 마음이 있다. 다만 사람마다 스스로 존귀한 천작天爵이 자신에게 귀하게 있어 존귀하고자 하는 데에 이를 수 있지만, 다만 사욕에 가려 생각하지 않을 뿐이다. 이로써 자신에게 있는 것은 버리고 남에게 있는 것을 구할 뿐이다."

人之所貴者는 非良貴也니 趙孟之所貴를 趙孟이 能賤之니라

"남이 귀하게 해준 것은 양귀良貴가 아니니, 조맹趙孟이 존귀하게 해준 것을 조맹趙孟이 천하게 만들 수도 있다."

人之所貴는 謂人以爵位加己而後貴也라 良者는 本然之善也라

趙孟은 晉卿也라 能以爵祿與人而使之貴면 則亦能奪之而使之賤矣라 若良貴 則人安得而賤之哉리오

'남이 귀하게 해준다'는 것은 남이 작위爵位를 나에게 더해 준 후에 귀하게 된다는 말이다. '양良'은 본연本然의 선善이다.

'조맹趙孟'은 진晉나라 경卿이다. 작록爵祿을 남에게 주어 그를 존귀하게 만들 수 있다면, 또한 작록을 빼앗아 그를 천하게 할 수도 있는 것이다. 양귀良貴와 같은 경우는 남이 어찌 그를 천하게 만들 수 있겠는가?

주해

- 양귀(良貴) : 지극히 존귀한 것. 본래 지니고 있는 미덕美德.
  《초순정의焦循正義》에 "良貴猶云最貴, 非良貴猶云非最貴也."一說爲本然具有的美德。
- 작록(爵祿) : 관작과 봉록.
- 조맹(趙孟) : 춘추시대 진晉나라의 역대 조씨趙氏 종주宗主를 일컫는 말.
  "晉六卿趙氏居長. 故曰趙孟."(四書補註備旨)
  양백준楊伯峻의 《맹자역주孟子譯註》에 "晉國正卿趙盾字孟, 因而其子孫都稱趙孟. 孫奕《示兒篇》云 '晉有三趙孟. 趙朔之子曰武, 謚文子, 稱趙孟. 趙武之子曰成, 趙成之子曰鞅, 又名封父, 謚簡子, 亦稱趙孟. 趙鞅之子曰無恤, 謚襄子, 亦稱趙孟.'"라고 했다.
  신안예씨新安倪氏가 말했다. "晉趙氏時呼趙孟, 如智氏世呼智伯. 晉爲盟主, 趙氏世卿, 故當時爲趙孟能賤貴人."(大全註疏)

【備旨】

不思己貴 而乃求人之貴하니 何其慕外而忽內也오 不知人之所貴者는 非本然之良貴也라 彼趙孟은 能操爵以貴人者나 然이나 能與之而使之貴면 亦能奪之而使之賤하니 人貴之不足恃ㅣ如此라 若夫吾身之良貴는 人安得而賤之哉리오

자신의 존귀함을 생각하지 않고 이에 남의 존귀함을 구하니, 어찌 그 외면을 좋아하고 내면을 소홀히 하는가? 이는 남이 존귀하게 해준 것이 본연本然의 양귀良貴가 아님을 알지 못한 것이다.

저 조맹趙孟은 작록을 가지고 남을 존귀하게 해줄 수 있는 자이다. 그러나 그에게 관작을 주어 존귀하게 할 수 있다면, 또한 그에게 관작을 빼앗아 천하게 할 수도 있으니, 남이 존귀하게 해준 것을 믿을 수

없음이 이와 같다. 내 몸의 양귀良貴와 같은 경우는 남이 어찌 천하게 할 수 있겠는가?

詩云 旣醉以酒요 旣飽以德이라하니 言飽乎仁義也라 所以不願人之膏粱之味也며 令聞廣譽ㅣ施於身이라 所以不願人之文繡也니라

《시경詩經》에 이르기를 "이미 술에 취했고, 이미 덕德에 채워졌네."라고 하였다. 인의仁義의 덕에 충족되니 남의 고량膏粱의 맛을 원하지 않는 바이며, 좋은 명성과 커다란 명예가 내 몸에 있으니 남의 아름다운 옷을 원하지 않는다는 말이다.

詩는 大雅旣醉之篇이라 飽는 充足也라 願은 欲也라 膏는 肥肉이요 粱은 美穀이라 令은 善也라 聞은 亦譽也라 文繡는 衣之美者也라 仁義充足而聞譽彰著는 皆所謂良貴也라
尹氏曰 言在我者重이면 則外物輕이니라

'시詩'는 《시경詩經·대아大雅·기취旣醉》 편이다. '포飽'는 충족됨이다. '원願'은 하고자 함이다. '고膏'는 살찐 고기요, '양粱'은 좋은 곡식이다. '영令'은 좋다는 뜻이다. '문聞'은 또한 명예이다. '문수文繡'는 옷이 아름다운 것이다.

인의仁義가 충족되어 명예가 밝게 드러나는 것은 모두가 이른바 양귀良貴이다.

윤씨尹氏[尹焞] 가로되 "나에게 있는 것이 중하면 외물外物이 가볍게 된다는 말이다."

주해

- 기취(旣醉) : 《시경詩經·대아大雅》의 편명. 인군人君이 하사下賜한 술에 흠뻑 취하고, 인군이 하사한 음식에 실컷 배불리 먹는다는 뜻으로, 군왕의 은혜를 노래한 시이다.
한漢나라 위굉衛宏의 《모시서毛詩序》에 "旣醉, 大(太)平也. 醉酒飽德, 人有士君子之行焉."이라 풀이했다.
- 고량(膏粱) : 고량진미膏粱珍味. 기름지고 맛있는 음식. 膏(살찔 고) 粱(기장 량)
《국어國語·진어칠晉語七》에 "夫膏粱之性難正也."라고 했고, 이에 대한 위소韋昭의 註에 "膏, 肉之肥者. 粱, 食之精者."라고 풀이했다.
- 문수(文繡) : 아름답게 수놓은 옷. '문수紋繡'와 같다.
紋(무늬 문) 繡(수놓을 수)
조기趙岐의 註에 "文繡, 繡衣服也."라고 했다.
- 신안진씨新安陳氏가 말했다. "兩不願字, 卽中庸不願乎其外之意. 充足乎仁義之良貴, 則自無所慕乎人爵之貴矣.
- 남헌장씨南軒張氏가 말했다. "人眞知其貴於己者, 則見外誘之不足慕矣. 惟不知在己之自有至貴. 是以慕外而求於人也."(大全註疏)
- 聞(명성 문)

【備旨】

夫良貴之可貴를 於何見之리오 大雅旣醉之詩에 有云 旣醉以酒요 旣飽以德이라하니 夫飽에 不曰味而曰德者는 何哉오 蓋言德莫美乎仁義라 君子는 戴仁抱義니 飽乎仁義也라

仁義充足於中하여 爲飽니 理義悅心이면 自有無窮之至味니 所以不願人之膏粱之味也요 仁義彰著於外하여 爲聞譽니 聞則令矣요 譽는 自廣矣라 交施於身에 光華莫揜하여 自有不文之至文하니 所以不願人之文繡也라

夫曰飽乎仁義 則知良貴爲可貴矣요 曰不願膏梁文繡 則知趙孟之貴ㅣ不足貴矣어늘 乃人顧有舍良貴 而外慕者하니 何其弗思之甚哉아

무릇 양귀良貴가 존귀하다는 것을 어디에서 알 수 있는가? 〈대아大雅·기취既醉〉의 詩에 이르기를 "이미 술에 취했고, 이미 덕德에 채워졌네."라고 하였으니, 배부름은 진미를 말한 것이 아니라 덕德을 말한다는 것은 무엇 때문인가?

대개 덕은 인의仁義 보다 아름다운 것이 없다는 말이니, 군자는 인仁을 머리에 이고 다니며, 의義를 가슴에 안고 처하니 인의仁義에 배부른 것이다.

인의仁義가 마음속에 충족되어 배부르니, 이의理義가 마음을 기쁘게 하면 저절로 지극한 맛이 무궁하게 된다. 이것이 남의 맛있는 고량진미를 원하지 않는 이유이다.

인의仁義가 밖으로 드러나 명예가 되니, 소문이 아름답게 되고 명예는 저절로 커진다. 모두 내 몸에 있으니 광채를 가릴 수 없고 저절로 꾸미지 않는 지극한 문채가 생겨나게 된다. 이것이 남의 화려하게 수놓은 옷을 원하지 않는 이유이다.

무릇 인의仁義에 배불렀다고 한다면 양귀良貴가 존귀하다는 것을 알 수 있고, 고량진미와 화려하게 수놓은 옷을 원하지 않는다고 하면 조맹趙孟이 존귀하게 해준 것이 존귀하지 않다는 것을 알 수 있다. 그런데도 사람들이 다만 양귀良貴를 버려두고 외면만을 원하니 어찌 그 생각하지 못함이 심한가?

주해

● 대인포의(戴仁抱義) : 인仁을 높여 행하고 의義를 지켜 처신한다. 戴(일 대)

《예기禮記·유행儒行》 제41에 나온다. "儒有忠信以爲甲冑, 禮義以爲幹櫓. 戴仁而行, 抱義而 處. 雖有暴政, 不更其所. 其自立有如此者."

[11·18]

孟子曰 仁之勝不仁也ㅣ猶水勝火하니 今之爲仁者는 猶以一杯水로 救一車薪之火也라 不熄則謂之水不勝火라하나니 此ㅣ又與於不仁之甚者也라

맹자 가라사대 "인仁이 불인不仁을 이기는 것이 물이 불을 이기는 것과 같다. 지금 인仁을 행하는 자는 한 잔의 물로 한 수레에 가득 실은 땔나무의 불을 끄는 것과 같다. 불이 꺼지지 않으면 물이 불을 이기지 못한다고 말하니, 이는 또 불인不仁을 돕는 것이 심한 것이다."

與는 猶助也라 仁之能勝不仁은 必然之理也로되 但爲之不力이면 則無以勝不仁이어늘 而人遂以爲眞不能勝이라하니 是는 我之所爲가 有以深助於不仁者也니라

'여與'는 도움과 같다. 인仁이 불인不仁을 이길 수 있는 것은 필연의 이치이나, 다만 이를 위해 힘쓰지 않으면 불인不仁을 이길 수 없거늘, 사람들은 마침내 참으로 이길 수 없다고 하니, 이는 내가 행한 바가 불인不仁을 크게 도와주는 것이다.

주해

- 주자朱子가 말했다. "仁之勝不仁也猶水勝火, 以理言之, 則正之勝邪天理之勝人欲甚易, 而邪之勝正人欲之勝天理若甚難. 以事言之, 則正之勝邪天理之勝人欲甚難, 而邪之勝正人欲之勝天理甚易."(大全註疏)
- 薪(땔나무 신) 熄(꺼질 식) 與(도울 여)

【備旨】

孟子ㅣ勉人力於爲仁曰 仁者는 天理之公이라 足以勝人欲之私니 是仁之勝夫不仁也ㅣ猶水勝火는 此固必然之理어늘 何乃今之爲仁者는 天理之存이 無幾 而人欲之私ㅣ方熾하니 是猶以一盃之水로 救一車薪盛焰之火也라 及其不熄이면 則從而謂之水不勝火라하나니 可乎아 此는 言一倡不仁者ㅣ獲不可勝之名하여 而愈肆不仁하니 是는 我爲仁不力之故니 有以深助彼不仁之甚者也라

맹자께서 사람들에게 인仁을 행하는데 힘쓸 것을 권면하여 가라사대 "인仁이란 천리天理의 공정함이니 인욕人欲의 사사로움을 이길 수 있다. 이 인仁이 불인不仁을 이기는 것은 물이 불을 이기는 것과 같으니, 이는 진실로 필연의 이치이다. 그런데 어찌하여 지금의 인仁을 행하는 자들은 보존한 천리天理가 거의 없고, 사사로운 인욕이 바야흐로 성하니, 이는 한 잔의 물로 한 수레에 가득 실은 땔나무의 성한 불길을 끄는 것과 같은 이치다.

그러다가 그 불이 꺼지지 않으면 따라서 물이 불을 이기지 못한다고 말하니 옳은 일인가? 이는 한결같이 불인不仁을 주창하는 자가 마대한 명성을 얻어 더욱 방자하게 불인不仁을 행한다는 말이다. 이것은 우

리가 인仁을 행하는 데 힘쓰지 않았기 때문이니, 저 불인不仁을 크게 행하는 자를 깊이 도와주는 것이다."

주해

- 하내(何乃) : 어찌하여. 무엇 때문에. '하고何故', '위하爲何'와 같다. 한漢나라 순열荀悅의 《한기漢紀·고후기高後紀》에 나온다. "辟陽侯曰平原君母死, 何乃賀我?"
- 熾(성할 치) 焰(불꽃 염) 肆(방자할 사)

亦終必亡而已矣니라

"또한 마침내 반드시 없어질 뿐이다."

言此人之心이 亦且自怠於爲仁이니 終必幷與其所爲而亡之라 趙氏曰 言爲仁不至 而不反諸己也니라

"이런 사람의 마음은 또한 장차 인仁을 행하는데 스스로 게을러서, 마침내 반드시 그 행하는 바와 함께 없어진다는 말이다."

조씨趙氏[조기趙岐] 가로되 "인仁을 행하는데 지극히 하지 않고 몸에 돌이키지 않는다는 말이다."

【備旨】

然이나 豈但助人之不仁哉아 就是自己ㅣ亦信之不專爲之不力하여 終必幷其所爲杯水之仁하여 至於盡亡而已矣라 爲仁不力之害ㅣ如此하니 志於仁者ㅣ可以勉矣니라

그러나 어찌 다만 남의 불인不仁을 돕기만 하겠는가? 곧 자신도 또한 믿음이 전일專一하지 못하고 행함에 힘쓰지 않아, 마침내 반드시 그 일배수(一杯水)의 인仁을 행하는 것조차 모두 없어지고 말 뿐이다. 인仁을 행하는데 힘쓰지 않는 해로움이 이와 같으니, 인仁에 뜻을 둔 자가 힘써야 한다.

[11·19]

孟子曰 五穀者는 種之美者也나 苟爲不熟이면 不如荑稗니 夫仁도 亦在乎熟之而已矣니라

맹자 가라사대 "오곡이란 것은 종자 중의 좋은 품종이나, 만일 익지 않으면 피만도 못하다. 무릇 인仁도 또한 그것을 익숙히 하는데 달려 있을 뿐이다."

荑稗는 草之似穀者니 其實亦可食이라 然이나 不能如五穀之美也라 但五穀不熟이면 則反不如荑稗之熟이니 猶爲仁而不熟이면 則反不如爲他道之有成이라 是以로 爲仁은 必貴乎熟이니 而不可徒恃其種之美요 又不可以仁之難熟 而甘爲他道之有成也니라

尹氏曰 日新而不已則熟이니라

'제패荑稗'는 곡식과 유사한 풀이니, 그 열매를 또한 먹을 수 있다. 그러나 오곡만큼 좋을 수는 없다. 다만 오곡이 익지 않으면 도리어 잘

익은 제패荑稗만 같지 못하니, 인仁을 행하는데 익숙하지 않으면 도리어 다른 학설로 성취하는 것만 같지 못함과 같다.

이 때문에 인仁을 행하는 것은 반드시 익숙함을 귀하게 여기니, 한갓 그 종자의 좋은 품종만 믿어서도 안 되고, 또한 인仁에 익숙하기 어렵다고 하여 다른 학설을 행하여 성취하는 것을 달갑게 여겨서도 안 된다.

윤씨尹氏[尹焞] 가로되 "날로 새롭게 하고 그치지 않으면 익숙해진다."

주해

- 제패(荑稗) : 피. 벼와 비슷하나 열매가 작고 먹을 수 있다. '제패稊稗'와 같다. 荑(피 제) 稗(피 패) 稊(돌피 제)
  명明나라 고반룡高攀龍의 〈중계근사록서重鍥近思錄序〉에 나온다. "植五穀者, 下種既眞, 培之漑之, 熟可計時而待. 匪是, 是種荑稗而欲其爲五穀也."
  鍥(낫 계)
- 경원보씨慶源輔氏가 말했다. "日新, 日進也. 不已, 無間斷也. 必日進於一日, 而又無間斷然後純熟夫仁."(大全註疏)
- 타도(他道) : 유가儒家를 제외한 제자백가諸子百家의 학설을 말한다.
  잠실진씨潛室陳氏가 말했다. "他道如百工衆技, 百家諸子皆是."(大全註疏)

【備旨】

孟子ㅣ勉人爲仁曰 學莫先於爲仁 而仁必期於有得이니 不觀之五穀乎아 彼五穀者는 可以養人이니 誠種之美者也라 然이나 以成熟而後爲美니 苟爲不熟이면 反不如荑稗之有用이라 夫五穀 而可使不如荑稗乎아 此所以必貴乎熟也온 況仁은 爲本心之良하여 兼統萬善하고 至粹至精하니 不亦五穀之美種耶아 亦在乎克復新功하여 純無間

使라 心卽仁이요 仁卽心이니 熟之而已矣라 不然이면 是自喪其心德之美하여 而與五穀之不熟者로 等耳니라

맹자께서 사람들에게 인仁을 행하도록 권면하여 가라사대 "배움은 인仁을 행하는 것보다 앞선 것이 없고, 인仁은 반드시 얻음을 기약해야 하니, 오곡五穀을 보지 못했는가?

저 오곡五穀이란 사람을 기를 수 있으니 진실로 종자 중의 좋은 품종이나, 잘 익은 후에야 아름답게 된다. 만일 익지 않으면 도리어 유용한 제패荑稗만도 못하니, 오곡五穀으로서 제패荑稗만도 못해서야 되겠는가? 이는 반드시 익는 것을 귀하게 여기는 이유이다. 하물며 인仁은 본심의 양귀良貴가 되어 만선萬善을 겸하여 통솔하고, 지극히 순수하고 지극히 정미하니 또한 오곡 중의 아름다운 품종이 아니겠는가?

또한 새로운 공부를 회복하여 순전히 이간離間과 방종을 없게 하는 데 달려있으니, 마음이 곧 인仁이요 인仁이 곧 마음이니 익숙하게 할 따름이다. 그렇지 않으면 이는 스스로 그 심덕心德의 아름다움을 잃어 오곡五穀이 익지 않은 것과 똑같을 뿐이다."

주해

● 간사(間使) : 이간離間과 방종. '使'는 방종하다, 멋대로하다는 뜻이다. 《한서漢書·관부전灌夫傳》에 나온다. "灌夫爲人剛直使酒."

[11·20]

孟子曰 羿之敎人射에 必志於彀하나니 學者도 亦必志於彀니라

맹자 가라사대 "예羿가 사람에게 활쏘기를 가르치는데 반드시 활을 당기는데 뜻을 두니, 배우는 자도 또한 마땅히 활을 당기는데 뜻을 두어야 한다."

羿는 善射者也라 志는 猶期也라 彀는 弓滿也니 滿而後發이 射之法也라 學은 謂學射라

'예羿'는 활을 잘 쏘는 자이다. '지志'는 기약함과 같다. '구彀'는 활을 힘껏 당기는 것이니, 힘껏 당긴 후에 발사하는 것이 활 쏘는 법이다. '학學'은 활쏘기를 배운다는 말이다.

주해

- 예(羿) : 고대 하夏나라 때 동이족東夷族 유궁씨有窮氏의 우두머리로서 활쏘기에 능했다. '후예后羿' 또는 '이예夷羿'라고도 한다. 羿(사람 이름 예)
- 彀(활 당길 구)

【備旨】

孟子以曲藝例聖學曰 事必有法而後에 可成이라 故로 善敎者는 必有所據하고 善學者는 必有所循하니 不觀之曲藝乎아 如滿而後發者는 射之法也라 羿之敎人射에 必志於彀하나니 學射者도 亦必志於彀라 蓋射之成法이 在於

彀니 雖以羿之教人與學於羿者로도 皆不能舍彀하고 相授受也라

맹자께서 곡예曲藝로 성학聖學을 예시하여 가라사대 "일은 반드시 법도가 있는 후에 이루어질 수 있다. 그러므로 잘 가르치는 자는 반드시 의거한 바가 있고, 잘 배우는 자는 반드시 따르는 바가 있으니, 곡예曲藝를 보지 못했는가?

예컨대 힘껏 당긴 후에 발사하는 것은 활 쏘는 법이다. 예羿가 사람들에게 활 쏘는 법을 가르치는데 반드시 활을 힘껏 당기는데 뜻을 두었으니, 활쏘기를 배우는 자도 반드시 활을 힘껏 당기는데 뜻을 두어야 한다.

대개 활쏘기의 법도가 이루어지는 것은 활을 힘껏 당기는데 달려있으니, 비록 예羿가 남에게 활쏘기를 가르치거나 남이 예羿에게서 활쏘기를 배울지라도 모두 활을 당기는 것을 버리고 서로 주고받을 수는 없는 법이다."

大匠이 誨人에 必以規矩하나니 學者도 亦必以規矩니라

"큰 장인匠人이 사람을 가르치는데 반드시 규구規矩로써 하니, 배우는 자도 또한 반드시 규구規矩로써 해야 한다."

大匠는 工師也라 規矩는 匠之法也라

此章은 言事必有法然後에 可成이니 師ㅣ舍是則無以敎요

弟子ㅣ舍是則無以學이라 曲藝도 且然이온 況聖人之道乎아

'대장大匠'은 공사工師이다. '규구規矩'는 장인의 법도이다.

이 장章에서는 일은 반드시 법도가 있은 후에 이룰 수 있으니, 스승이 이를 버린다면 가르칠 수가 없고, 제자가 이를 버린다면 배울 수 없음을 말한 것이다. 곡예曲藝도 그러하거늘 하물며 성인聖人의 도道에 있어서랴.

주해

- 공사(工師) : 고대의 관명官名. 백공百工의 우두머리를 말한다.
《예기禮記·월령月令》에 "(孟冬之月)是月也, 命工師效功, 陳祭器, 按度程."라고 했고, 이에 대해 鄭玄의 註에 "工師, 工官之長也."라고 풀이했다.
《좌전左傳·정공십년定公十年》에도 나온다. "叔孫謂郈工師駟赤曰'郈非唯叔孫氏之憂, 社稷之患也. 將若之何?'" 이에 대해 두주杜注에 "工師, 掌工匠之官."이라 했다. 駟(사마 사) 郈(마을이름 후)
- 쌍봉요씨雙峯饒氏가 말했다. "聖門教人定法, 無如一部大學."(大全註疏)
- 경원보씨慶源輔氏가 말했다. "射者志於彀, 而眞積力久則善中矣. 工者守乎規矩, 而眞積力久則能巧矣. 教者與受教者, 舍彀而言中, 舍規矩而言巧, 皆誣也."(大全註疏)
- 規(법 규) 矩(곱자 구)

【備旨】

規矩는 以爲方員者니 匠之法也라 大匠이 誨人에 必以規矩하나니 學匠者도 亦必以規矩라 盖匠之成法은 在於規矩니 雖以大匠誨人與學於大匠者로도 皆不能舍規矩相授受也라 然則聖人之道는 知以開其始하고 行以要其終하니 亦射之彀 匠之規矩也라 其可不知所以教所以學哉아

'규구規矩'는 방원方圓을 만드는 것이니, 장인匠人의 법도이다. 큰 장인이 사람을 가르치는데 반드시 규구規矩로써 하고, 장인에게 배우는 자도 또한 반드시 규구規矩로써 해야 하니, 대개 장인이 법도를 이루는 것은 규구規矩에 달려있는 것이다.

비록 큰 장인이 사람을 가르치거나 큰 장인에게 배우더라도 모두 규구規矩를 버려두고 서로 주고받을 수는 없다. 그러므로 성인聖人의 道는 앎으로써 그 시작을 열어주고, 행함으로써 그 마지막을 마무리하니, 또한 활 쏘는 구彀요 장인의 규구規矩이다. 그러니 가르치는 바와 배우는 바를 알지 못하겠는가?

주해

- 개기시(開其始), 요기종(要其終) : 그 처음을 열고 그 마지막을 마무리하다. 곧 사물이 발전하는 시말始末을 궁구한다는 뜻이다. '원시반종原始反終'과 같다.
  《주역周易·계사하繫辭下》에 나온다. "易之爲書也, 原始要終, 以爲質也."
  또한 《주역周易·계사繫辭上》에 "原始反終, 故知死生之說."라고 했고, 이에 대해 고형高亨의 註에 "此言聖人考察萬物之始, 故知其所以生, 究求萬物之終, 故知其所以死."라고 풀이했다.

孟子集註

卷十二

告子章句下

凡二六章

모두 16장이다.

[12·1]

任人이 有問屋廬子曰 禮與食이 孰重고 曰 禮重이니라

어떤 임任나라 사람이 옥려자屋廬子에게 물어 가로되 "예禮와 음식 중에 무엇이 중합니까?"
가로되 "예禮가 중합니다."

任은 國名이라 屋廬子는 名連이니 孟子弟子也라

'임任'은 나라이름이다. '옥려자屋廬子'는 이름이 연連이니, 맹자의 제자이다.

주해

● "此禮字, 指食中之禮言."(四書補註備旨)

● 조씨趙氏[趙岐]가 말했다. "任薛, 同姓之國, 在齊楚之間."(大全註疏)

● 廬(오두막집 려)

【備旨】

任人이 有問於屋廬子曰 食者는 人之所急이나 而食之中에 有禮在焉하니 禮與食二者ㅣ果孰爲重고
屋廬子曰 禮所以節飮食之流者也니 禮視食에 爲尤重이라

어떤 임任나라 사람이 옥려자屋廬子에게 물어 가로되 "음식은 사람에게 시급한 것이나 음식 가운데 예禮가 있으니, 예禮와 음식 두 가지 중에 과연 무엇이 중합니까?"

옥려자屋廬子 가로되 "예禮는 음식의 무절제를 다스리는 바이니, 예禮가 음식에 비해 더욱 중합니다."

주해

● 流(방탕할 류) 視(견줄 시)

色與禮ㅣ孰重고

"여색女色과 예禮 중에 무엇이 중합니까?"

任人이 復問也라

임任나라 사람이 다시 물은 것이다.

주해

● "此禮字, 指色中之禮言."(四書補註備旨)

【備旨】

> 任人이 又問曰 色者는 人之所欲이나 而色之中에 有禮在焉하니 禮與色二者ㅣ果孰爲重고

임任나라 사람이 다시 물어 가로되 "여색女色은 사람이 원하는 바이나, 여색女色 가운데 예禮가 있으니, 예禮와 여색女色 중에 과연 무엇이 중합니까?"

曰 禮重이니라

曰 以禮食則飢而死하고 不以禮食則得食이라도 必以禮乎아 親迎則不得妻하고 不親迎則得妻라도 必親迎乎아

屋廬子ㅣ不能對하야 明日에 之鄒하야 以告孟子한대

孟子曰 於答是也에 何有리오

가로되 "예禮가 중합니다."

가로되 "예禮에 따라 먹으면 굶어 죽게 되고, 예禮에 따라 먹지 않으면 먹을 수 있는데도 반드시 예禮로써 해야 합니까? 친영親迎을 하면

처자를 얻지 못하고, 친영親迎을 하지 않으면 처자를 얻을 수 있는데도 반드시 친영親迎을 해야 합니까?"
옥려자屋廬子가 대답을 하지 못하고 다음날 추鄒나라에 가서 맹자께 고했다.
맹자 가라사대 "이 문제를 답하는데 무슨 어려움이 있겠는가?"

何有는 不難也라

'하유何有'는 어렵지 않다는 뜻이다.

주해

- 친영(親迎) : 육례六禮 중의 하나. 결혼 때 신랑이 신부의 집에 가서 신부를 직접 맞이하는 의식. '영취迎娶'라고도 한다.
  《동국열국지東周列國志》 제9회에 나온다. "僖公曰 吾已親口許下自往送親, 安可失信? 說猶未畢, 人報魯侯停駕讙邑, 專候迎親." 讙(시끄러울 환)
  주자朱子가 말했다. "不親迎則得妻, 如古者國有凶荒, 則殺禮而多昏. 主禮荒政十二條中, 亦有此法. 蓋貧窮不能備親迎之禮法, 許如此."(大全註疏) 殺(줄일 쇄)
- 추(鄒) : 나라이름. 오늘날 산동성 추현鄒縣 동남쪽 26里에 위치해 있다. 鄒(나라 이름 추)
- "是字, 指禮食親迎之問."(四書補註備旨)

【備旨】

屋廬子曰 禮는 所以謹男女之交者也니 禮視色에 爲尤重이니라
任人이 妄爲之難曰 禮固視食色에 爲重矣나 設必以餽請

之禮食이면 則至於饑餓而死하고 不以餽請之禮食이면 則得食而生이라도 當此之時하여 必以禮乎아 設必備親迎之禮면 則不得妻而廢倫하고 不拘親迎之禮면 則得妻而全倫이라도 當此之時하여 必親迎乎아 亦安在食色之輕於禮也오

옥려자屋廬子가 가로되 "예禮는 남녀의 사귐을 삼가게 하는 바이니, 예禮를 여색女色에 비교하면 더욱 중합니다."

임任나라 사람이 망령되이 힐난하여 가로되 "예禮는 본디 음식과 여색에 비교하면 중합니다. 하지만 설사 반드시 청하는 예식禮食을 보내면 굶어서 죽게 되고, 청하는 예식禮食으로 보내지 않으면 먹어서 살 수 있는데도 이때를 당하여 반드시 예禮로써 해야 합니까?"

설사 반드시 친영親迎의 예禮를 갖춰야 한다면 처자를 얻지 못해 인륜을 버리게 되고, 친영親迎의 예禮에 구애받지 않으면 처자를 얻어 인륜을 온전히 할 수 있는데도 이때를 당하여 반드시 친영親迎을 해야 합니까? 또한 어찌 음식과 여색이 예禮보다 가볍겠습니까?"

주해

● 餽(보낼 궤)

【備旨】

屋廬子ㅣ窮於任人之難하여 而不能答하고 明日에 之鄒하여 以告孟子한대

孟子曰 禮之重於食色者는 理之常이요 任人之所詰問者는 事之變이니 於答是以伸其說也에 何難之有哉리오

옥려자屋廬子가 임任나라 사람의 힐난에 궁색하여 답변을 할 수 없자 다음날 추鄒나라에 가서 맹자께 고했다.

맹자 가라사대 "예禮가 음식이나 여색보다 중한 것은 이치의 상도常道요, 임任나라 사람이 힐문詰問한 것은 일의 변도變道이니, 이를 답하여 그 학설을 펴는데 무슨 어려움이 있겠는가?"

주해

● 힐문(詰問) : 책문責問하다. 추문追問하다. 詰(따져물을 힐)
《동주열국지東周列國志》 제5회에 나온다. "忽一日, 鄭莊公正與群臣商議朝周之事, 適有衛桓公訃音到來, 莊公詰問來使, 備知公子州籲弑君之事."
籲(부를 유)

不揣其本而齊其末이면 方寸之木을 可使高於岑樓니라

"그 밑바닥이 평평한가는 헤아리지 않고 그 나뭇가지 끝만을 가지런히 한다면, 방촌方寸의 작은 나무를 잠루岑樓보다 높게 할 수 있다."

本은 謂下요 末은 謂上이라 方寸之木은 至卑하니 喩食色이요 岑樓은 樓之高銳似山者니 至高하니 喩禮라
若不取其下之平하고 而升寸木於岑樓之上이면 則寸木反高하고 岑樓反卑矣니라

'본本'을 아래를 말하고, '말末'은 위를 말한다. 방촌方寸의 나무는 지극히 낮으니 음식과 여색을 비유한 것이다. 잠루岑樓는 누각이 산과 같이 높고 날카로운 것으로 지극히 높으니 예禮에 비유한 것이다.

만약 그 아래쪽의 평평함을 취하지 않고 한 치 되는 작은 나무를 잠루岑樓 위에 올려놓는다면, 한 치 되는 나무가 도리어 높고 잠루岑樓는 도리어 낮을 것이다.

주해

- 췌(揣) : 재다. 헤아리다. 揣(잴 췌)
  "揣本是以手摩其根底之平."(四書補註備旨)
- 제기말(齊其末) : 나뭇가지 끝에서 높낮이를 재다.
  "齊末是就梢末比量其高低."(四書補註備旨)
- 고예(高銳) : 높이 솟은 모양. '고용高聳'과 같다. 聳(솟을 용)
  경원보씨慶源輔氏가 말했다. "物之不齊, 固當揣其本以齊其末, 不可只據其末以定其高卑."(大全註疏)
- 잠루(岑樓) : 작고 높은 누각. 岑(높을 잠)
  조기趙岐의 註에 "岑樓, 山之銳嶺者."라고 했다.
  《설문해자說文解字》에 "岑, 山小而高."라고 했다.

【備旨】

夫禮重而食色輕者는 以大分言之也니 若任人之論이면 則是不較其大分하여 而禮反輕於食色矣라 辟如不揣其在下之本하고 而但齊其在上之末이면 則升方寸之卑之木於岑樓之上하여 亦可使反高於岑樓矣라 吾知 寸木雖卑나 不見其爲卑요 岑樓雖高나 難乎其爲高니 幾何而不失其高卑之常也리오

무릇 예禮가 중하고 음식과 여색이 가볍다는 것은 대체大體로써 말한 것이다. 임任나라 사람이 논한 경우는 이는 그 대체大體를 비교하지 않

고 예禮를 도리어 음식이나 여색보다 가볍게 여긴 것이다.

비유컨대 그 아래에 있는 나무를 헤아리지 않고 다만 그 위에 있는 끝부분과 나란히 한다면, 한 치 되는 작은 나무를 잠루岑樓 위에 올려 놓아 또한 도리어 잠루 보다 높게 만들 수 있다. 나는 한 치 되는 나무가 비록 낮으나 그것이 낮아지지 않고, 잠루岑樓가 비록 높으나 그것이 높아지기 어렵다는 것을 알 수 있다. 그러니 조금은 그 높고 낮음의 상도常道를 잃은 것이 아니겠는가?

주해

- 대분(大分) : 대체大體.
  《순자荀子·영욕榮辱》에 나온다. "先義而後利者榮, 先利而後義者辱. 榮者常通, 辱者常窮. 通者常制人, 窮者常制於人, 是榮辱之大分也." 이에 대해 양경楊倞의 註에 "其中雖未必皆然, 然其大分如此矣."라고 풀이했다.
- 기하(幾何) : 약간. 어느 정도. '기허幾許'와 같다.
  《시경詩經·소아小雅·교언巧言》에 나온다. "爲猶將多, 爾居徒幾何?"
  마서진馬瑞辰의 《통석通釋》에도 "爾居徒幾何, 卽言爾徒幾何也."라고 했다.

金重於羽者는 豈謂一鉤金與一輿羽之謂哉리오

"쇠가 깃털보다 무겁다는 것이 어찌 한 대구帶鉤의 쇠와 한 수레의 깃털을 말하는 것이겠는가?"

鉤는 帶鉤也라

金本重而帶鉤小라 故로 輕하니 喩禮有輕於食色者요

羽本輕而一輿多라 故로 重하니 喩食色有重於禮者니라

'구鉤'는 대구帶鉤이다.

쇠는 본래 무겁지만 대구帶鉤는 작기 때문에 가벼우니, 예禮가 음식이나 여색보다 가벼움을 비유한 것이다.

깃털은 본래 가볍지만 한 수레는 많기 때문에 무거우니, 음식이나 여색이 예禮 보다 무거움을 비유한 것이다.

주해

● 대구(帶鉤) : 띠쇠. 허리띠 쇠고리. '서비犀比'라고도 한다. 犀(물소 서) 《사기史記·제태공세가齊太公世家》에 나온다. "(管仲)射中小白帶鉤."

【備旨】

不知禮之本重於食色者는 非以其一偏較也라 辟如金之所以重乎羽者는 非以其多寡並較而言也니 豈謂一帶鉤至小之金과 與一輿羽而較輕重之謂哉리오 吾見金雖重이나 以一鉤而反輕이요 羽雖輕이나 以一輿而反重하니 幾何而不失其輕重之常也리오

예禮가 본래 음식이나 여색보다 중하다고 한 것이 그 한쪽만으로 비교한 것이 아님을 모르는 것이다. 비유컨대 쇠가 깃털 보다 무겁다는 것은 그 많고 적은 것을 함께 비교해서 말한 것이 아니니, 어찌 한 대구帶鉤의 지극히 작은 쇠와 한 수레의 깃털을 가지고 경중을 비교한다고 말할 수 있겠는가?

내 보건대 쇠가 비록 무거우나 한 대구帶鉤의 쇠는 가볍고, 깃털이 비록 가벼우나 한 수레의 깃털은 도리어 무거우니, 조금은 그 경중의 상도常道를 잃은 것이 아니겠는가?

取食之重者와 與禮之輕者而比之면 奚翅食重이며 取色之重者와 與禮之輕者而比之면 奚翅色重이리오

"음식의 중한 것과 예禮의 가벼운 것을 가지고 비교하면 어찌 음식의 중함에 그칠 것이며, 여색의 중한 것과 예禮의 가벼운 것을 가지고 비교하면 어찌 여색의 중함에 그치겠는가?"

禮食 親迎은 禮之輕者也오 飢而死 以滅其性과 不得妻而廢人倫은 食色之重者也라 奚翅는 猶言何但이니 言其相去懸絶하여 不但有輕重之差而已니라

예식禮食과 친영親迎은 예禮의 가벼운 것이요, 굶주려 그 목숨을 없애는 것과 처자를 얻지 못해 인륜을 폐하는 것은 음식과 여색의 중요한 것이다.

'해시奚翅'는 '하단何但'이란 말과 같으니, 그 거리가 현격하여 다만 경중輕重의 차이가 있을 뿐만이 아니라는 말이다.

주해

- "禮食本不輕, 但對饑而死則爲輕."(四書補註備旨)
- "親迎禮本不輕, 但對不得妻則爲輕."(四書補註備旨)
- 해시(奚翅) : '어찌 다만 ~이겠는가?', '어찌 ~에 그치겠는가?' '해시奚啻' 또는 '하지何止'와 같다. 奚(어찌 해) 翅(뿐 시) 啻(뿐 시)
《여씨춘추呂氏春秋·당무當務》에 나온다. "蹠之徒問於蹠曰 盜有道乎? 蹠曰 奚啻其有道也."
- 현절(懸絶) : 서로의 차이가 매우 크다.
한漢나라 이릉李陵의 〈답소무서答蘇武書〉에 나온다. "客主之形, 旣不相如. 步馬之勢, 又甚懸絶."

【備旨】

若任人之論 則偏甚矣라 饑而食은 食之重者也요 以禮食은 禮之輕者也니 偏而取夫食之重者와 與禮之輕者而比之면 則食爲必不可已者矣니 奚翅食之少重於禮哉아 不得妻는 色之重者也요 親迎은 禮之輕者也니 偏而取夫色之重者와 與禮之輕者而比之면 則色爲必不可少者矣니 奚翅色之少重於禮哉아
此正所謂寸木이 可高於岑樓요 鉤金이 反輕於羽也니 豈得其平者哉아

임任나라 사람이 논한 경우는 치우침이 심한 것이다. 굶주려서 먹는 것은 음식의 중한 것이요, 예禮로써 먹는 것은 예禮의 가벼운 것이다. 치우쳐서 음식의 중한 것과 예禮의 가벼운 것을 가지고 비교한다면 음식은 반드시 그만둘 수 없는 것이니, 어찌 음식이 예禮보다 조금 중요할 뿐이겠는가? 처자를 얻지 못한 것은 여색의 중한 것이요, 친영親迎은 예禮의 가벼운 것이니, 치우쳐서 여색의 중한 것과 예禮의 가벼운 것을 가지고 비교한다면 여색은 반드시 없을 수 없는 것이니, 어찌 여색이 예禮보다 조금 중요할 뿐이겠는가?

이것은 바로 이른바 한 치의 작은 나무가 잠루岑樓보다 높을 수 있고, 대구帶鉤의 작은 쇠가 도리어 한 수레의 깃털보다 가벼울 수 있다는 것이니, 어찌 그 공평함을 얻을 수 있겠는가?

往應之曰 紾兄之臂而奪之食則得食하고 不紾則不得食이라도 則將紾之乎아 踰東家牆而摟其處子則得妻하고 不摟則不得妻라도 則將摟之乎아하라

그대는 가서 이렇게 대답하라. "형의 팔을 비틀어 형의 음식을 빼앗으면 먹을 수 있고, 비틀지 않으면 먹을 수 없는데도 장차 비틀겠는가? 동쪽 집의 담장을 뛰어넘어 그 처자處子를 끌어오면 아내를 얻을 수 있고, 끌어오지 않으면 처자處子를 얻을 수 없는데도 장차 끌어오겠는가?"

紾는 戾也라 摟는 牽也라 處子는 處女也라

此二者는 禮與食色이 皆其重者로되 而以之相較면 則禮爲尤重也니라

此章은 言義理事物이 其輕重이 固有大分이나 然이나 於其中에 又各自有輕重之別하니 聖賢於此에 錯綜斟酌하여 毫髮不差하시니 固不肯枉尺而直尋이요 亦未嘗膠柱而調瑟이라 所以斷之를 一視於理之當然而已矣니라

'진紾'은 비트는 것이다. '루摟'는 끌어당기는 것이다. '처자處子'는 처녀處女이다.

이 두 가지는 예禮와 식색食色이 모두 중한 것이나, 그것들을 서로 비교하면 예禮가 더욱 중하게 된다.

이 장章에서는 다음과 같이 말하고 있다. "의리義理와 사물事物이 그 경중輕重에 본디 대체大體가 있다. 그러나 그 가운데 또한 각각 스스로 경중輕重의 분별이 있으니, 성현聖賢께서 이에 이리저리 종합하고 참작

하여 털끝만큼도 어긋나지 않게 설명하고 있다. 진실로 한 자를 굽혀 한 길을 펴는 것을 즐거워하지도 않으셨고, 또한 일찍이 거문고의 기둥[안족雁足]에 아교풀칠을 하여 고정시키고 음절을 고르지도 않으셨다. 그래서 결단하는데 한결같이 이치의 당연함을 보실 뿐이다."

주해

- 처자(處子) : 처녀處女.

  《장자莊子·소요유逍遙遊》에 나온다. "藐姑射之山, 有神人居焉, 肌膚若冰雪, 綽約若處子."

- 착종짐작(錯綜斟酌) : '착종錯綜'은 교착종합交錯綜合. 이리저리 종합하고 참작하다. 錯(섞일 착) 綜(모을 종) 斟(술따를 짐) 酌(따를 작)

  《주역周易·계사상繫辭上》에 나온다. "參伍以變, 錯綜其數." 이에 대해 공영달孔穎達의 소疏에 "錯謂交錯, 綜謂總聚, 交錯總聚, 其陰陽之數也."라고 했다.

  "錯綜分經緯, 斟酌量淺深也."(大全註疏)

- 왕척직심(枉尺直尋) : 한 자를 굽혀 한 길을 펴다. 곧 큰 이익을 얻기 위해 작은 작은 절개를 버린다는 뜻이다. '심尋'은 팔척八尺의 길이를 말한다.

  《맹자孟子·등문공하滕文公下》에 나온다. "枉尺而直尋, 宜若可爲也." 주희朱熹의 《사서집주四書集註》에 "枉, 屈也. 直, 伸也. 八尺曰尋, 所屈者小, 所伸者大也."라고 했다.

- 교주조슬(膠柱調瑟) : 아교풀로 비파나 거문고의 안족雁足을 붙여 놓으면 음조를 바꿀 수 없다는 뜻으로, 고지식하여 조금도 융통성이 없음. '교주고슬膠柱鼓瑟'과 같다.

  《문자文子·도덕道德》 편에 나온다. "執一世之法籍, 以非傳代之俗, 譬猶膠柱調瑟."

  신안진씨新安陳氏가 말했다. "飮食男女, 人之大欲存焉. 禮則天理所以防閑人欲者也. 禮本重, 食性本輕, 固自有大分也. 然亦不可拘拘於禮文之微者, 又當隋時隨事而酌其中焉. 聖賢固不肯枉尺直尋以喩夫禮之敬亦未嘗膠柱調瑟以昧時宜之權也,"(大全註疏)

- 紾(비틀 진) 臂(팔 비) 摟(끌어 모을 루)戾(비틀 려)

【備旨】

若各隨其輕重하여 而彼此並擧之면 則見禮爲尤重矣니 汝試往應之曰

子ㅣ以饑死爲滅性하니 食固重矣나 然이나 敬兄도 亦禮之重也라 設使當饑餓之際하여 紾其兄之臂而奪之食이면 則得食而生하고 不紾이면 則不得食而死라도 則將干犯禮義하여 忍於紾兄而奪之乎아 吾知寧餓死 而兄臂을 必不可紾也라 子ㅣ以不娶爲廢倫하니 色固重矣나 然이나 以正相從은 尤禮之重也라 設使鰥曠之時하여 踰東家墻而牽摟其處子면 則得妻而全倫하고 不摟면 則不得妻而廢倫이라도 則將滅棄禮法하여 敢於踰墻而摟之乎아 吾知寧廢倫 而妻子를 必不可摟也라

是禮之重於食色也ㅣ明矣니 子ㅣ以此往應이면/하면 任人이 彼將無以肆其辨矣리니 於答是也에 何有리오

"만약 각각 그 경중輕重에 따라 서로를 아울러 거론하면 예禮가 더욱 중하다는 것을 알 수 있다. 그대는 시험 삼아 돌아가서 다음과 같이 대답하라.

'그대가 굶어 죽는 것을 멸성滅性이라고 하니 음식이 본디 중하지만, 그러나 형을 공경하는 것도 예禮의 중한 것이다. 가사 굶주려 죽게 되었을 때 그 형의 팔을 비틀어 그 음식을 빼앗아 먹으면 음식을 얻어 살 수가 있고, 비틀지 않으면 음식을 얻지 못해 죽게 되는데, 장차 예의禮義를 간범干犯하여 차마 형의 팔을 비틀어 그 음식을 빼앗겠는

가? 내 차라리 굶어 죽을지언정 형의 팔을 반드시 비틀지 않을 줄을 알겠다.

그대가 장가들지 못하는 것을 폐륜廢倫이라고 여기니 여색이 본디 중하지만, 그러나 정도正道로 상종相從하는 것이 예禮의 더욱 중한 것이다. 가사 홀아비가 공허할 때 동쪽 집의 담장을 뛰어넘어 그 처자處子를 끌어오면 아내를 얻어 인륜을 온전히 할 수 있고, 끌어오지 않으면 아내를 얻지 못해 인륜을 폐하게 되는데, 장차 예법을 버리고 감히 담장을 뛰어넘어 처자處子를 끌어오겠는가? 내 차라리 폐륜廢倫을 할지언정 반드시 처자處子를 끌어오지 않을 줄을 알겠다.'

이는 예禮가 음식이나 여색보다 더욱 중하다는 것이 분명하니, 그대가 이렇게 가서 대답을 하면 저 임인任人이 장차 그 변론을 멋대로 할 수 없을 것이다. 그러니 이 문제를 답하는데 무슨 어려움이 있겠는가?"

주해

- 간범(干犯) : 범하다. 위반하다. '모범冒犯'과 같다.
  《후한서後漢書·사필전史弼傳》에 나온다.
  "幹犯至戚, 罪不容誅."
- 폐륜(廢倫) : 혼인을 하지 않음.
- 환광(鰥曠) : 환남鰥男과 광녀曠女. 홀아비가 공허해하다.
  '환鰥'은 늙어서 처자가 없는 자이고, '광曠'은 남편이 없는 성년의 여자를 말한다.
  鰥(홀아비 환) 曠(공허할 광)
  진晉나라 갈홍葛洪의 《포박자抱朴子·힐포詰鮑》에 나온다.
  "內聚曠女, 外多鰥男."
  당唐나라 이조위李朝威의 〈유의柳毅〉에도 나온다.
  "(柳毅)常以鰥曠多感, 欲求新匹."

[12·2]

曹交ㅣ問曰 人皆可以爲堯舜이라하나니 有諸잇가
孟子曰 然하다

조교曹交가 물어 가로되 "'사람이 모두 요순堯舜과 같이 될 수 있다'고 하는데, 이런 말이 있습니까?"
맹자 가라사대 "그러하다."

趙氏曰 曹交는 曹君之弟也라 人皆可以爲堯舜은 疑古語어나 或孟子所嘗言也라

조씨趙氏[趙岐] 가로되 "조교曹交는 조군曹君의 아우이다. '사람이 모두 요순堯舜이 될 수 있다'는 것은 의심컨대 고어古語이거나 혹은 맹자께서 일찍이 하신 말씀이다."

주해

- 조교(曹交) : 전국시대 조曹나라 군주의 동생. 이름은 교交이다. 하지만 맹자 당시에 조曹나라가 이미 망했으므로 그 인물이 맞는지 확실하지 않다.
- "爲字指修爲言."(四書補註備旨)

【備旨】

昔에 曹交ㅣ問於孟子曰 嘗聞컨대 堯舜은 古之聖帝也어늘 乃人皆可以爲之라하나니 此言有諸잇가
孟子曰 然하다 人實皆可以爲堯舜也니라

옛날 조교曹交가 맹자에게 물어 가로되 "일찍이 듣건대 요순堯舜은 옛 성제聖帝이거늘 사람들이 모두 요순과 같이 될 수 있다고 하니, 이런 말이 있습니까?"

맹자 가라사대 "그렇다. 사람들이 진실로 모두 요순堯舜과 같이 될 수 있다."

주해

● 성제(聖帝) : 성군聖君. 성주聖主.
한漢나라 동방삭東方朔의 〈답객난答客難〉에 나온다. "今則不然, 聖帝流德, 天下震慴, 諸侯賓服, 威振四夷." 賓(손 빈)

交는 聞文王은 十尺이요 湯은 九尺이라하니 今交는 九尺四寸以長이로되 食粟而已로니 如何則可잇고

"제[交]가 듣건대 문왕文王은 신장이 십척이요, 탕왕湯王은 구척이라고 합니다. 이제 저는 구척 사촌이지만 곡식만 먹고 있으니 어떻게 하면 요순과 같이 될 수가 있습니까?"

曹交問也라
食粟而已는 言無他材能也라

조교曹交가 물은 것이다.
'곡식만 먹을 뿐이다'라는 것은 다른 재능이 없다는 말이다.

주해

- "文王與湯皆能爲堯舜者. 十尺九尺皆俱指形體言."(四書補註備旨)
- "可指爲堯舜說."(四書補註備旨)

【備旨】

曹交ㅣ不知所以爲堯舜之道하고 乃以形體論之曰 交는 聞文王體長은 十尺이요 湯體長九尺이니 皆爲堯舜者也라 하니 今交는 九尺四寸以長이라 形軆類於湯文하니 若可以爲堯舜矣라 然이나 無他材能이요 但食粟而已로니 有其形而無其實이라 交之有愧於湯文이 遠矣니 敢問 如之何則可爲堯舜耶잇고

조교曹交가 요순堯舜이 되는 도를 알지 못하고 이에 형체形體로써 논하여 가로되 "제가 듣건대 문왕文王은 신장이 십척이요, 탕왕湯王은 신장이 구척으로 모두 요순堯舜과 같이 되었습니다. 지금 저는 신장이 구척 사촌으로 형체形體가 탕왕과 문왕文王에 비슷해서 요순堯舜과 같이 될 수가 있을 듯합니다. 그러나 다른 재능이 없고 다만 곡식만 먹고 있을 뿐이니, 그 형체만 있고 그 실제가 없습니다. 저는 탕왕과 문왕과의 거리가 너무 멀어 부끄럽습니다. 감히 묻건대 어떻게 하면 요순堯舜과 같이 될 수 있겠습니까?"

曰 奚有於是리오 亦爲之而已矣니라 有人於此하니 力不能勝一匹雛면 則爲無力人矣요 今曰擧百鈞이면 則爲有力人矣니 然則擧烏獲之任이면 是亦爲烏獲而已矣니 夫人은 豈以不勝爲患哉리오 弗爲耳니라

가라사대 "어찌 형체에 달려 있겠는가? 또한 요순처럼 닦을 따름이다. 여기에 어떤 사람이 있는데, 힘으로 병아리 한 마리를 들어 올릴 수 없다면 힘이 없는 사람이 될 것이요, 이제 백균百鈞을 들어 올릴 수 있다면 힘이 있는 사람이 될 것이다. 그러므로 오확烏獲이 들었던 무게를 들어 올린다면 이는 또한 오확烏獲이 될 뿐이니, 사람이 어찌 요순처럼 되지 못하는 것으로 근심을 삼겠는가? 하지 않을 뿐이다."

匹字는 本作鴄하니 鴨也라 從省作匹하니 禮記에 說匹爲鶩이 是也라
烏獲은 古之有力人也니 能擧移千鈞이라

'필匹'자는 본래 '필鴄'이라 했으니 오리를 말한다. 생략하여 '필匹'로 썼는데, 《예기禮記》에 필匹을 목鶩이라고 설명한 것이 이것이다.

'오확烏獲'은 옛날 힘이 센 사람이니, 천균千鈞을 들어 옮길 수 있었다.

주해

- "是字, 指形體言."(四書補註備旨)
- "爲字, 亦以修爲言."(四書補註備旨)
- "不勝是材質不能爲堯舜意."(四書補註備旨)
- "弗爲, 以暴棄言."(四書補註備旨)

● 오확(烏獲) : 고대 진秦나라의 역사力士. 力士의 범칭. 獲(사람이름 확)
양백준楊伯峻의 註에 "《史記·秦本紀》言 秦武王時有力士烏獲, 但此時孟子年已踰七十, 而 烏獲遠在西方之秦, 未必能擧肯擧以爲例証. 此烏獲或者是古之有力人, 秦之力士又襲用其名耳."이라 했다.
● 雛(병아리 추) 鈞(서른 근 균) 鴄(집오리 필) 鴨(오리 압) 鶩(집오리 목)

【備旨】

孟子曰 所謂人皆可以爲堯舜者ㅣ奚有於是形體哉리오 亦在爲堯舜之所爲而已矣라 如有人於此하니 其始也에 力不能勝乎一匹雛之輕이면 則人皆以爲無力人矣요 今曰力足擧百鈞之重이면 則人皆以爲有力人矣니 是知人之有力無力은 顧所任何如耳라
然則能擧烏獲千鈞之任者는 亦爲烏獲而已矣니 奚必形之似烏獲哉리오 使人能爲堯舜之爲면 非卽堯舜而何오 夫人은 豈以材質凡庸不勝堯舜之事로 爲患哉리오 但甘於自棄 而弗爲之耳라

맹자 가라사대 "이른바 사람이 모두 요슈堯舜과 같이 될 수 있다는 것이 어찌 이 형체形體에 있겠는가? 또한 요순堯舜이 행한 바를 행하는 데 달려있을 뿐이다.

예를 들어 여기에 어떤 사람이 있는데, 그 처음에 힘이 가벼운 병아리 한 마리도 들어 올리지 못하면 사람들이 모두 힘이 없는 사람이라고 할 것이요, 이제 힘이 백균百鈞의 무게를 들어 올릴 수 있다면 사람들이 모두 힘이 있는 사람이라고 할 것이다. 이는 사람에게 힘이 있고 힘이 없는 것이 다만 무게를 들어 올림이 어떠한지 만을 알 뿐이다.

그러므로 오확烏獲처럼 천균의 무게를 들 수 있는 자는 또한 오확烏獲이 될 뿐이니, 어찌 반드시 형체가 오확烏獲과 비슷해야 하겠는가? 사람에게 요순堯舜이 행한 바를 행하게 하려는데 요순堯舜이 아니면 어떠하겠는가? 무릇 사람이 어찌 재질才質이 범용凡庸하여 요순堯舜처럼 될 수 없다고 해서 근심을 하겠는가? 다만 기꺼이 스스로를 버리고 요순堯舜처럼 되려고 하지 않을 뿐이다."

주해

- 자기(自棄) : 자포자기自暴自棄. '포暴'는 해친다는 뜻이고 '기棄'는 버린다는 뜻이다.

《맹자孟子·이루상離婁上》에 나온다. "自暴者不可與有言也, 自棄者不可與有爲也. 言非禮義, 謂之自暴也. 吾身不能居仁由義, 謂之自棄也."

徐行後長者를 謂之弟요 疾行先長者를 謂之不弟니 夫徐行者는 豈人所不能哉리오 所不爲也니 堯舜之道는 孝弟而已矣니라

"천천히 걸으며 장자長者의 뒤를 따르는 것을 '공손하다' 고 이르고, 빨리 걸으며 장자長者보다 앞서는 것을 '공손하지 않다' 고 이른다. 무릇 천천히 걸어가는 것이 어찌 사람이 할 수 없는 일이겠는가? 스스로 하지 않기 때문이니, 요순堯舜의 도道는 효제孝弟일 뿐이다."

陳氏曰 孝弟者는 人之良知良能自然之性也라 堯舜은 人倫之至로되 亦率是性而已니 豈能加毫末於是哉리오

楊氏曰 堯舜之道大矣로되 而所以爲之는 乃在夫行止疾徐

之間이요 非有甚高難行之事也언마는 百姓이 蓋日用而不知耳니라

진씨陳氏[陳暘] 가로되 "'효제孝弟'란 사람의 양지良知·양능良能과 같은 자연自然의 성性이다. 요순堯舜은 인륜人倫의 지극함이지만 또한 이 성性을 따랐을 뿐이니, 어찌 호말毫末이라도 여기에 더할 수 있겠는가?"

양씨楊氏[楊時] 가로되 "요순堯舜의 도가 위대하지만, 이를 행하는 바는 곧 가고 멈추며 빨리 가고 천천히 가는 사이에 있으며, 매우 고원高遠하거나 행하기 어려운 일에 있는 것이 아니다. 하지만 백성들은 날로 쓰면서도 알지 못할 뿐이다."

주해

- "不爲, 正見其非不能."(四書補註備旨)
- "孝弟, 正是道. 已矣, 見不必遠求意."(四書補註備旨)
- 주자朱子가 말했다. "堯舜之道, 孝弟而已. 這是對那不孝不弟底說. 孝弟便是堯舜之道, 不孝不弟便是桀紂."(大全註疏)
- 화정윤씨和靖尹氏가 말했다. "堯舜之道止於孝弟. 孝弟, 非堯舜不能盡."(大全註疏)
- 경원보씨慶源輔氏가 말했다. "堯舜不過率是性而充其量, 非有所增益於性分外也."(大全註疏)

【備旨】

> 且堯舜이 亦不難爲也니 如徐行而後於長者를 卽謂之弟요 疾行而先於長者를 卽謂之不弟니 夫徐行者ㅣ 豈是難事而爲人所不能哉리오 特人所忽焉而不爲也라 古今에 聖人言道大者는 必歸堯舜하니 夫堯舜之道ㅣ 豈有甚高遠難行之事哉리오 亦不外於孝弟而已矣니 夫豈有所加哉아

또한 요순堯舜처럼 되는 것도 어렵지 않다. 예컨대 천천히 걸으며 장자長者의 뒤를 따르는 것을 '공손하다'고 이르고, 빨리 걸으며 장자長者보다 앞서는 것을 '공손하지 않다'고 한다. 무릇 천천히 걸어가는 것이 어찌 어려운 일이며, 사람들이 할 수 없는 일이겠는가? 다만 사람들이 소홀히 하여 행하지 않는 바이다.

고금古今에 성인聖人이 道를 논하는데 큰 것은 반드시 요순堯舜으로 귀결하니, 무릇 요순堯舜의 도道가 어찌 매우 고원高遠하고 행하기 어려운 일이겠는가? 또한 효제孝弟에서 벗어나지 않을 뿐이니, 어찌 여기에 더할 것이 있겠는가?

子ㅣ服堯之服하며 誦堯之言하며 行堯之行이면 是堯而已矣요 子ㅣ服桀之服하며 誦桀之言하며 行桀之行이면 是桀而已矣니라

"그대가 요堯의 옷을 입고 요堯의 말을 외우며 요堯의 행동을 하면 이는 요堯일 따름이요, 그대가 걸桀의 옷을 입고 걸桀의 말을 외우며 걸桀의 행동을 하면 이는 걸桀일 따름이다."

言爲善爲惡이 皆在我而已라

詳曹交之問하면 淺陋麤率하니 必其進見之時에 禮貌衣冠言動之間에 多不循理라 故로 孟子ㅣ告之如此兩節云이라

선善을 행하고 악惡을 행하는 것은 모두 나에게 달려있을 뿐이라고 말한 것이다.

조교曹交의 물음을 살펴보면, 천근淺近하고 비루鄙陋하고 거칠고 경솔

하니, 반드시 그가 나아가 뵐 때 예모禮貌와 의관衣冠과 언동言動의 사이에 대부분 도리를 따르지 않았을 것이다. 그러므로 맹자께서 이처럼 두 개의 절로 고하신 것이다.

주해

● 자(子) : 그대. 여기서는 조교曹交를 말한다.
● "誦是誦述, 言是言辭."(四書補註備旨)
● 경원보씨慶源輔氏가 말했다. "此指其以身之長短與湯文較也. 人皆可以爲堯舜, 豈謂是歟."(大全註疏)
● 신안진씨新安陳氏가 말했다. "上一節告以徐行疾行. 此一節告以衣服言行. 皆是就其病之切處, 箴敎之."(大全註疏)
● 淺(얕을 천) 陋(좁을 루) 麤(거칠 추) 率(거칠 솔)

【備旨】

夫堯舜이 旣不難爲니 而爲之則在子也라 子ㅣ欲學爲堯舜인댄 豈必求之遠且難哉리오 一身衣服言動之微ㅣ皆道之所在라 學聖則聖이요 學狂則狂이니 在子之趨向何如耳라

子ㅣ若服堯之服 而服循乎理하며 誦堯之言 而言循乎理하며 行堯之行 而行循於理면 則衣冠言動이 皆孝弟之道也며 皆堯也라 是堯而已矣니 不必有湯文形體而後에 可以爲堯也요

子ㅣ或服不以理而服桀之服하며 言不以理而誦桀之言하며 行不以理而行桀之行이면 則衣冠言動이 皆非孝弟之道也며 皆桀也라 是桀而已矣니 則雖有湯文之形體나 而何能不入於桀也리오

夫能爲堯면 則可以爲舜이요 出乎堯면 則必入乎桀이니 是皆在乎爲之矣어늘 奚有於形體哉아

무릇 요순堯舜처럼 되는 것이 이미 어렵지 않으니, 그렇게 되는 것은 바로 그대에게 달려있다. 그대가 배워서 요순堯舜처럼 되기를 원하는데 어찌 반드시 멀고 어려운 데서 구할 것인가? 일신一身의 의복과 언동처럼 작은 곳에도 모두 道가 있다. 성인聖人을 배우면 성인聖人이 되고, 광인狂人을 배우면 광인狂人이 되니, 그대의 추향趨向이 어떠한가에 달려있을 뿐이다.

그대가 만약 요堯의 의복을 입고 의복이 이치를 따르며, 요堯의 언사言辭를 외워 언사가 이치를 따르며, 요堯의 행동을 행하여 행동이 이치를 따른다면, 의관衣冠과 언동言動이 모두 효제孝弟의 道요 모두 요堯이니 이는 요堯일 뿐이다. 그러니 반드시 탕왕湯王과 문왕文王의 형체를 갖춘 후에 요堯가 될 수 있는 것이 아니다.

그대가 혹 의복을 이치대로 입지 않고 걸桀의 의복을 입으며, 언사를 이치대로 하지 않고 걸桀의 언사를 외우며, 행동을 이치대로 하지 않고 걸桀의 행동을 한다면, 의관과 언동이 모두 효제孝悌의 道가 아니요 모두 걸桀이니, 이는 걸桀일 뿐이다. 그러니 비록 탕왕湯王과 문왕文王의 형체를 갖췄으나 어찌 걸桀에게 들어가지 않을 수 있겠는가?

요堯와 같이 될 수가 있다면 순舜이 될 수도 있고, 요堯에게서 벗어나면 반드시 걸桀에게로 들어간다. 이는 모두 요堯와 같이 행하는데 달려있으니, 어찌 형체에 달려 있겠는가?

曰 交ㅣ得見於鄒君이면 可以假館이니 願留而受業於門하노이다

가로되 "제[曹交]가 추군鄒君을 알현하면 객사를 빌릴 수 있으니, 원컨대 문하門下에 머무르며 수업受業하고자 합니다."

假館而後에 受業이라하니 又可見其求道之不篤이라

객사를 빌린 후에 수업受業을 한다고 하니, 또한 구도求道가 돈독하지 못함을 알 수 있다.

주해

- 가관(假館) : 객사客舍를 빌리다. 館(객사 관)
- "受業是學爲堯舜孝弟之道. 門是孟子之學門."(四書補註備旨)
- 경원보씨慶源輔氏가 말했다. "此亦是富貴者之習氣, 都未知那居無求安之味在."(大全註疏)

【備旨】

交ㅣ聞言而悅曰 夫子之言이 善矣라 交ㅣ於鄒君에 有鄰好之誼하니 使得見於鄒君이면 可以假借一館이니 願留於此 而受業於夫子之門하여 以終爲堯舜之敎焉하노이다

교交가 말씀을 듣고 기뻐하며 가로되 "부자夫子의 말씀이 좋습니다. 제[交]가 추군鄒君과 선린善隣의 우의友誼가 있습니다. 가사 추군鄒君을 만나면 객사를 하나 빌릴 수 있으니, 원컨대 여기에 머무르며 부자夫子

의 문하門下에서 수업受業하여 종신토록 요순堯舜의 가르침을 배우고자 합니다."

曰 夫道ㅣ若大路然하니 豈難知哉리오 人病不求耳니 子ㅣ歸而求之면 有餘師리라

가라사대 "무릇 道는 대로大路와 같으니, 어찌 알기 어렵겠는가? 사람이 구하지 않는 것을 근심할 뿐이니, 그대가 돌아가 구한다면 많은 스승이 있을 것이다."

言道不難知하니 若歸而求之事親敬長之間이면 則性分之內에 萬理皆備하여 隨處發見하여 無不可師니 不必留此而受業也니라

曹交ㅣ事長之禮ㅣ旣不至하고 求道之心이 又不篤이라 故로 孟子ㅣ敎之以孝弟하시고 而不容其受業하시니 蓋孔子餘力學文之意요 亦不屑之敎誨也시니라

道는 알기 어렵지 않으니, 만약 돌아가 사친事親과 경장敬長의 사이에서 구한다면 성분性分 안에 모든 이치를 다 갖춰져 있고 도처에 발현發見되어 스승으로 삼지 못할 것이 없으니, 반드시 여기에 머무르며 수업受業을 하지 않아도 된다는 말이다.

조교曹交는 어른을 섬기는 예禮가 이미 지극하지 못하고, 구도求道의 마음이 또한 독실하지 못하기 때문에 맹자께서 효제孝弟로써 가르치되 그가 수업受業하는 것을 용납하지 않으셨다. 대개 공자孔子의 '여력이 있으면 글을 배운다'는 뜻이요, 또한 불설不屑의 가르침이시다.

주해

● "病, 患也."(四書補註備旨)

● 주자朱子가 말했다. "曹交識致凡下, 又有挾貴求安之意. 故孟子拒之. 然所以告之者, 亦極親切, 非終拒之也."(大全註疏)

● 경원보씨慶源輔氏가 말했다. "道若大路. 然人所共由者也. 初匪難知, 但患人蔽於私役於氣, 自暴自棄, 而不肯求耳. 誠能卽其孝親弟長之良知良能, 而遡其自然之性, 則一性之中, 萬理皆備, 日用之間, 隨所感處, 無不發見, 而察之而體之, 則師不必求於外而得, 道不必索於外而存矣."(大全註疏)

● 여력학문(餘力學文) : 남은 힘이 있으면 글을 배우다.
《논어論語·학이편學而篇》에 나온다. "子曰 弟子入則孝, 出則弟, 謹而信, 泛愛衆, 而親仁. 行有餘力, 則以學文."

【備旨】

孟子ㅣ曉之曰 子ㅣ欲假館而受業者는 仍以道不易知하여 而欲因我以求道也요 殊不知夫道ㅣ具於性分之內하여 著於日用之常이라 譬若大路然하여 明白簡易하니 豈難知哉리오 特人自絶於道하여 病在不知所以求之耳니 子ㅣ若歸而求之事親敬長之間하여 而體吾所謂孝弟之道면 則知性分之內에 萬理皆備하고 孝弟旣盡이면 衆善自生하여 隨吾身之所往이 皆是道之發見이라 依道而行이면 卽此是師요 無往而非道면 則亦無往而非師矣니 不亦有餘師乎아 何必留此하여 受業爲也리오하시니 是可見欲爲堯舜者ㅣ反求諸孝弟면 可矣리라

맹자께서 그를 깨우쳐 가라사대 "그대가 객사를 빌려 수업受業하고자 하는 것은 여전히 道를 알기 어렵다고 여겨서 나를 따라 道를 구하

려는 것이요, 특히 道가 성분性分 안에 갖춰져 일용日用의 떳떳함에 드러난다는 점을 모르는 것이다.

비유컨대 道는 도로와 같아서 명백하고 간이簡易하니, 어찌 알기 어렵겠는가? 다만 사람들이 스스로 道와 단절되어 병통이 구할 줄을 알지 못한데 있을 뿐이다.

그대가 만약 돌아가 사친事親과 경장敬長의 사이에서 道를 구하여 내가 말한 효제孝弟의 道를 체득한다면, 성분性分 안에 온갖 이치가 다 갖추어져 있음을 알 것이다. 효제孝弟를 이미 다하면 모든 선善이 저절로 생겨나 내 몸이 가는 바를 따르면 모두가 道의 발현이 될 것이다. 道에 의거하여 행하면 이것이 바로 스승이요, 어디를 가도 道 아님이 없다면 또한 어디를 가도 스승 아님이 없을 것이니, 또한 많은 스승이 있지 않겠는가? 어찌 반드시 여기에 머무르며 수업受業을 할 필요가 있겠는가?"

이는 요순堯舜이 되고자 하는 자가 돌이켜 효제孝弟에서 구하면 요순같이 될 수 있다는 것을 알 수 있다.

[12·3]

公孫丑問曰 高子曰小弁은 小人之詩也라하더이다
孟子曰 何以言之오
曰 怨이니이다

공손추公孫丑가 물어 가로되 "고자高子가 말하기를 '소반小弁은 소인小人이 지은 시詩이다.' 라고 했습니다."
맹자 가라사대 "어찌해서 한 말인가?"
가로되 "원망의 뜻이 있기 때문입니다."

高子는 齊人也라 小弁은 小雅篇名이라 周幽王이 娶申后하여 生太子宜臼하고 又得褒姒하여 生伯服한대 而黜申后하고 廢宜臼하니 於是에 宜臼之傅ㅣ爲作此詩하여 以敘其哀痛迫切之情也하니라

'고자高子'는 제齊나라 사람이다. '소반小弁'은 〈소아小雅〉의 편명이다. 주周나라 유왕幽王이 신후申后에게 장가들어 태자 의구宜臼를 낳았는데, 다시 포사褒姒를 얻어 백복伯服을 낳자, 신후申后를 쫓아내고 의구宜臼를 폐하였다. 이에 의구宜臼의 사부가 이 詩를 지어 그 애통하고 박절한 마음을 서술하였다.

주해

- "小人之詩, 謂非仁孝所發."(四書補註備旨)
- 남헌장씨南軒張氏가 말했다. "家國之念深, 故其憂苦. 父子之情切, 故其辭哀."(大全註疏)
- 弁(즐거울 반) 臼(절구 구) 褒(표창할 포) 姒(동서 사) 黜(물리칠 출) 傅(스승 부)

【備旨】

公孫丑ㅣ問曰 吾聞高子之說詩컨대 曰小弁之詩는 乃小人之詩也라하더이다
孟子曰 何以言之오
丑ㅣ答曰 高子謂 詩之爲教는 貴乎溫厚和平이온 況小弁은 又處父子之間乎아 今讀其詩에 但見其哀痛迫切하니 蓋傷於怨也라 此所以謂之小人之詩也니이다

공손추公孫丑가 물어 가로되 “제가 고자高子의 詩 해설을 들었는데, ‘소반小弁의 詩는 소인小人이 지은 詩이다.’라고 했습니다.”

맹자 가라사대 “어찌해서 한 말인가?”

공손추公孫丑가 답하여 가로되 “고자高子가 말하기를 ‘詩의 가르침은 온후溫厚와 화평和平을 귀하게 여기는데, 하물며 〈소변小弁〉 시는 또한 부자父子의 사이에 처해 있음에랴. 이제 그 詩를 읽으니, 다만 그 애통하고 박절한 마음만 볼 뿐이다. 대개 원망함에 지나치니, 이것이 바로 소인小人이 지은 詩라고 말하는 이유이다.”

주해

● 온후(溫厚) : 온유돈후溫柔敦厚.

《예기禮記·경해經解》에 나온다. “其爲人也, 溫柔敦厚, 詩教也. 疏通知遠, 書教也. 廣博易良, 樂教也. 絜靜精微, 易教也. 恭儉莊敬, 禮教也. 屬辭比事, 春秋教也.”

曰 固哉라 高叟之爲詩也여 有人於此하니 越人이 關弓而射之어든 則己ㅣ談笑而道之는 無他라 疏之也요 其兄이 關弓而射之어든 則己ㅣ垂涕泣而道之는 無他라 戚之也니 小弁之怨은 親親也라 親親은 仁也니 固矣夫라 高叟之爲詩也여

가라사대 “고루하도다, 고수高叟가 詩를 해석함이여! 여기에 어떤 사람이 있으니, 월越나라 사람이 활을 당겨 쏘거든 그가 웃으면서 이 일

가라사대 “고루하도다, 고수高叟가 詩를 해석함이여! 여기에 어떤 사

람이 있으니, 월越나라 사람이 활을 당겨 쏘거든 그가 웃으면서 이 일을 말하는 것은 다른 것이 아니라 그와 소원하기 때문이요, 그 형이 활을 당겨 쏘거든 그가 눈물을 흘리면서 이 일을 말하는 것은 다른 것이 아니라 그를 친히 여기기 때문이다. 〈소반小弁〉시의 원망은 어버이를 친히 여긴 것이니, 어버이를 친히 여긴 것은 인仁이다. 고루하도다, 고수高叟가 詩를 해석함이여!"

關은 與彎同이라 固는 謂執滯不通也라 爲는 猶治也라 越은 蠻夷國名이라 道는 語也라 親親之心은 仁之發也라

'만關'은 '만彎'과 같다. '고固'는 집체執滯되어 통하지 않는다는 말이다. '위爲'는 다스림과 같다. '월越'은 만이蠻夷의 나라 이름이다. '도道'는 말하다는 뜻이다. '친친親親'의 마음은 인仁의 발현이다.

주해

- "詩自有怨體. 以怨爲小人, 則不通矣. 故曰固."(四書補註備旨)
- 조기趙岐의 註에 "戚, 親也."라고 했다.
- 집체(執滯) : 막히다. '집착執著' 또는 '고집固執'과 같다.
《구당서舊唐書·육지전陸贄傳》에 나온다. "卿所奏陳, 雖理體甚切, 然時運必須小有改變, 亦不可執滯, 卿更思量." 贄(폐백 지)
- 叟(늙은이 수) 關(활 당길 만) 涕(눈물 체) 彎(굽을 만) 執(막을 집) 滯(막힐 체)

【備旨】

孟子曰 凡說詩者ㅣ當會其意 而不可泥其言이니 固矣哉라 高叟之治詩也여 夫謂小弁爲怨則可어니와 謂怨爲小人

則不可하니 何者오 小弁은 乃怨其所當怨者也라 譬如有人於此하니 越人이 關弓而欲射之어든 則己於其旁에 談笑而勸止之는 無他라 疏之也니 故로 言不甚切也라 若其兄이 關弓而欲射之어든 則己於其旁에 垂涕泣而勸止之는 無他라 戚之也니 故로 痛切以爲言은 恐其妄殺人 而墮於罪也라

小弁은 父子之間이라 不啻其兄之關弓射人이니 則小弁涕泣之道는 乃親親之情也라 夫親親者는 仁也니 仁豈小人之道乎아 固矣夫라 夫高叟之爲詩也여

맹자 가라사대 "무릇 詩를 해설하는 자는 마땅히 그 뜻을 이해하되 그 말에 빠져서는 안 되니, 고루하도다 고수高叟가 詩를 해석함이여!

무릇 〈소반小弁〉 시를 원시怨詩라고 할 수는 있으나, 원망하였으니 소인小人이라고 한 것은 안 되니 무엇 때문인가? 〈소반小弁〉 시가 바로 마땅히 원망할 바를 원망하였기 때문이다.

비유컨대 여기에 어떤 사람이 있으니, 월越나라 사람이 활을 당겨 쏘려고 하는데 자신이 그 옆에서 웃으며 그치도록 권하는 것은 다른 것이 아니라 그와 소원하기 때문이다. 그러므로 말이 크게 간절하지 않는 것이다.

만약 그 형이 활을 당겨 쏘려고 하면 자신이 그 옆에서 눈물을 흘리며 그치도록 권하는 것은 다른 것이 아니라 그를 친히 하기 때문이다. 그러므로 통절痛切하게 말하는 것은 그가 망령되이 사람을 죽여 죄악에 떨어질까 두려워하기 때문이다.

〈소반小弁〉 시는 부자父子 사이를 노래한 것이니, 그 형이 활을 당겨 사람을 쏘는 것일 뿐만이 아니니, 〈소반小弁〉 시에서 눈물을 흘리며 말

한 것은 어버이를 친히 하는 마음이다. 무릇 어버이를 친히 하는 것은 인仁이니, 인仁이 어찌 소인小人의 道이겠는가? 고루하도다 고수高叟가 시를 해석함이여!"

주해

- 墮(떨어질 타) 啻(뿐 시)

曰 凱風은 何以不怨이잇고

가로되 "〈개풍凱風〉시는 어찌 원망하지 않았습니까?"

凱風은 邶風篇名이라 衛有七子之母ㅣ不能安其室이어늘 七子ㅣ作此하여 以自責也하니라

'개풍凱風'은 〈패풍邶風〉의 편명이다.

위衛나라에 일곱 아들을 둔 어머니가 그 집안을 편안하게 만들 수 없자, 일곱 아들이 이 시를 지어 스스로를 꾸짖었다.

주해

- 신안진씨新安陳氏가 말했다. "母生七子而寡, 不能安其室. 七子作詩, 不敢非其母, 引罪自責, 謂子不能慰母心, 使母不安以感動之也."(大全註疏)
- "不怨言詩但念母氏劬勞, 母氏聖善而已."(四書補註備旨)
- 凱(즐길 개) 邶(나라 이름 패)

【備旨】

丑ㅣ問曰 小弁은 固所當怨이어니와 彼詩有凱風之過其母ㅣ猶小弁之遇其父也어늘 何以不怨이니잇고

공손추公孫丑가 물어 가로되 "〈소반小弁〉 시는 진실로 마땅히 원망할 바인데, 저 〈개풍凱風〉 시에서 그 어머니의 허물을 만난 것이 〈소반小弁〉 시에서 그 아버지의 허물을 만난 것과 같은데도, 어찌 원망하지 않았습니까?"

曰 凱風은 親之過ㅣ小者也요 小弁은 親之過ㅣ大者也니 親之過ㅣ大而不怨이면 是는 愈疏也요 親之過ㅣ小而怨이면 是는 不可磯也니 愈疏도 不孝也요 不可磯도 亦不孝也니라

가라사대 "〈개풍凱風〉시는 어버이의 허물이 작고, 〈소반小弁〉시는 어버이의 허물이 크다. 어버이의 허물이 큰데도 원망하지 않으면 이는 더욱 소원해지고, 어버이의 허물이 작은데도 원망하면 이는 '기磯' 할 수 없는 것이다. 더욱 소원해지는 것도 불효不孝요, 기磯할 수 없는 것도 또한 불효不孝이다."

磯는 水激石也니 不可磯는 言微激之而遽怒也라

'기磯'는 물이 바위에 부딪치는 것이니, '불가기不可磯'는 바위에 물이

조금 부딪쳤는데 물이 갑자기 격노激怒한다는 말이다.

주해

● 불가기(不可磯) : 부모나 윗사람의 허물이 작은데도 자식이나 아랫사람이 원망하며 갑자기 크게 화를 낸다는 말이다. 대개 격激하게 하는데도 노怒하지 않으면 이것을 '가기可磯'라고 하고, 살짝 격激하였는데도 갑자기 노怒한 것을 '불가기不可磯'라고 말한다. '기磯'는 '격激'과 같다. 磯(부딪칠 기) "磯字是借字. 石喩母, 水喩子. 子不容母猶水不容磯."(四書補註備旨)

【備旨】

孟子曰 凱風與小弁은 不可以幷論也라 凱風之母는 特以一時之私心 而小有汙於母子之天性이니 過之小者也요 小弁之父는 信讒廢嫡하니 則傷天地之太和하고 戾父子之至愛니 過之大者也라
親之過ㅣ大而不怨은 則親之廢我에 情旣疏矣어늘 我又恝然不介於懷하여 父子之間이 益薄矣리니 不愈疏乎아 親之過ㅣ小而怨은 則親方不幸하여 而有幾微之失이어늘 我乃遽爲不平之鳴이면 猶水之不容一激石也니 非不可磯乎아 愈疏則有忘親之心이니 固不孝也요 不可磯則無順親之心이니 亦不孝也라 此小弁之怨與凱風之不怨은 固各有攸當已니 豈可執不怨者하여 以槪論夫怨者乎아

맹자 가라사대 "〈개풍凱風〉 시와 〈소반小弁〉 시는 함께 논할 수 없다. 〈개풍凱風〉 시의 어머니는 다만 일시적인 사심私心으로 모자母子의 천성天性에 약간의 오점汚點이 생겨났으니 허물이 작은 것이다.

〈소반小弁〉 시의 아버지는 참언讒言을 믿고 적자嫡子를 폐하여 천지의 태화太和를 손상하고 부자父子의 지극한 사랑을 벗어났으니 허물이 큰 것이다.

어버이의 과실이 큰데도 원망하지 않는 것은 어버이가 나를 폐하여 마음이 이미 소원해졌는데, 내가 또한 괄연恝然히 마음속으로 개의치 않아 부자의 사이가 더욱 각박해질 것이니 더욱 소원하지 않겠는가?

어버이의 과실이 작은데도 원망하는 것은 어버이가 바야흐로 불행하여 미세한 과실이 있는데, 내가 갑자기 불평不平한 소리를 낸다면 물이 바위에 한 번 부딪치는 것을 용납지 않는 것과 같으니 기磯할 수 없는 것이 아니겠는가?

더욱 소원해지면 어버이를 잊는 마음이 생겨나니 진실로 불효요, 살짝 부딪쳤는데 갑자기 격노하면 어버이를 따르는 마음이 없는 것이니 또한 불효이다. 이 〈소반小弁〉 시의 원망함과 〈개풍凱風〉 시의 원망하지 않음은 진실로 각각 마땅한 바가 있을 뿐이니, 어찌 원망하지 않는 것에 집착하여 원망한 것을 개괄하여 논하겠는가?"

주해

- 괄연(恝然) : 관심 없는 모양. 홀대하고 냉담하게 대하는 모양.
  恝(소홀할 괄)
  송宋나라 신기질辛棄疾의 〈취옹조醉翁操〉사서詞序에 나온다. "又念先之與餘遊八年, 日從事詩酒間, 意相得歡甚, 於其別也, 何獨能恝然."
- 기미(幾微) : 미세. 징조.
  《후한서後漢書·진총전陳寵傳》에 나온다. "今不蒙忠能之賞, 而計幾微之故, 誠傷輔政容貸之德."
- 讒(참소할 참) 嫡(정실 적) 戾(벗어날 려)

孔子曰 舜은 其至孝矣신저 五十而慕라하시니라

"공자께서 가라사대 '순舜은 지극히 효도하신 분이로다! 오십이 되도록 원모怨慕하셨노라.' 라고 하셨다."

言舜猶怨慕하시니 小弁之怨이 不爲不孝也라
趙氏曰 生之膝下하여 一體而分이라 喘息呼吸에 氣通於親하나니 當親而疏면 怨慕號天이라 是以로 小弁之怨이 未足爲愆也니라

순舜도 오히려 원망하고 사모하셨으니, 〈소반小弁〉 시의 원망함이 불효不孝가 되지 않는다는 말이다.

조씨趙氏[趙岐] 가로되 "부모의 슬하膝下에서 태어나 한 몸에서 나뉜 것이다. 숨을 쉬고 호흡하는데 기운이 어버이와 통하게 되니, 마땅히 친히 해야 하는데 소원하면 원망하고 사모하여 하늘에 부르짖게 된다. 이 때문에 〈소반小弁〉시의 원망은 허물이 될 수 없다."

주해

- 원모(怨慕) : 원망하며 사모하다. 부모를 뵙지 못해 원망하며 그리워하다. "慕字兼怨字在內."(四書補註備旨)
  《맹자孟子·만장상萬章上》에 나온다. "萬章問曰舜往於田, 號泣於旻天, 何爲其號泣也? 孟子曰 怨慕也." 이에 대해 조기趙岐의 註에 "言舜自怨遭父母見惡之厄而思慕也."라고 했고, 주희朱熹의 《사서집주四書集註》에 "怨慕, 怨己之不得其親而思慕也."라고 풀이했다.
  운봉호씨雲峯胡氏가 말했다. "七情中有哀, 而與無怨怨出於哀. 哀之切, 故怨之深. 雖程子嘗論小弁之怨與舜不同. 然皆出於人情之至痛而天理之至眞者

也."(大全註疏)

● 천식호흡(喘息呼吸) : '천식喘息'과 '호흡呼吸'은 모두 숨 쉰다는 뜻이다. 《소문素問·음양응상대론陰陽應象大論》에 나온다. "視喘息, 聽音聲, 而知所苦."

● 膝(무릎 슬) 愆(허물 건)

【備旨】

且吾以怨爲孝는 非私言也라 昔에 孔子ㅣ嘗稱舜曰 舜其至孝矣신뎌 年至五十之時에 而猶不忘其怨慕之心이라하시니라 夫舜之至孝도 且猶怨慕하시니 豈可以小弁之怨으로 爲非孝乎아 知孝則知仁矣어늘 高子ㅣ乃以小人目之하니 何其說詩之固也아

"또한 내가 원망하는 것을 효孝라고 한 것은 사사로운 말이 아니다. 옛날 공자孔子께서 일찍이 순舜을 칭찬하여 가라사대 '순舜은 그 지극히 효도하신 분이시다. 나이 오십이 되었을 때도 여전히 그 원망하고 사모하는 마음을 잊지 않으셨다.'라고 하셨노라.

무릇 순舜과 같은 지극한 효자도 또한 오히려 원망하고 사모하였으니, 어찌 〈소반小弁〉시의 원망을 효孝가 아니라고 하겠는가? 효를 안다면 인仁도 알 것인데, 고자高子가 이에 소인小人이라고 지목하니 그의 시 해석이 얼마나 고루한가?"

[12·4]

宋牼이 將之楚러니 孟子ㅣ遇於石丘하시다

송경宋牼이 장차 초楚나라로 가려고 하는데, 맹자께서 그를 석구石丘에서 만나셨다.

宋은 姓이요 牼은 名이다 石丘는 地名이다

'송宋'은 성이요, '경牼'은 이름이다. '석구石丘'는 지명이다.

주해

- 송경(宋牼) : 전국시대 송나라의 유세가. 송윤학파宋尹學派의 창시인이다. 《장자莊子》에는 송견宋鈃으로 나온다.
  牼(정강이뼈 경) 鈃(술그릇 견)
- "不期而會曰遇."(四書補註備旨)

【備旨】

昔에 游說之宋牼이 將往楚國하여 游說楚王이러니 孟子ㅣ偶然與之로 相遇於石丘地하시다

옛날 유세가인 송경宋牼이 장차 초楚나라에 가서 초왕楚王에게 유세하려고 하는데, 맹자께서 우연히 석구石丘라는 곳에서 그와 만나셨다.

曰 先生은 將何之오

가라사대 "선생은 장차 어디로 가려 하십니까?"

趙氏曰 學士年長者라 故로 謂之先生이라하시니라.

조씨趙氏[趙岐] 가로되 "학사學士로서 나이가 많기 때문에 그를 '선생先生'이라고 부르셨다."

【備旨】

問曰 先生은 將何之오하시니 蓋知其往說於人國하사 所以發其端也시니라

맹자께서 물어 가라사대 "선생은 장차 어디로 가려 하십니까?"

대개 그가 다른 나라에 가서 유세할 것을 알기 때문에 그 단서를 발하신 것이다.

曰 吾聞秦楚ㅣ構兵하니 我將見楚王하야 說而罷之하되 楚王이 不悅이어든 我ㅣ將見秦王하야 說而罷之하리니 二王에 我ㅣ將有所遇焉이리라

가로되 "내가 듣건대 진秦나라와 초楚나라가 교전을 한다고 하니, 내가 장차 초왕楚王을 만나 유세遊說하여 싸움을 멈추게 하려고 합니다. 만일 초왕楚王이 기뻐하지 않으면 내가 장차 진왕秦王을 만나 유세하여 싸움을 멈추게 하려고 합니다. 두 나라 왕 중에 장차 내 말을 듣는 자가 있을 것입니다."

時에 宋牼이 方欲見楚王하되 恐其不悅이면 則將見秦王也라
遇는 合也라
按莊子書에 有宋鈃者ㅣ禁攻寢兵하여 救世之戰하여 上說下敎하여 强聒不舍라하여늘 疏云 齊宣王時人이라하니 以事考之컨대 疑卽此人也라

당시에 송경宋牼이 바야흐로 초왕楚王을 만나려고 하였는데, 혹 초왕이 기뻐하지 않으면 장차 진왕秦王을 만나려고 한 것이다.

'우遇'는 합함이다.

안찰컨대 《장자莊子》라는 책에 '송견宋鈃'이란 자가 전쟁을 그치고 세상의 전쟁을 구원하기 위해 위로는 왕에게 유세하고 아래로는 백성들을 가르쳐 쉼 없이 떠들어 대며 그치지를 않았다. 소疏에 이르기를 제齊나라 신왕宣工 때의 사람이라고 하니, 이 일로 살피건대 아마도 이 사람일 것이다.

주해

- 구병(搆兵) : 교전. '구병構兵'과 같다.
  "兩軍相戰曰搆兵."(四書補註備旨)
- "聽我之言便是遇."(四書補註備旨)
- 금공침병(禁攻寢兵) : 전쟁을 금하고 무기를 거둬 들이다. 곧 전쟁을 그치게 한다는 뜻이다. '침병寢兵'은 '식병息兵'과 같다.
  《관자管子·입정立政》에 나온다. "寢兵之說勝, 則險阻不守. 兼愛之說勝, 則士卒不戰."
  《사기史記·흉노열전匈奴列傳》에도 나온다. "願寢兵休士卒養馬, 除前事, 復故約, 以安邊民."
- 강괄(强聒) : 쉬지 않고 떠들어 대다. 시끄럽게 떠들어 대다. '강괄彊聒'과 같다. 聒(떠들썩할 괄)
  《장자莊子·천하天下》에 나온다. "見侮不辱, 救民之鬥, 禁攻寢兵, 救世之戰. 以此周行天下, 上說下教, 雖天下不取, 强聒而不舍者也, 故曰 上下見厭而强見也."

【備旨】

> 宋牼曰 今百姓之苦는 莫甚於戰爭이요 而列國相爭은 莫强於秦楚라 吾聞秦楚二國이 搆兵相伐하니 我將南見楚王하여 說之而罷其兵하되 或楚王이 不以吾言爲悅이어든 吾ㅣ將西見秦王하여 說之而罷其兵하리니 不合於楚면 必合於秦이라 二王에 我將有所遇焉이면 則吾之說이 可行而民可息矣리라

송경宋牼이 가로되 "지금 백성들의 고통은 전쟁보다 심한 것이 없고, 열국의 전쟁은 진秦나라와 초楚나라 보다 심한 나라가 없다. 내가 듣건대 진초秦楚 두 나라가 군대를 일으켜 서로 싸운다고 하니, 내가 장차

남쪽으로 가서 초왕楚王을 만나 유세遊說하여 전쟁을 그만두게 할 것이다. 혹 초왕楚王이 내 말을 기쁘게 여기지 않는다면, 내가 장차 서쪽으로 가서 진왕秦王을 만나 유세하여 전쟁을 그만두게 할 것이다. 초楚나라가 내 말을 듣지 않는다면 반드시 진秦나라가 내 말을 들을 것이니, 두 나라 왕 중에 장차 내 말을 듣는 자가 있다면 나의 유세가 행해져서 백성들이 전쟁을 하지 않아도 될 것이다."

曰 軻也는 請無問其詳이요 願聞其指하노니 說之將何如오
曰 我將言其不利也하리라
曰 先生之志則大矣어니와 先生之號則不可하다

가라사대 "나[軻]는 청컨대 그 유세하는 자세한 내용을 물은 것이 아니라, 그 대요大要를 듣고자 합니다. 유세를 장차 어떻게 하실 겁니까?"
가로되 "나는 장차 그 전쟁이 이롭지 않다는 것을 말하려고 합니다."
가라사대 "선생의 뜻은 크지만, 선생의 명분은 불가합니다."

徐氏曰 能於戰國擾攘之中 而以罷兵息民爲說하니 其志可謂大矣라 然이나 以利爲名 則不可也라

서씨徐氏[徐度] 가로되 "어지러운 전국시대에 전쟁을 그치고 백성을 편히 쉬게 하는 것으로 유세를 하였으니, 그 뜻이 크다고 말할 수 있

다. 그러나 이로움으로 명분을 삼는다면 옳지 않다."

주해

- 지(指) : 대요大要. 요지要旨.
  "詳是遊說之全辭. 指是遊說之大要."(四書補註備旨)
- 호(號) : 명호名號. 곧 전쟁이 불리하다는 명목名目을 말한다.
  《순자荀子·부賦》 편에 나온다. "名號不美, 與暴爲鄰."
  "號是不利之名號."(四書補註備旨)
- 식민(息民) : 백성들을 편히 살게 하다.
  《좌전左傳·은공7년隱公七年》 條에 나온다. "凡諸侯同盟, 於是称名, 故薨則赴以名, 告終, 称嗣也, 以繼好息民."
- 요양(擾攘) : 혼란스럽다. 소란스럽다. 擾(어지러울 요) 攘(물리칠 양)
  《한서漢書·율력지상律曆志上》에 나온다. "戰國擾攘, 秦兼天下."
  《후한서後漢書·풍연전하馮衍傳下》에도 나온다. "遭擾攘之時, 値兵革之際."

【備旨】

> 孟子曰 軻也는 邂逅之際에 請無問說二國之詳이요 願問其說二國之指하노니 先生所以說之者ㅣ將何如오
> 牼曰 我ㅣ將言其兵連禍結에 民困財盡하여 不利於國也하리라
> 孟子曰 先生之志ㅣ在於罷兵息民이니 可謂大矣라 然이나 以利爲號는 則有所不可也라

맹자 가라사대 "제[軻]가 우연히 그대를 만나서 청컨대 두 나라에서 유세할 자세한 내용을 물은 것이 아니라, 그 두 나라에 유세하는 대요大要를 묻고 싶습니다. 선생이 두 왕에게 하는 유세를 장차 어떻게 하실 겁니까?"

송경宋牼이 가로되 "나는 장차 그 전쟁과 재앙이 계속 이어지면 백성들의 생활이 곤궁하고 나라의 재화가 소진되어 나라에 이롭지 않다고 말하고자 합니다."

맹자 가라사대 "선생의 뜻이 전쟁을 멈추고 백성들을 편히 살게 하는 데 있으니, 크다고 말할 수 있습니다. 그러나 이로움으로 명분을 삼는다면 옳지 않은 점이 있습니다."

주해

- 해후(邂逅) : 우연히 만나다. '해구邂遘' 또는 '해구邂覯'와 같다. 邂(만날 해) 逅(만날 후) 遘(만날 구) 覯(만날 구)

  《시경詩經·정풍鄭風·야유만초野有蔓草》에 나온다. "有美一人, 淸揚婉兮, 邂逅相遇, 適我願兮." 이에 대해 모전毛傳에 "邂逅, 不期而會."라고 했고, 육덕명陸德明의 석문釋文에 "遘, 本亦作逅."라고 했다.
- 병연화결(兵連禍結) : 전쟁과 재앙이 연이어 끊이지 않다.

  《한서漢書·흉노전하匈奴傳下》에 나온다. "漢武帝選將練兵, 約賫輕糧, 深入遠戍, 雖有克獲之功, 胡輒報之, 兵連禍結三十餘年."

先生이 以利로 說秦楚之王이면 秦楚之王이 悅於利하여 以罷三軍之師하리니 是는 三軍之士ㅣ樂罷而悅於利也라 爲人臣者ㅣ懷利以事其君하며 爲人子者ㅣ懷利以事其父하며 爲人弟者ㅣ懷利以事其兄이면 是는 君臣父子兄弟ㅣ終去仁義하고 懷利以相接이니 然而不亡者ㅣ未之有也니라

先生이 以仁義로 說秦楚之王이면 秦楚之王이 悅於仁義하여 而罷三軍之師하리니 是는 三軍之士ㅣ樂罷而悅於仁義也라 爲人臣者ㅣ懷仁義以事其君하며 爲人子者ㅣ懷仁義以事其父하며 爲人弟者ㅣ懷仁義以事其兄이면 是는 君臣父子兄弟ㅣ去利하고 懷仁義以相接也니 然而不王者ㅣ未之有也니 何必曰利리오

선생이 이익으로 진초秦楚 두 왕에게 유세를 한다면, 진초秦楚 두 왕이 이익을 좋아하여 삼군三軍의 군대를 그치게 할 것이니, 이는 삼군의 군사들이 즐겨 싸움을 그치며 이익을 좋아할 것입니다.

신하臣下된 자가 이익을 생각하며 그 인군人君을 섬기고, 자식된 자가 이익을 생각하며 그 어버이를 섬기고, 아우된 자가 이익을 생각하며 그 형을 섬긴다면, 이는 군신君臣과 부자父子와 형제兄弟가 마침내 인의仁義를 버리고 이익을 생각하며 서로 대하는 것이니, 이렇게 하고도 망하지 않는 자는 있지 않습니다.

선생이 인의仁義로 진초秦楚 두 왕에게 유세를 한다면, 진초秦楚 두 왕이 인의仁義를 좋아하여 삼군三軍의 군대를 그치게 할 것이니, 이는 삼군三軍의 군사들이 즐겨 싸움을 그치며 인의仁義를 좋아할 것입니다.

신하臣下된 자가 인의仁義를 생각하며 그 인군人君을 섬기고, 자식된 자가 인의仁義를 생각하며 그 어버이를 섬기고, 아우된 자가 인의仁義를 생각하며 그 형을 섬긴다면, 이는 군신君臣과 부자父子와 형제兄弟가 이익을 버리고 인의仁義를 생각하며 서로 대하는 것이니, 이렇게 하고도 왕 노릇하지 못한 자는 있지 않습니다. 그러니 어찌 반드시 이익을 말하겠습니까?

此章은 言休兵息民이 爲事則一이나 然이나 其心이 有義利之殊하여 而其效ㅣ有興亡之異하니 學者ㅣ所當深察而明辨之也니라

이 장章에서는 전쟁을 그치고 백성을 편히 살게 하는 것이 일로 삼기는 마찬가지나, 그러나 그 마음에 인의仁義와 이익의 차이가 있고 그 효험에 흥망興亡의 차이가 있으니, 배우는 자가 마땅히 깊이 살피고 밝게 분별해야 할 바라고 말한 것이다.

주해

- 파병(罷兵) : 전쟁을 그치다. '정전停戰'과 같다.
《장자莊子·도척盜蹠》에 나온다. "與天下更始, 罷兵休卒."
《사기史記·번역등관열전樊酈滕灌列傳》에도 나온다. "絳侯等旣誅諸呂, 齊王罷兵歸, 嬰亦罷兵自滎陽歸."
- 상접(相接) : 서로 대하다.
"相接, 我懷仁義事君, 君必以仁義信我. 是君與臣相接以仁義. 父子兄弟倣此."(四書補註備旨)
- 남헌장씨南軒張氏가 말했다. "古之謀國者, 以義理不以利害. 此天理人欲之所以分, 而治忽所由係也. 說之以利, 使其能從, 亦利心耳. 罷兵雖息一時之患而循利, 實傷萬世之彝."(大全註疏)
- 시산진씨西山眞氏가 말했다. "戰國交兵之禍烈矣. 宋牼一言而罷之, 豈非生民之福而仁人之所甚願者哉? 顧利端 開君臣父子兄弟, 人抵皆見利而動, 其禍又有甚於交兵者. 是以聖賢不得不嚴其防也."(大全註疏)

【備旨】

何以見利之不可也오 先生이 以利로 說秦楚之王이면 秦楚之王이 皆悅於利之說하여 以罷三軍之師하리니 是는 凡所謂三軍之士者ㅣ皆樂罷而悅於謨利也라 利之名이 一

倡하여 而人心이 惟知利之爲美하리니 將見爲人臣者ㅣ懷利之心以事其君이면 有所觀望 而非盡忠也요 爲人子者ㅣ懷利之心以事其父하며 爲人弟者ㅣ懷利之心以事其兄이면 有所希冀 而非盡孝盡弟也리니 是는 擧國之君臣父子兄弟ㅣ終去仁義하고 只懷利以相接이라
吾恐見利則爭하고 失利則怨하여 親愛之意ㅣ泯하고 弑奪之禍ㅣ興이니 然而不亡其國者ㅣ未之有也라 利之爲禍ㅣ有如此하니 信乎라 利之不可爲號也여

이익으로 유세하는 것이 옳지 않다는 것을 어떻게 알 수 있는가? 선생이 이익으로 진초秦楚 두 왕에게 유세한다면 진초秦楚 두 왕은 모두 이익으로 유세하는 것을 좋아하여 삼군三軍의 군사를 멈추게 할 것입니다. 이는 무릇 이른바 삼군三軍의 군사들이 모두 기꺼이 싸움을 그치고 이익을 도모하는 것을 좋아하게 하는 것입니다.

이익에 대한 명분을 일단 주창主唱하면 인심人心이 오직 이익의 아름다움만 알게 될 것입니다. 그리하여 장차 신하 된 자가 이익을 생각하는 마음으로 그 인군人君을 섬긴다면 관망만 하면서 충성을 다하지 않는 바가 있을 것이요, 자식 된 자가 이익을 생각하는 마음으로 그 어버이를 섬기고, 아우 된 자가 이익을 생각하는 마음으로 그 형을 섬긴다면, 크게 바라기만 하면서 효를 다하거나 공손함을 다하지 않음을 알 수 있을 것입니다. 이는 온 나라의 군신君臣과 부자父子와 형제兄弟가 마침내 인의仁義를 버리고 다만 이익만을 생각하여 서로 대하는 것입니다.

나는 이익만 보면 다투고 이익을 잃게 되면 원망하여, 친애親愛하는 마음이 없어지고 윗사람을 죽이고 자리를 빼앗는 화가 일어날까 염려

가 되니, 그렇게 하고도 그 나라를 망하게 하지 않는 자는 없습니다. 이익으로 유세하는 재앙이 이와 같으니, 진실로 이익으로 명분을 삼지 말아야 합니다.

주해

- 희기(希冀) : 심히 바라다. 冀(바랄 기)
  이밀李密의 《진정표陳情表》에 나온다. "今臣亡國賤俘, 至微至陋, 過蒙拔擢, 寵命優渥, 豈敢盤桓, 有所希冀!"
- 弑(죽일 시) 奪(빼앗을 탈)

【備旨】

> 利旣不可爲名이면 則當以何者說之오 亦有仁義而已矣라 先生이 若以仁義로 說秦楚之王이면 見得殃民非仁이요 伐國非義라 由是로 秦楚之王이 悅於仁義之說하여 而罷息三軍之師하리니 是는 三軍之士ㅣ皆樂罷而悅於仁義也라 仁義之名이 一倡하여 而人皆知仁義之爲美하리니 爲人臣者ㅣ懷仁義之心하여 事其君이면 只見得道理當忠에 初不爲一己富貴之計요 爲人子者ㅣ懷仁義之心以事其父하며 爲人弟者ㅣ懷仁義之心以事其兄이면 只見得道理當孝弟에 初不爲一己覬覦之私하리니 是는 擧國之君臣父子兄弟ㅣ去利懷仁義以相接也라
>
> 吾見君有純臣하고 父有孝子하고 兄有賢弟하여 四境之內ㅣ同一君親上下之誠과 愛親敬長之願이면 人心旣振하고 國勢自張하리니 然而不王者ㅣ未之有也니 仁義之造福이 如此라 先生은 持此以說秦楚可矣니 何必曰利乎哉아

이익을 이미 명분으로 삼지 못한다면 마땅히 무엇으로써 유세遊說를 해야 하겠습니까? 또한 인의仁義가 있을 따름입니다.

선생이 만약 인의仁義로 진초秦楚 두 왕에게 유세를 한다면, 백성을 재앙에 빠뜨리는 것이 인仁이 아니요 다른 나라를 정벌하는 것이 의義가 아님을 알 수 있을 것입니다.

이로 말미암아 진초秦楚 두 왕이 인의仁義의 유세를 좋아하여 삼군三軍의 군사를 멈추게 할 것입니다. 이는 삼군三軍의 군사들이 기꺼이 싸움을 그치고 인의仁義를 좋아하게 하는 것입니다.

인의仁義의 명분을 일단 주창主唱하면 사람들이 모두 인의仁義의 아름다움만 알게 될 것입니다. 그리하여 신하 된 자가 인의仁義를 생각하는 마음으로 그 인군을 섬긴다면 다만 도리상 마땅히 충성할 줄만 알고 애초에 한 몸의 부귀富貴만을 위하는 계책을 세우지 않을 것이요, 자식 된 자가 인의仁義를 생각하는 마음으로 그 어버이를 섬기며, 그 아우 된 자가 인의仁義를 생각하는 마음으로 그 형을 섬긴다면 다만 도리상 마땅히 효제孝弟할 줄만 알고 애초에 한 몸의 분수를 모르는 사사로움이 없을 것입니다. 이는 온 나라의 군신君臣과 부자父子와 형제兄弟가 이익을 버리고 인의仁義를 생각하며 서로 대하는 것입니다.

나는 인군人君에게 순신純臣이 있고, 부모에게 효자가 있으며, 형에게 어진 아우가 있음을 알 수 있습니다. 천하에 군친상하君親上下의 정성과 애친경장愛親敬長의 바람이 동일하다면, 인심人心이 이미 진작振作되고 국세國勢가 저절로 확장될 것이니, 그렇게 하고도 왕 노릇을 하지 못하는 자는 없습니다. 인의仁義가 복을 가져오는 것이 이와 같으니, 선생은 인의仁義를 가지고 진초秦楚 두 왕에게 유세하는 것이 옳을 것입니다. 그러니 어찌 반드시 이익을 말하겠습니까?

주해

● 기유(覬覦) : 얻지 말아야 할 물건을 바라다. 분수에 맞지 않는 일을 도모하다. 覬(바랄 기) 覦(넘겨다 볼 유)

《좌전左傳·환공2년桓公二年》 條에 나온다. "庶人工商, 各有分親, 皆有等衰. 是以民服事其上, 而下無覬覦." 이에 대해 두예杜預의 註에 "下不冀望上位." 라고 했다.

- 순신(純臣) : 충성스럽고 독실한 신하.

《좌전左傳·은공4년隱公四年》 條에 나온다. "石碏, 純臣也, 惡州籲而厚與焉. 大義滅親, 其是之謂乎!" 籲(부를 유)

- 사경(四境) : 동서남북 사방의 경계. 온 나라.

《여씨춘추呂氏春秋·불침不侵》 편에 나온다. "世之人主, 得地百裏則喜, 四境皆賀." 이에 대한 고유高誘의 註에 "擧國皆賀, 國中喜可知矣."라고 했다.

[12·5]

孟子ㅣ居鄒하실새 季任이 爲任處守러니 以幣交한대 受之而不報하시고 處於平陸하실새 儲子ㅣ爲相이러니 以幣交한대 受之而不報하시다

맹자께서 추鄒나라에 살고 있을 때 계임季任이 임任나라의 처수處守가 되었는데, 폐백을 보내 교우交友하려고 하자 폐백을 받기만 하고 회답을 주지 않으셨다.
또한 평륙平陸에 머무르실 때 저자儲子가 재상이 되었는데, 폐백을 보내 교우交友하려고 하자 폐백을 받기만 하고 회답을 주지 않으셨다.

趙氏曰 季任은 任君之弟라
任君이 朝會於鄰國이어늘 季任이 爲之居守其國也라
儲子는 齊相也라 不報者는 來見則當報之요 但以幣交則不

必報也라

조씨趙氏[趙岐] 가로되 "계임季任은 임任나라 인군人君의 아우이다."

임任나라 인군人君이 이웃나라에 조회朝會를 갔는데, 계임季任이 그를 위해 그 나라의 유수留守가 되어 나라를 다스렸다.

'저자儲子'는 제齊나라의 재상이다. '불보不報'는 찾아와서 뵈었다면 마땅히 회답을 해야 하지만, 다만 폐백으로 교우交友한다면 반드시 회답하지 않아도 된다는 것이다.

주해

- 처수(處守) : 유수留守가 되어 국정을 다스리다.
  초순焦循의 註에 "任, 薛之同姓小國也. 季任, 任君季弟也. 任君朝會于鄰國, 季任爲之居守其國也."라고 했다.
  "處守便有專責意."(四書補註備旨)
- "居是常處."(四書補註備旨)
- "處是暫居."(四書補註備旨)
- "以幣交, 謂不親來, 但以幣帛來相接. 不報是未及答報也."(四書補註備旨)
  경원보씨慶源輔氏가 말했다. "來見則禮意重, 幣交則禮意輕也."(大全註疏)
- 평륙(平陸) : 제齊나라의 하읍下邑.
- 거수(居守) : '유수留守'와 같다.

【備旨】

昔에 孟子之居於鄒也하실새 有任君之弟 季任이 爲任君居守其國이러니 以幣至鄒하여 來交孟子한대 孟子ㅣ受之而不往見以報其禮하시고 其一日에 又處於齊之平陸也러니 儲子ㅣ爲齊相하여 亦以幣至平陸하여 來交孟子한대 孟子ㅣ亦受之而不往見以報其禮하시다

옛날 맹자께서 추鄒나라에 살고 있을 때 임任나라 인군人君의 아우 계임季任이 임군任君을 위해 그 나라의 유수留守가 되었는데, 폐백幣帛을 추鄒나라에 보내와 맹자와 교우交友하려고 하자 맹자께서 이를 받기만 하고 찾아가서 그 예禮에 회답하지 않으셨다.

맹자께서 어느 날 또 제齊나라의 평육平陸에 머무르실 때 저자儲子가 제齊나라의 재상이 되었는데, 역시 폐백을 평육平陸에 보내와 맹자와 교우交友하려고 하자 맹자께서 마찬가지로 이를 받기만 하고 찾아가서 그 예禮에 회답하지 않으셨다.

주해

● 일일(一日) : 어느 날. 다른 날. '모일某日'과 같다.

他日에 由鄒之任하사 見季子하시고 由平陸之齊하사 不見儲子하신대 屋廬子ㅣ喜曰 連이 得間矣와라

타일他日에 추鄒나라에서 임任나라로 가서는 계자季子를 만나 보셨고, 평육平陸에서 제齊나라로 가서는 저자儲子를 만나보지 않으셨다. 그러자 옥려사屋廬子가 기뻐하며 말하기를 "내[連]가 가르침을 받을 기회를 얻었도다."라고 했다.

屋廬子ㅣ知孟子之處此에 必有義理라 故로 喜得其間隙而問之하니라

옥려자屋廬子는 맹자께서 이 문제에 대처하는데 반드시 의리義理가

있음을 알았다. 그러므로 그 기회를 얻어 가르침을 받을 수 있다고 기뻐한 것이다.

주해

- 연(連) : 옥려자屋廬子의 이름.
  "連, 屋廬子之名."(四書補註備旨)
- 득간(得間) : 기회를 얻다. 틈을 찾다.
  "得間謂有可請問之隙."(四書補註備旨)
  《관자管子·유관幼官》에 나온다. "障塞不審, 不過八日, 而外賊得間."
- 간극(間隙) : 틈. 사이. 隙(틈 극)

【備旨】

及至他日하여 孟子ㅣ由鄒之任하사 見季子而答幣交之禮하시고 由平陸之齊하사 乃不見儲子以答幣交之禮하신대 屋廬子ㅣ喜曰 交同而答異하니 君子處此에 必有義理存焉이라 連이 得其間隙而問之矣와라

나중에 맹자께서 추鄒나라에서 임任나라로 가서는 계자季子를 만나 폐교幣交의 예禮에 보답하셨고, 평육平陸에서 제齊나라로 가서는 저자儲子를 만나 폐교幣交의 예禮에 보답하지 않으셨다.

그러자 옥려자屋廬子가 기뻐하며 말하기를 "폐교幣交는 같은데 회답이 다르니, 군자가 이를 대처하는데 반드시 의리義理가 있을 것이다. 내[連]는 그 기회를 얻어 가르침을 받을 수 있겠다."라고 하였다.

問曰 夫子ㅣ之任하사 見季子하시고 之齊하사 不見儲子하시니 爲其爲相與잇가

물어 가로되 "부자夫子께서 임任나라에 가서는 계자季子를 만나보시고, 제齊나라에 가서는 저자儲子를 만나보지 않으시니, 이는 그[儲子]가 재상이기 때문입니까?"

言儲子ㅣ但爲齊相하니 不若季子ㅣ攝守君位라 故로 輕之邪아

저자儲子는 다만 제齊나라의 재상이 되어 계자季子가 인군人君의 자리를 관장하는 것과 같지 않기 때문에 그를 경시하느냐고 말한 것이다.

주해

● 섭수(攝守) : 관장管掌하다. 장악掌握하다.
송宋나라 육유陸遊의 〈여성도장각학계與成都張閣學啓〉에 나온다. "薄遊萬里, 最爲天下之窮. 攝守一官, 猥與幕中之辯."

【備旨】

於是에 問曰 夫子ㅣ之任하사 見季子하시고 之齊하사 不見儲子하시니 意者컨대 爲儲子ㅣ但爲齊相與잇가 不然이면 何以幣交則同이어니와 而有報與不報之異也오

이에 물어 가로되 "부자夫子께서 임任나라에 가서는 계자季子를 만나보시고, 제齊나라에 가서는 저자儲子를 만나보지 않으시니, 생각건대

저자儲子가 다만 제나라의 재상이기 때문입니까? 그렇지 않으면 어찌 폐백幣帛으로 교우交友하는 것은 같은데 회답을 하고 회답을 하지 않는 차이가 있는 것입니까?"

曰 非也라 書에 曰享은 多儀하니 儀不及物이면 曰不享이니 惟不役志于享이라하니

가라사대 "아니다.《서경書經》에 '진헌進獻은 예의禮儀를 중시하니, 예의禮儀가 폐백幣帛에 미치지 못하면 진헌進獻하지 않는 것과 같다.' 라고 하였으니, 오직 진헌進獻에 마음을 쓰지 않았기 때문이니라."

書는 周書洛誥之篇이라 享은 奉上也라 儀는 禮也요 物은 幣也라 役은 用也라

言雖享이나 而禮意不及其幣면 則是不享矣니 以其不用志於享故也니라

'서書'는 〈주서周書·낙고洛誥〉 편이다. '향享'은 윗사람에게 바치는 것이다. '의儀'는 예문禮文이다. '물物'은 폐백이다. '역役'은 용用이다.

비록 진헌進獻을 하였으나 예의禮意가 그 폐백幣帛에 미치지 못하면 이것은 진헌進獻을 하지 않는 것과 같으니, 그것은 진헌進獻에 마음을 쓰지 않았기 때문이라는 말이다.

주해

- 향(享) : 바치다. 진헌進獻하다.

《시경詩經·상송商頌·은무殷武》 편에 나온다. "昔有成湯, 自彼氐羌, 莫敢不來

享, 莫敢不來王." 이에 대해《정전鄭箋》에 "氐羌, 夷狄國, 在西方者也. 享, 獻也."라고 했다. 氐(근본 저) 羌(종족이름 강)

채씨蔡氏가 말했다. "享不在幣而在於禮. 幣有餘而禮不足, 亦所謂不享也."(大全註疏)

● 예의(禮意) : 공손히 접대하여 경의敬意를 표하다.

《한서漢書·전불의전雋不疑傳》에 나온다. "勝之知不疑非庸人, 敬納其戒, 深接以禮意."

"多猶厚也. 儀是禮意."(四書補註備旨)

● 물(物) : 폐백 또는 예문禮文. 곧《예경禮經》에 실린 글을 말한다.

"物是禮文."(四書補註備旨)

《서경書經·주관周官》에 "冢宰掌邦治."라고 했고, 이에 대해 당唐나라 공영달孔穎達의 소疏에 "此經言六卿所掌之事揔引《周禮》爲之揚目, 或據禮文, 或取禮意, 雖言有小異, 義皆不殊."라고 풀이했다. 揔(모두 총)

【備旨】

孟子曰 吾之不見儲子者는 非以其爲相之故也니 獨不觀之周書乎아 周書洛誥之篇에 曰享上은 貴厚乎禮意니 若物有餘而禮意不足이면 是儀不及物이라 卽謂之曰 不享이니 惟其但以物爲享이요 而不用志於享故也라하니 書之言이 如此라

맹자 가라사대 "내가 저자儲子를 만나보지 않은 것은 그가 재상이기 때문이 아니다. 홀로 〈주서周書〉를 보지 못했는가? 〈주서周書·낙고洛誥〉편에 말하기를 '윗사람에게 진헌進獻하는 것은 예의禮意가 두터운 것을 귀하게 여긴다. 만약 폐백에 남음이 있으나 예의禮意가 부족하면 이는 예의禮儀가 폐백에 미치지 못한 것이니, 이것을 일러 진헌進獻하지 않은 것과 같다고 한다. 그것은 다만 폐백으로 진헌進獻을 삼고 진헌進獻

에는 마음을 쓰지 않았기 때문이다.'라고 했으니, 《서경書經》의 말이 이와 같다."

爲其不成享也니라

그 진헌進獻을 이루지 못했기 때문이다.

孟子ㅣ釋書意如此라

맹자께서 《서경書經》의 뜻을 해석함이 이와 같다.

주해

- "爲其禮意不存則物皆虛文."(四書補註備旨)
- 신안진씨新安陳氏가 말했다. "幣物有餘而禮儀不足, 是有慢上之心, 謂其所貪在物, 雖禮意不足無妨, 乃是雖有享之名而不成享之禮也."(大全註疏)

【備旨】

夫以物享人을 書乃謂之不享者는 何哉오 正爲其徒事虛文 而敬有不足이면 則不成其享也라 我之不見儲子者는 亦以不成其享耳니 豈爲其爲相哉아

무릇 폐백으로 윗사람에게 진헌進獻하는 것을 《서경書經》에서 '진헌進獻하지 않은 것과 같다'고 말한 것은 무엇 때문인가? 바로 그가 한갓 허문虛文만을 일삼고 공경함이 부족하다면 그 진헌進獻을 이루지 못한

것이다. 내가 저자儲子를 만나보지 않은 것은 마찬가지로 그 진헌進獻을 이루지 못했기 때문이니, 어찌 그가 재상이기 때문이겠는가?

주해

- 허문(虛文) : 내용이 없는 문장. 조금도 의미가 없는 예절禮節. '공화空話'와 같다.
  《한서漢書·곡영전谷永傳》에 나온다. "書陳於前, 陛下委棄不納, 而更使方正對策, 背可懼之大異, 問不急之常論, 廢承天之至言, 角無用之虛文."

屋廬子ㅣ悅이어늘 或이 問之한대
屋廬子ㅣ曰 季子는 不得之鄒오 儲子는 得之平陸일새라

옥려자屋廬子가 기뻐하자 혹자가 그 이유를 물었다.
옥려자屋廬子 가로되 "계자季子는 친히 추鄒나라에 갈 수가 없었고, 저자儲子는 친히 평륙平陸에 갈 수 있었기 때문이다."

徐氏曰 季子는 爲君居守하여 不得往他國以見孟子하니 則以幣交而禮意已備요 儲子는 爲齊相하여 可以至齊之境內로대 而不來見하니 則雖以幣交 而禮意不及其物也니라

서씨徐氏[徐度] 가로되 "계자季子는 인군人君을 위해 나라를 지키니 타국에 가서 맹자를 뵐 수가 없었으나, 폐백으로 교우交友하여 예의禮意를 이미 갖춘 것이다. 그러나 저자儲子는 제齊나라의 재상이 되어 제齊나라의 경내에 이를 수 있었으나 찾아와서 뵙지를 않았으니, 비록 폐

백으로 교우交友하였으니 예의禮意가 그 폐백에 미치지 못한 것이다."

주해

● 경원보씨慶源輔氏가 말했다. "不得之鄒而不來, 則是制於禮者也. 得之平陸而不至, 則是簡於禮者也. 制於禮者, 欲爲而不可, 簡於禮者, 可爲而不欲. 君子之所爲, 一視其禮意之輕重而行吾義而已."(大全註疏)

【備旨】

屋廬子ㅣ聞言而悅은 以君子交際에 信有義理 而不苟焉이라 或人이 又疑而問之컨대 以爲均一幣交耳어늘 何以有成享 有不成享之異乎아
屋廬子ㅣ乃解之曰 季子는 爲君守國이요 況至鄒則越國이라 是勢ㅣ不得至鄒니 但以幣交니 其禮意已備라 故로 謂之成享也요
儲子는 雖爲相이나 國事猶有所主이요 況平陸在齊境內라 是勢ㅣ得至平陸이로되 亦止以幣交니 其禮意不及이라 故로 謂之不成享也라
惟儲子之不成享은 異乎季子라 故로 夫子之見季子는 亦異於儲子矣니 此君子之處己處人이 各有攸當也與인저

옥려자屋廬子가 말씀을 듣고 기뻐한 것은 군자가 교제하는데 진실로 의리義理가 있어 구차하지 않기 때문이다.

혹인或人이 다시 의심하여 묻건대 "똑같이 폐백으로 교우交友했을 뿐이데, 어찌 진헌進獻을 이루기도 하고 진헌進獻을 이루지도 못하는 차이가 있는가?"

옥려자屋廬子가 이에 해석하여 가로되 "계자季子는 인군人君을 위하여 나라를 지켰고, 하물며 추鄒나라에 가는 것은 국경을 넘는 일이다. 이는 형세가 추나라에 갈 수 없어서 다만 폐백으로 교우交友하니 그 예의禮意를 이미 갖춘 것이다. 그러므로 진헌을 이루었다고 말씀하신 것이다.

저자儲子는 비록 재상이 되었으나 국사國事에 여전히 주장하는 바가 있고, 하물며 평륙平陸은 제齊나라 경내에 있다. 이는 형세가 평륙平陸에 이를 수 있는데도 또한 다만 폐백만으로 교우交友하니 그 예의禮意에 미치지 못한 것이다. 그러므로 진헌進獻을 이루지 못했다고 말씀하신 것이다.

저자儲子가 진헌進獻을 이루지 못한 것은 계자季子의 경우와 다르기 때문에, 부자夫子께서 계자季子를 만나신 것이 저자儲子와 다른 것이다. 이것은 군자가 자신에게 대처하고 남에게 대처하는 데 각각 마땅한 바가 있는 것이다."

[12·6]

淳于髡이 曰先名實者는 爲人也요 後名實者는 自爲也니 夫子ㅣ在三卿之中하사 名實이 未加於上下而去之하시니 仁者도 固如此乎잇가

순우곤淳于髡이 가로되 "명예와 사공事功을 중시하는 자는 백성을 구제하기 위함이요, 명예와 사공事功을 경시하는 자는 홀로 그 몸을 선하게 하기 위함입니다.

부자夫子께서는 삼경三卿 가운데 한 분이신데 명예와 사공事功을 인군人君과 백성들에게 베풀지 않고 떠나시니 어진사람도 진실로 이와 같습니까?"

名은 聲譽也요 實은 事功也라
言以名實爲先而爲之者는 是有志於救民也요 以名實爲後而不爲者는 是欲獨善其身者也라
名實未加於上下는 言上未能正其君하고 下未能濟其民也라

'명名'은 명성이다. '실實'은 사공事功이다.

명실名實을 급무急務로 삼아 이를 행하는 자는 백성을 구제하는데 뜻을 둔 자요, 명실名實을 경시하여 이를 행하지 않는 자는 홀로 그 몸을 선善하게 하려는 자임을 말한 것이다.

명실名實을 인군人君과 백성을 위해 세우지 못했다는 것은 위로 능히 그 인군人君을 바르게 하지 못하고 아래로 능히 그 백성을 구제하지 못했다는 말이다.

주해

- 선(先) : 시급하게 생각하다.
  "先, 急也. 名實二字, 串有是事功則有是聲譽."(四書補註備旨)
- 위인(爲人) : 제세구민濟世救民.
  "爲人是出而濟世之人, 人兼君民說."(四書補註備旨)
- 자위(自爲) : 독선기신獨善其身.
  "自爲是處而獨善之人."(四書補註備旨)
- 髡(머리 깎을 곤)

【備旨】

淳于髡이 因孟子在齊 無功而去하여 乃譏之曰 凡人은 有功利之實이라야 斯有功利之名이니 先名實者는 功利在所先이면 則進而治國濟民하여 爲人也요 後名實者는 功利在所後면 則退而獨善其身하여 自爲也라

今夫子ㅣ在三卿之中하사 是志在爲人ㅣ明矣어늘 乃名實이 未加於上下之間而徒然去之하시니 又不成爲人矣라 欲濟時 而時不之濟하시니 仁者도 固如此乎잇가

순우곤淳于髡이 맹자께서 제齊나라에 계시면서 공功을 세우지도 못하고 떠나려고 하자 이에 기롱譏弄하여 가로되 "무릇 사람은 공리功利의 실제가 있어야 이에 공리功利의 명예가 있는 법입니다. 명실名實을 중시하는 자는 공리功利를 우선하니 나아가 나라를 다스리고 백성을 구제하여 백성을 위하며, 명실名實을 경시하는 자는 공리功利를 뒤로 하니 물러나 홀로 그 몸을 선善하게 하여 스스로를 위합니다.

이제 부자夫子께서는 삼경三卿 가운데 한 분으로 뜻이 백성을 구제하는데 있음이 분명하거늘, 이에 명실名實을 인군人君과 백성들에게 베풀지도 않고 도연徒然히 떠나시니, 또한 백성을 구제하는 것이 아닙니다. 세상을 구제하려고 했으나 세상을 구제하지 못하시니 인자仁者도 진실로 이와 같습니까?"

주해

- 도연(徒然) : 공을 세우지도 못하고 헛수고만 하다. '왕연枉然'과 같다.
  남조南朝 양梁나라 임방任昉의 〈위범시흥작구립태재비표爲範始興作求立太宰碑表〉에 나온다. "瞻彼景山, 徒然望慕."
  당唐나라 두순학杜荀鶴의 〈난후숙남릉폐사亂後宿南陵廢寺〉시에도 나온다.
  "男兒仗劍酬恩在, 未肯徒然過一生."
- 제시(濟時) : 세상을 구제하다. '제세濟世' 또는 '구시救時'와 같다.
  《국어國語·주어중周語中》에 나온다. "寬, 所以保本也. 肅, 所以濟時也."
  《구당서舊唐書·은일전서隱逸傳序》에도 나온다.
  "退無肥遁之貞, 進乏濟時之具."

孟子曰 居下位하야 不以賢事不肖者는 伯夷也요 五就湯하며 五就桀者는 伊尹也요 不惡汙君하며 不辭小官者는 柳下惠也니 三子者ㅣ不同道하나 其趨는 一也니 一者는 何也오 曰仁也라 君子는 亦仁而已矣니 何必同이리오

맹자 가라사대 "낮은 지위에 있으면서 현인賢人의 신분으로 불초不肖한 자를 섬기지 않은 자는 백이伯夷요, 다섯 번이나 탕왕湯王에게 나아가고 다섯 번이나 걸왕桀王에게 나아간 자는 이윤伊尹이요, 무도無道한 군주를 싫어하지 않으며 작은 벼슬도 사양하지 않은 자는 유하혜柳下惠이다.

세 분은 도道는 같지 않으나 그 추향趨向은 동일하니 그 동일한 것은 무엇이겠는가? 바로 '인仁이다.' 군자君子는 또한 인仁을 할 뿐이니, 어찌 반드시 같을 필요가 있겠는가?"

仁者는 無私心而合天理之謂라

楊氏曰 伊尹之就湯은 以三聘之勤也요 其就桀也는 湯進之也니 湯ㅣ豈有伐桀之意哉시리오 其進伊尹以事之也는 欲其悔過遷善而已니 伊尹이 旣就湯이면 則以湯之心爲心矣라 及其終也에 人歸之하고 天命之하니 不得已而伐之耳라 若湯이 初求伊尹에 卽有伐桀之心이어늘 而伊尹이 遂相之以伐桀이면 是는 以取天下爲心也니 以取天下爲心이면 豈聖人之心哉리오

'인仁'이란 사심私心이 없이 천리天理에 부합되는 것을 말한다.

양씨楊氏[楊時] 가로되 "이윤伊尹이 탕왕湯王에게 나아간 것은 탕왕이 세 번 초빙한 부지런함 때문이요, 그가 걸왕桀王에게 나아간 것은 탕왕이 천거했기 때문이니, 탕왕에게 어찌 걸왕桀王을 정벌할 뜻이 있었겠는가? 그가 이윤伊尹을 천거하여 걸왕을 섬기게 한 것은 걸왕을 개과천선改過遷善하게 만들고자 했을 뿐이다.

이윤伊尹이 이미 탕왕에게 나아간 것은 탕왕의 마음을 자신의 마음으로 삼은 것이다. 그 마지막에 이르러 인심이 탕왕에게 돌아오고 하늘이 그에게 명하시니, 부득이 걸왕을 정벌하였을 뿐이다.

만약 탕왕이 처음 이윤伊尹을 구할 때 바로 걸왕을 정벌할 마음이 있었는데, 이윤이 마침내 그를 도와서 걸왕을 정벌했다면 이는 천하를 취하는 것을 마음으로 삼은 것이니, 천하를 취하는 것을 마음으로 삼았다면 어찌 성인聖人의 마음이겠는가?"

주해

- "五就湯, 因湯之聘. 五就桀, 因湯之薦."(四書補註備旨)
- 장자張子가 말했다. "伯夷伊尹柳下惠, 皆稱聖人, 出於仁之一端, 莫非仁也. 三子者各以是成性, 故稱仁."(大全註疏)
  운봉호씨雲峯胡氏가 말했다. "集註於三子之中引楊氏說, 獨詳於伊尹者, 如夷惠不屑就不屑去, 其跡甚易明. 惟伊尹有去又有就, 其心未易識故詳之."(大全註疏)
- "不惡, 亦事之. 不辭, 亦就之."(四書補註備旨)
- 오군(汚君) : 무도無道한 군주.
  손석孫奭의 소疏에 "汚君, 濫惡之君也."라고 했다.
  《사기史記·중니제자열전仲尼弟子列傳》에 나온다. "(閔子騫)不食汙君之祿."
- 진(進) : 추천하다. 천거하다.
  進(천거할 진)
  《사기史記·손자오기열전孫子吳起列傳》에 나온다. "於是忌進孫子於威王."
  《여씨춘추呂氏春秋·논인論人》에도 나온다. "貴則觀其所進."

【備旨】

孟子曰 子ㅣ安得以去就之迹 而論仁哉아 亦惟其心而已니라
古有迹近於爲己하니 寧居士庶之下位하여 不以己之賢으로 事人之不肖者는 伯夷也요 亦有迹近於爲人하니 始因湯之聘 而五就於湯하고 繼因湯之薦 而五就於桀者는 伊尹也요 更有迹近於爲己爲人하니 不惡汙君 而亦事之하고 不辭小官 而亦爲之者는 柳下惠也라 之三子者ㅣ或以去爲道하며 或以就爲道하며 或以去就不拘爲道하니 亦有自爲爲人之不同矣나 原其心之所趨 則一也니 所謂一者는 何也오 曰仁也라
蓋仁者는 無私心 而合天理之謂也니 由三子觀之컨대 則凡君子之去就ㅣ本於心之無私와 理之當然而已矣라 然則君子之處世는 可就則就니 固非有意於爲人 而以名實爲先이며 可去則去니 亦非有意於自爲 而以名實爲後라 要皆合乎此心之仁耳니 何必拘拘於去就之皆同耶아 子ㅣ以名實之先後 而議我之未仁하니 殆未識仁者之心矣로다

맹자 가라사대 "그대는 어찌 거취去就의 자취로 인仁을 논할 수 있다고 하는가? 또한 오직 그 마음일 뿐이다. 옛날 자취가 위기爲己에 가까운 자가 있었으니, 차라리 사서士庶의 낮은 지위에 처하되 자신의 현명함으로 불초不肖한 남을 섬기지 않은 자는 백이伯夷이다.

또한 자취가 위인爲人에 가까운 자가 있었으니, 처음에는 탕왕湯王의 초빙 때문에 다섯 번이나 탕왕에게 나아갔고 이어서 탕왕의 천거로 인하여 다섯 번이나 걸왕에게 나아간 자는 이윤伊尹이다.

다음으로 자취가 위기爲己와 위인爲人에 가까운 자가 있었으니, 무도無道한 인군人君을 미워하지 않고 또한 섬겼으며, 작은 관직도 사양하지 않고 또한 맡은 자는 유하혜柳下惠이다.

이 세 사람은 혹은 떠나는 것으로써 도道를 삼았고, 혹은 나아가는 것으로써 도道를 삼았으며, 혹은 거취去就에 구애받지 않음으로써 도道를 삼았다. 또한 자신을 위함과 남을 위함이 같지 않았으나 그 마음의 추향을 따져보면 동일하다. 이른바 동일하다는 것은 무엇이겠는가? 바로 '인仁'이다.

대개 '인仁'이란 사심私心이 없어 천리天理에 부합되는 것을 말한다. 삼자三子로 말미암아 살피건대, 무릇 군자君子의 거취去就는 마음의 무사無私와 이치의 당연함에 근원할 따름이다. 그러므로 군자君子의 처세處世는 나아갈 수 있으면 나아가는 것이니 진실로 남을 구제하는데 뜻을 두고 명실名實을 우선으로 삼은 것이 아니며, 떠날 수 있으면 떠나는 것이니 또한 스스로를 위하는데 뜻을 두고 명실名實을 뒤로 삼은 것이 아니다.

요컨대 모두 이 마음의 인仁에 부합될 뿐이니, 어찌 반드시 거취去就가 모두 같은데 얽매이겠는가? 그대가 명실名實의 선후先後로 내가 어질지 못하다고 의론하니, 아마도 인자仁者의 마음을 알지 못하는 것이리라."

주해

● 구구(拘拘) : 구애받는 모양. 얽매이는 모양. 拘(구애받을 구)
당唐나라 유종원柳宗元의 〈여양회지제이서與楊誨之第二書〉에 나온다. "今子曰 '我不能翦翦拘拘, 以同世取榮.' 吾豈教子爲翦翦拘拘哉!" 翦(자를 전)

曰 魯繆公之時에 公儀子ㅣ爲政하고 子柳子思ㅣ爲臣이로되 魯之削也ㅣ滋甚하니 若是乎賢者之無益於國也여

가로되 "노魯나라 목공繆公 때에 공의자公儀子가 정사政事를 다스렸고, 자유子柳와 자사子思가 신하가 되었으나, 노魯나라가 침탈을 당한 것이 더욱 심해졌으니, 현자가 나라에 유익함이 없는 것이 이와 같습니까?"

公儀子는 名休니 爲魯相이라 子柳는 泄柳也라 削은 地見侵奪也라

髡이 譏孟子雖不去나 亦未必能有爲也라

'공의자公儀子'는 이름이 휴休이니 노魯나라 재상이다. '자유子柳'는 설류泄柳이다. '삭削'은 땅이 침탈을 당한 것이다.

순우곤淳于髡이 맹자가 비록 떠나지 않을지라도 또한 필시 훌륭한 업적을 남기지는 못할 것이라고 기롱한 것이다.

주해

- 공의휴(公儀休) : 춘추시대 노魯나라의 재상. 사마천司馬遷의 《사기史記·순리열전循吏列傳》 제59에 그에 대한 기록이 실려 있다.
- 자심(滋甚) : 더욱 심해지다. '익심益甚'과 같다.
- 削(깎을 삭) 泄(샐 설)

【備旨】

髡이 又譏之曰 君子之去就는 誠不可以迹拘나 乃若不去而就於人國에 亦未必有益也라 昔者에 魯繆公之時에 公儀子ㅣ爲政 而秉執國鈞하고 子柳子思ㅣ爲臣 而布列庶位하여 衆賢在魯니 宜乎魯之强也로되 而魯地侵削於人也ㅣ滋甚이라 由此觀之컨대 若是乎賢者ㅣ雖在人國이나 亦無益於國也여

순우곤淳于髡이 다시 기롱하여 가로되 "군자의 거취去就는 진실로 자취에 구애받을 수 없으나, 이에 만약 떠나지 않고 나라에 나아가더라고 또한 필시 유익하지는 못할 것입니다.

옛날 노魯나라 목공繆公 때에 공의자公儀子가 정사政事를 맡아 국균國鈞을 잡았고, 자류子柳와 자사子思가 신하가 되어 여러 직위에 포열布列되어 여러 현인들이 노魯나라에 있었으니, 마땅히 노魯나라가 강성할 것이나 노나라의 국토가 남에게 침탈당한 것이 더욱 심해졌습니다. 이로 말미암아 보건대 이처럼 현자가 비록 나라에 있었으나 또한 나라에 유익함이 없었습니다."

주해

- 인국(人國) : 나라. 국가.
  《사기史記·범저채택열전範雎蔡澤列傳》에 나온다. "謁君得無與諸侯客子俱來乎? 無益, 徒亂人國耳."
  소순蘇洵의 〈관중론管仲論〉에도 나온다.
  "豎刁、易牙、開方三子, 彼固亂人國者."
  秉(잡을 병) 執(잡을 집)
- 국균(國鈞) : 국가의 권력. '국병國柄'과 같다.

《구당서舊唐書·이덕유전李德裕傳》에 나온다.

"(李德裕)以父再秉國鈞, 避嫌不仕臺省, 累辟諸府從事."

- 포열(布列) : '포진布陣'과 같다.
- 서위(庶位) : 많은 관직. '중관衆官'과 같다.

《서경書經·열명하說命下》에 나온다. "惟說式克欽承, 旁招俊乂, 列於庶位." 이에 대해 공전孔傳에 "廣招俊乂, 使列衆官."이라 했다. 乂(다스릴 예)

曰 虞ㅣ不用百里奚而亡하고 秦穆公이 用之而霸하니 不用賢則亡이니 削을 何可得與리오

가라사대 "우虞나라는 백리해百里奚를 등용하지 않아 망하였고, 진秦나라 목공穆公은 백리해百里奚를 등용하여 패자霸者가 되었다. 현자를 등용하지 않으면 망하니, 침탈만 당하는 것이 어찌 가능하겠는가?"

百里奚事는 見前篇하니라

백리해百里奚의 일은 전편[만장하萬章下]에 보인다.

주해

- "亡是晉獻假道滅之."(四書補註備旨)
- "霸指三置晉君一救荊禍說."(四書補註備旨)
- 삭(削) : 침탈당하다.

"削如魯之削."(四書補註備旨)

- 삭하가득(削何可得) : 나라를 망하게 하지 않고 침탈만 당하는 것이 가능하겠는가?

신안진씨新安陳氏가 말했다. "亡則何止乎削. 故曰削何可得. 魯之不亡, 尙以三賢在也. 否則如虞之亡, 求削而不可得矣."(大全註疏)

【備旨】

孟子曰 子ㅣ勿謂賢者之無益也라 昔에 虞公이 不用百里奚之賢하여 而遂亡其國하고 秦穆公이 用之而遂覇天下하니 此一百里奚也어늘 何不賢於虞 而獨賢於秦哉아 由用與不用爲之也라 夫不用賢則至於亡이니 求如魯之削이나 何可得與리오 然則魯之止於削 而不亡者는 以其有三賢在也니 安得謂賢者ㅣ無益於人國哉아

맹자 가라사대 "그대는 현자가 무익無益하다고 말하지 말라. 옛날 우공虞公은 어진 백리해百里奚를 등용하지 않아 마침내 그 나라를 망하게 했고, 진秦나라 목공穆公은 백리해百里奚를 등용하여 마침내 천하의 패자覇者가 되었으니, 이는 똑같은 백리해이거늘 어찌 우虞나라에서는 현명하지 못하고 유독 진秦나라에서만 현명했겠는가? 등용하고 등용하지 않아서 그렇게 된 것이다.

대저 현자를 등용하지 않으면 망하게 되니, 노魯나라처럼 침탈만 당하려고 하나 어찌 가능하겠는가? 그러므로 노魯나라가 침탈만 당하고 망하지 않게 된 것은 노나라에 삼현三賢이 있었기 때문이니, 어찌 현자賢者가 나라에 무익無益하다고 말할 수 있겠는가?"

曰 昔者에 王豹ㅣ處於淇 而河西ㅣ善謳하고 綿駒ㅣ處於高唐 而齊右ㅣ善歌하고 華周 杞梁之妻ㅣ善哭其夫 而變國俗하니 有諸內면

必形諸外하나니 爲其事而無其功者를 髡이 未嘗覩之也로니 是故로 無賢者也니 有則髡必識之니이다

가로되 "옛날에 왕표王豹가 기수淇水가에 살자 하서河西지방이 노래를 잘하였고, 면구綿駒가 고당高唐에 살자 제濟나라 서쪽지방이 노래를 잘하였고, 화주華周와 기량杞梁의 처가 그 남편 상喪을 당하여 곡哭을 잘하자 나라의 풍속이 변했습니다.
내면에 포부抱負가 있으면 반드시 공업功業이 밖으로 드러나는 법이니, 그 일을 하고도 그 공이 없는 자를 저[髡]는 일찍이 보지 못했습니다. 이 때문에 현자賢者가 없으니, 현자가 있다면 제[髡]가 반드시 알 수 있을 것입니다."

王豹는 衛人이니 善謳하니라 淇는 水名이라 綿駒는 齊人이니 善歌하니라 高唐은 齊西邑라 華周 杞梁는 二人皆齊臣이니 戰死於莒어늘 其妻ㅣ哭之哀하니 國俗이 化之하여 皆善哭하니라
髡이 以此로 譏孟子仕齊無功하니 未足爲賢也니라

'왕표王豹'는 위衛나라 사람으로 노래를 잘 불렀다. '기淇'는 물 이름이다. '면구綿駒'는 제齊나라 사람으로 노래를 잘 불렀다. '고당高唐'은 제齊나라 서쪽 읍이다. '화주華周'와 '기량杞梁'은 두 사람 모두 제齊나라 신하로서 거莒에서 전사戰死를 하였는데, 그 아내들이 애통하게 곡哭을 하자 나라의 풍속이 교화되어 모두 곡哭을 잘하게 되었다.

곤髡이 이로써 맹자가 제齊나라에 벼슬하였으나 공功이 없으니 현자賢者가 될 수 없다고 기롱譏弄한 것이다.

주해

- 구(謳) : 짧은 노래. 謳(노래할 구)
  "短聲曰謳."(四書補註備旨)
- 가(歌) : 길게 부르는 노래.
  "長聲曰歌."(四書補註備旨)
  "謳聲有曲折也. 歌長言也."(大全註疏)
- 제우(齊右) : 제齊나라 서쪽.
  양백준楊伯峻의 《맹자역주孟子譯註》에 "高唐在齊之西部, 西在右(以朝南論)" 라고 했다.
- 내외(內外) : '내內'는 포부를 말하고, '외外'는 공업功業을 말한다.
  "內指抱負外指功業言."(四書補註備旨)
  "事者己之所爲, 承內說. 功者事之所成, 承外說."(四書補註備旨)
- 豹(표범 표) 淇(강 이름 기) 綿(이어질 면) 駒(망아지 구) 杞(나라이름 기)

【備旨】

髡이 又譏之曰 賢者는 固有益於國이니 而無功則不足爲賢也라 試以古人所居則化者로 言之하리라
昔者에 王豹ㅣ處於淇에 以善謳名也하니 而環河西之人이 化之而善謳하고 綿駒ㅣ處於高唐에 以善歌名也하니 而環齊右之人이 化之而善歌하고 華周杞梁之妻ㅣ善哭其夫하니 而環齊之國俗이 皆變而善哭하니 夫一歌哭之微도 尙能感人易俗이 如此온 而況賢者之處世乎아 故로 髡이 所覩ㅣ凡有才猷蘊於內者면 則必有功業이 形諸外하나니 若有才以爲其事나 而無成功之可見者를 髡은 實未嘗覩之也라 是故로 當今之世하여 無賢者也니 如有賢者ㅣ出이면 則名實이 加於上下하여 自有功可見 而髡必識之矣리

니 若無可見之功하여 而負賢者之名을 此髡之所未喩也니이다

곤髡이 다시 기롱譏弄하여 가로되 "현자賢者는 진실로 나라에 도움이 있어야 하니 공功이 없다면 현자賢者가 될 수 없습니다. 시험 삼아 옛 사람이 거처하면 풍속이 교화되는 것으로 말하겠습니다.

옛날 왕표王豹가 기수淇水가에 살면서 노래를 잘하기로 소문이 나자 모든 하서河西 사람들이 교화되어 노래를 잘하였고, 면구綿駒가 고당高唐에 살면서 노래를 잘하기로 소문이 나자 모든 제齊나라 서쪽 사람들이 교화되어 노래를 잘하였으며, 화주華周와 기량杞梁의 처가 그 남편 상喪을 당하여 곡을 잘하자 모든 제齊나라 풍속이 변하여 곡哭을 잘하게 되었습니다.

무릇 한 사람의 보잘 것 없는 노래와 애곡哀哭으로도 오히려 능히 사람을 감동시키고 풍속을 바꾸는 것이 이와 같은데, 하물며 현자賢者가 처세處世하는데 있어서 이겠습니까?

그러므로 제[髡]가 보는 바로 무릇 재주와 계책이 내면에 쌓이면 반드시 공업功業을 세워 겉으로 드러나게 됩니다. 만약 재주가 있어 그 일을 하였으나 볼만한 공업功業을 이루지 못한 자를 제[髡]는 진실로 일찍이 본 적이 없습니다. 이 때문에 지금 세상에 현자賢者가 없으니, 만약 현자賢者가 나온다면 명실名實이 상하上下에 베풀어져 저절로 볼만한 공功이 있게 되어 제[髡]가 반드시 알게 될 것입니다. 만약 볼만한 공도 없으면서 현자賢者의 명성을 지니고 있는 것은 이는 제[髡]가 알지 못하는 바입니다.

주해

● 재유(才猷) : 재능과 계책. 猷(꾀 유)

《청사고淸史稿·선거지삼選擧志三》에 나온다. "次用策論, 使通達古今之事變,

以察其才猷."

● 환(環) : 두루. 모두. '요繞'와 같다. 繞(두를 요)

曰 孔子ㅣ爲魯司寇러시니 不用하고 從而祭에 燔肉이 不至어늘 不稅冕而行하시니 不知者는 以爲爲肉也라하고 其知者는 以爲爲無禮也라하니 乃孔子則欲以微罪行하사 不欲爲苟去하시니 君子之所爲를 衆人이 固不識也니라

가라사대 "공자孔子께서 노魯나라의 사구司寇가 되었는데 신임을 받지 못하셨고, 수행하여 제사를 지냈는데 번육燔肉을 보내오지 않자 제관祭冠을 벗지도 않고 노魯나라를 떠나셨다.
공자孔子를 모르는 자들은 번육燔肉때문이라고 하고, 아는 자들은 예禮가 없기 때문이라고 한다. 이에 공자孔子는 작은 죄명으로 떠나시되 구차하게 떠나려고 하신 것이 아니니, 군자가 행한 바를 중인衆人들이 본디 알지 못하는 것이다."

按史記컨대 孔子ㅣ爲魯司寇하사 攝行相事하시니 齊人이 聞而懼하여 於是에 以女樂遺魯君한대 季桓子ㅣ與魯君으로 往觀之하고 怠於政事어늘 子路曰 夫子可以行矣니이다 孔子曰 魯今且郊하니 如致膰于大夫면 則吾猶可以止라하시더니 桓子ㅣ卒受齊女樂하고 郊又不致膰俎于大夫어늘 孔子ㅣ遂行하시니라

孟子ㅣ言以爲爲肉者는 固不足道요 以爲爲無禮도 則亦未爲深知孔子者라 蓋聖人이 於父母之國에 不欲顯其君相之失이요 又不欲爲無故而苟去라 故로 不以女樂去 而以膰肉行이라 其見幾明決 而用意忠厚하시니 固非衆人所能識也라 然則孟子之所爲를 豈髡之所能識哉리오

尹氏曰 淳于髡이 未嘗知仁하고 亦未嘗識賢也하니 宜乎其言이 若是로다

《사기史記》를 살피건대, 공자孔子께서 노魯나라의 사구司寇가 되어 재상의 일을 섭행攝行하시니, 제齊나라 사람들이 소문을 듣고 두려워하였다. 이에 여악女樂을 노魯나라 군주에게 보내니, 계환자季桓子가 노魯나라 군주와 함께 가서 보고는 정사政事에 태만하였다.

자로子路가 말하기를 "부자夫子께서는 떠나실 만하십니다."라고 하자, 공자孔子 가라사대 "노나라가 이제 교제郊祭를 지내니 만약 번육膰肉을 대부大夫들에게 보내온다면 내가 여전히 머무를 만하다."라고 하셨다. 그러나 환자桓子가 마침내 제齊나라 여악女樂을 받아들이고, 또한 교제郊祭를 지내고도 번조膰俎를 대부大夫들에게 보내오지 않으니 공자께서 마침내 노나라를 떠나셨다.

맹자께서 말씀하시기를 "번육膰肉때문이라고 생각하는 자들은 진실로 말할 것도 없고, 예禮가 없기 때문이라고 생각하는 것도 또한 공자를 깊이 알지 못하는 자들이다. 대개 성인聖人께서 부모의 나라에 대해 그 인군人君과 재상의 허물을 드러내고 싶지 않았고, 또한 아무런 이유 없이 구차하게 떠나려고 하지도 않으셨다. 그러므로 여악女樂 때문에 떠나지 않고 번육 때문에 떠나신 것이다. 그 기미를 아는 것이 명결明決하고 마음 씀씀이가 충후忠厚하시니, 진실로 중인衆人들이 알 수 있는 바가 아니다."라고 하셨으니, 맹자께서 하신 바를 어찌 곤髡이 알 수 있겠는가.

윤씨尹氏[尹焞] 가로되 "순우곤淳于髡이 일찍이 인仁을 알지 못하였고 또한 일찍이 현자賢者를 알지 못했으니 그 말이 마땅히 이와 같았을 것이다."

주해

- 사구(司寇) : 육경六卿 가운데 하나로 刑獄을 관장하던 벼슬.
  《좌전左傳·양공21년襄公二十一年》조에 나온다. "子爲司寇, 將盜是務去."
  《좌전左傳·정공4년定公四年》조에도 나온다.
  "成王時康叔封於衛, 兼王室司寇."
- 불용(不用) : 신임을 받지 못하다.
  "受女樂而不能用."(四書補註備旨)
- 번육(燔肉) : 제육祭肉. '번육膰肉'과 같음. 膰(제사 고기 번)
  "是郊祭胙肉不頒於大夫."(四書補註備旨) 胙(제 지낸고지 조)
- 탈면(稅冕) : 제관祭冠을 벗다. '탈稅'는 '탈脫'과 같다. '면冕'은 제관祭冠을 말한다. 稅(벗을 탈)
  "稅是脫. 冕, 祭服之冠."(四書補註備旨)
- 남헌장씨南軒張氏가 말했다. "孔子之去魯, 非孟子發明於此, 後世固亦未知也."(大全註疏)
- 경원보씨慶源輔氏가 말했다. "觀孟子引孔子之事而答淳于髡, 則孟子之去齊, 亦必有所爲而不欲言之者矣."(大全註疏)
- 섭행(攝行) : 직권을 대신 행사하다. 攝(당길 섭)
  《사기史記·오제본기五帝本紀》에 나온다. "堯立七十年得舜, 二十年而老, 令舜攝行天子之政, 薦之於天."
- 견기(見幾) : 사물의 미세한 변화 중에 미리 그 징조를 알다.
  《주역周易·계사하繫辭下》에 나온다. "君子見幾而作, 不俟終日."
- 명결(明決) : 주관을 가지고 결단을 내리다.
  《송서宋書·왕승달전王僧達傳》에 나온다. "虜馬飮江, 王出赴難, 見在先帝前, 議論開張, 執意明決, 以此言之, 其至必也."
- 번조(膰俎) : 번육膰肉을 담는 제기祭器. 곧 제육祭肉을 말한다. 俎(도마 조)
  《공자가어孔子家語·자로초견子路初見》에 나온다. "君臣淫荒三日, 不聽國政. 郊, 又不致膰俎. 孔子遂行."

【備旨】

孟子曰 子謂事功으로 可以觀人이라하니 似以賢者爲易識矣나 不知賢者未易識也라 獨不觀孔子之去魯乎아
昔者에 孔子ㅣ爲魯司寇러시니 豈願名實不加而去리오 無如魯之君相이 惑於女樂而不能用하니 當時孔子之心이 已決於去矣로되 而猶未卽去也러니 適有郊祭之事하여 從而祭焉에 及燔肉不至하여 遂不脫冕而行하시다 夫此肉也도 亦禮也어늘 當時 不知者는 以爲夫子之去爲肉이라하고 其知者는 以爲夫子之去爲無禮라하니 要皆非深知孔子者也라 乃孔子之意는 則不欲顯其君相之罪而行이요 又不欲爲無故而苟去하시니 其見幾明決하고 用意忠厚ㅣ如此하시니 此惟孔子自知之耳라 卽此而觀컨대 可見凡君子之所爲ㅣ情深識遠하여 超然形迹之外를 衆人固不識也니 又何輕量賢者哉아

맹자 가라사대 "그대가 사공事功으로 사람을 알 수 있다고 말하니, 흡사 현자를 쉽게 알 수 있을 것 같으나, 현자는 쉽게 알 수 없다는 사실을 모르는 것이다. 유독 공자孔子께서 노魯나라를 떠나신 것을 보지 못했는가?

옛날 공자孔子께서 노나라 사구司寇가 되셨는데, 어찌 명실名實을 세우지 않고 떠나시려고 했겠는가? 뜻밖에도 노魯나라의 인군人君과 재상이 여악女樂에 현혹되어 능히 신임하지 못하니, 당시 공자孔子의 마음은 이미 노나라를 떠나려고 마음먹었으나 오히려 바로 떠나지 않으셨

다. 마침 교제郊祭의 일이 있어 수행하여 제사를 지냈는데, 번육膰肉을 보내오지 않자 마침내 제관祭冠도 벗지 않고 떠나셨다.

무릇 이 번육膰肉도 예禮이니, 당시 공자를 잘 알지 못하는 자들은 부자夫子께서 떠난 것이 번육膰肉때문이라고 했고, 알지 못하는 자들은 부지夫子께서 떠난 것이 무례無禮함 때문이라고 하였으니, 요컨대 모두 공자를 깊이 아는 자들이 아니다.

이에 공자의 마음은 그 군상君相의 죄를 드러내고 떠나려고 하신 것이 아니요, 또한 이유도 없이 구차하게 떠나려고 하신 것도 아니다. 그 기미를 보고 분명하게 결단하시고, 마음 씀씀이의 충후함이 이와 같았으니, 이는 오직 공자께서 스스로를 아신 것이다.

이에 나아가 살피건대, 군자가 행한 바는 뜻이 깊고 식견이 원대하며 형적形迹의 밖을 초탈하여 중인들이 진실로 알지 못함을 알 수 있으니, 또한 어찌 현자賢者를 가볍게 헤아리겠는가?"

주해

● 무여(無如) : ~할 도리가 없다. 뜻밖에도. '무내無奈'와 같다.
《예기禮記·애공문哀公問》에 나온다. "寡人旣聞此言也, 無如後罪何!"
한漢나라 모융牟融의 〈이혹론理惑論〉에도 나온다. "堯不能化丹朱, 周公不能訓管蔡, 豈唐 敎之不著, 周道之不備哉! 然無如惡人何也."

● 초연(超然) : 높이 벗어나다. 탈출하다. '초탈超脫'과 같다.
한漢나라 동중서董仲舒의 《춘추번로春秋繁露·천지음양天地陰陽》에 나온다. "以此見人之超然万物之上而最爲天下貴也."
명明나라 왕수인王守仁의 〈답육원정서答陸原靜書〉에도 나온다. "豈良知复超然於体用之外乎?"

● 형적(形迹) : 예모禮貌. 규율規律.

[12·7]

孟子曰 五霸者는 三王之罪人也요 今之諸侯는 五霸之罪人也요 今之大夫는 今之諸侯之罪人也니라

맹자 가라사대 "오패五覇는 삼왕三王의 죄인罪人이요, 지금의 제후諸侯는 오패五覇의 죄인罪人이요, 지금의 대부大夫는 지금 제후諸侯의 죄인罪人이다."

趙氏曰 五霸는 齊桓 晉文 秦穆 宋襄 楚莊也요 三王은 夏禹 商湯 周文武也라

丁氏曰 夏昆吾와 商大彭 豕韋와 周齊桓 晉文을 謂之五霸라 하니라

조씨趙氏[趙岐] 가로되 "'오패五覇'는 제齊나라 환공桓公·진晋나라 문공文公·진秦나라 목공穆公·송宋나라 양공襄公·초楚나라 장왕莊王이다. '삼왕三王'는 하夏나라 우왕禹王·상商나라 탕왕湯王·주周나라 문왕文王과 무왕武王이다."

정씨丁氏[丁公著] 가로되 "하夏나라 곤오昆吾, 상商나라 대팽大彭과 시위豕韋, 주周나라의 제환공齊桓公과 진문공晉文公을 오패五覇라고 말한다."

주해

● 오패(五覇) : 춘추시대 다섯 명의 패자霸者. 《맹자》외에 모두 네 가지 주장이 있다. 먼저 《순자荀子·왕패王霸》에 "齊桓晋文楚庄吳闔閭越勾踐……所謂信立而霸也."라고 했고, 또한 《순자荀子·의병議兵》에 "可以霸而不可以王."이라 했다. 다음으로《풍속통의風俗通義·오패五霸》에 "《春秋》說齊桓晋文秦

穆宋襄楚庄, 是五霸也."라고 했고, 조기趙岐도 이에 동조했다. 다음으로 《백호통白虎通·호号》에 "或曰五霸謂齊桓公晋文公秦穆公楚庄王吳人闔閭也."라고 했다. 마지막으로《漢書》의 안사고顔師古 註에 "五霸謂齊桓宋襄晋文秦穆吳夫差也."라고 했다.

● 신안진씨新安陳氏가 말했다. "自王道衰伯圖盛, 人惟知五伯之功, 豈敢議五伯之罪? 惟孟子崇王賤伯, 故以三王律五伯而名其爲罪人焉. 五伯宜從前一說."(大全註疏)

【備旨】

孟子ㅣ以王道로 定衰世君臣之罪曰 世道之日降也라 君臣之間이 皆不道矣니 如五霸者는 似謂有功於三王이나 實三王之罪人也요 今之諸侯는 似欲追蹤於五霸나 實五霸之罪人也니 豈獨其君之罪哉아 今之大夫는 似謂有功於諸侯나 實今之諸侯之罪人也니라

맹자께서 왕도王道로써 쇠란한 시대 군신君臣의 죄罪를 단정斷定하여 가라사대 "세도世道가 날로 쇠퇴하여 군신君臣의 사이에 모두 道가 없으니, 오패五霸와 같은 자는 삼왕三王에게 공功이 있다고 말할 수 있을 것 같지만 실제로는 삼왕三王의 죄인罪人이다. 지금의 제후諸侯는 오패五覇를 뒤따른다고 말할 수 있을 것 같지만 실제로는 오패五覇의 죄인罪人이니, 어찌 홀로 그 군주君主의 죄罪이겠는가? 지금의 대부大夫는 제후諸侯에게 공功이 있다고 말할 수 있을 것 같지만 실제로는 지금 제후諸侯의 죄인罪人이다."

주해

● 쇠세(衰世) : 쇠란衰亂한 시대. 쇠락衰落한 시대.

《주역周易·계사하繫辭下》에 나온다. "於稽其類, 其衰世之意邪."
진晉나라 갈홍葛洪의 《포박자抱朴子·정곽正郭》에도 나온다. "及在衰世, 棲棲惶惶, 席不暇溫, 志在乎匡亂行道, 與仲尼相似."

天子ㅣ適諸侯曰巡狩요 諸侯ㅣ朝於天子曰述職이니 春省耕而補不足하며 秋省斂而助不給하나니 入其疆하니 土地辟하며 田野治하며 養老尊賢하며 俊傑이 在位則有慶이니 慶以地하고 入其疆하니 土地荒蕪하며 遺老失賢하며 掊克이 在位則有讓이니 一不朝則貶其爵하고 再不朝則削其地하고 三不朝則六師로 移之하나니 是故로 天子는 討而不伐하고 諸侯는 伐而不討하나니 五霸者는 摟諸侯하야 以伐諸侯者也라 故로 曰五霸者는 三王之罪人也니라

"천자天子가 제후諸侯의 나라를 순행巡行하는 것을 '순수巡狩'라 하고, 제후가 천자에게 조근朝覲하는 것을 '술직述職'이라 한다. 봄에 경작하는 상태를 살펴서 부족한 사람을 보조해주고, 가을에 수확하는 상태를 살펴서 부족한 사람을 구휼해준다.
그 강계疆界에 들어가서 토지가 잘 개간되고 전야田野가 잘 다스려지며, 노인을 봉양하고 현자를 존귀하게 여기며, 뛰어난 인재가 자리에 있으면 상賞을 내리니, 은 토지로써 내린다.

그 강계疆界에 들어가서 토지가 황폐하고 노인이 버려지며 현자가 쓰이지 않고 부극掊克하는 자가 자리에 있으면 책벌責罰이 있게 된다. 한번 조근朝覲하지 않으면 그 작위爵位를 낮추고, 조근朝覲하지 않으면 그 토지를 삭감하며, 세 번 조근朝覲하지 않으면 육사六師를 움직여서 제후를 다른 사람으로 교체한다.

이 때문에 천자天子는 성토聲討하되 정벌征伐하지 않으며, 제후諸侯는 정벌征伐하되 성토聲討하지 않는다. 그런데 오패五霸는 제후를 이끌고 제후를 정벌하는 자이기 때문에 '오패五覇는 삼왕三王의 죄인이다' 라고 말한 것이다."

慶은 賞也니 益其地以賞之也라 掊克은 聚斂也라 讓은 責也라 移之者는 誅其人而變置之也라 討者는 出命以討其罪하고 而使方伯連帥로 帥諸侯以伐之也라 伐者는 奉天子之命하여 聲其罪而伐之也라 摟는 牽也라 五霸牽諸侯하여 以伐諸侯하고 不用天子之命也라 自入其疆으로 至則有讓은 言巡狩之事오 自一不朝로 至六師移之는 言述職之事하니라

'경慶'은 상賞이니, 그 땅을 더하여 상주는 것이다. '부극掊克'은 취렴聚斂하는 것이다. '양讓'은 책벌責罰하는 것이다. '이지移之'는 그를 주살誅殺해서 다른 사람으로 대체하는 것이다. '토討'는 명을 내어 그 죄를 성토聲討하고, 방백方伯과 연수連帥에게 제후를 이끌고 그를 정벌征伐하게 하는 것이다. '벌伐'은 천자天子의 명命을 받들어 그 죄罪를 성토하고 정벌하는 것이다. '루摟'는 끌어들이는 것이다.

오패五霸가 제후諸侯를 끌어들여 제후諸侯를 정벌하고 天子의 命을 쓰지 않는 것이다. '입기강入其疆'부터 '즉유양則有讓'까지는 순수巡狩의 일을 말한 것이요, '일부조一不朝'부터 '육사이지六師移之'까지는 술직述職의

일을 말한 것이다.

주해

● 순수(巡狩) : 천자天子가 출행하여 제후국諸侯國을 시찰하는 일. 狩(임소 수)
《맹자孟子·양혜왕하梁惠王下》에 나온다. "天子適諸侯曰巡狩. 巡狩者, 巡所守也."
《사기史記·오제본기五帝本紀》에도 나온다. "歲二月, 東巡狩, 至於岱宗, 柴, 望秩於山川." 柴(시료 시)
"天子往諸侯之國曰巡狩."(四書補註備旨)

● 술직(述職) : 제후가 조회에 나아가 천자에게 직무의 상황을 아뢰던 일. 疆(지경 강) 辟(임금 벽, 법, 허물, 개간하다)
"諸侯以時朝覲名曰述職."(四書補註備旨) 覲(뵐 근)

● 강(疆) : 제후국의 강계疆界.
"入是入諸侯疆土."(四書補註備旨)

● 부극(掊克) : 세금을 거둬들이다. 탐관貪官. 掊(긁어모을 부)
《시경詩經·대아大雅·탕蕩》 편에 나온다. "曾是彊御, 曾是掊克."
"掊克是聚斂臣, 非俊傑也."(四書補註備旨)

● 육사(六師) : 중국 주周나라 천자天子가 이끌던 군대.
《서경書經·강왕지고康王之誥》에 나온다. "張皇六師, 無壞我高祖寡命." 이에 대해 증운건曾運乾의 《상서정독尙書正讀》에 "六師, 天子六軍. 周制一萬二千五百人爲師."라고 했다.

● 변치(變置) : 다른 사람으로 그 지위나 자리를 대체하다.
《맹자孟子·진심하盡心下》에 "諸侯危社稷, 則變置. 犧牲旣成, 粢盛旣絜, 祭祀以時, 然而旱乾水溢, 則變置社稷."라고 했고, 이에 대해 조기趙岐의 註에 "諸侯爲危社稷之行, 則變更立賢諸侯也。犧牲已成肥腯……然而其國有旱乾水溢之災, 則毁社稷而更置之."라고 했다. 腯(살찔 돌)

● 방백연수(方伯連帥) : 모두 제후諸侯 중의 우두머리를 말한다. 帥(장수 수)
《예기禮記·왕제王制》 편에 나온다. "千里之外, 設方伯. 五國以爲屬, 屬有長. 十國以爲連, 連有帥."
《시경詩經·패풍邶風·모구서旄丘序》에도 나온다. "狄人迫逐黎侯, 黎侯寓於衛, 衛不能修方伯連帥之職, 黎之臣子以責於衛也."

● 신안진씨新安陳氏가 말했다.

"無王如此, 使居三王之世, 豈非罪人."(大全註疏)

● 남헌장씨南軒張氏가 말했다. "天子入諸侯之國, 首察其土田, 次詢其賢才. 蓋爲國之道, 莫先於農桑, 莫要於人才也."(大全註疏)

● 摟(끌어 모을 루) 貶(떨어뜨릴 폄) 削(깎을 삭)

【備旨】

何以見五霸爲三王之罪人也오 三王之世는 紀綱振擧하고 法度修明하여 天子ㅣ十二年 而適諸侯하니 名曰巡狩요 諸侯ㅣ六年 而朝天子하니 名曰述職이라 而天子諸侯ㅣ時乎春也엔 則省民之耕하여 察其有不足者하고 從而補之하며 時乎秋也엔 則省民之斂하여 察其有不給者하고 從而助之하나니 且其巡狩也에 而賞罰之典이 行焉이라 其入諸侯之疆也에 土地以闢而無不田之地하며 田野以治而無不耕之田하며 尊高年而老者ㅣ得其養하고 貴有德而賢者ㅣ在所尊하며 於凡俊傑而有才之士ㅣ莫不布列庶位焉이면 是其國以治 而無負於天子分土分民之寄矣니 則有慶賞以勸之 而所賞以地也요 其入諸侯之疆也에 土地荒蕪而不治하며 老者遺棄而不養하며 賢者屛斥而不尊하여 而其在位者ㅣ皆掊克聚斂之徒而非俊傑焉이면 是其國不治而有負於天子分土分民之寄矣니 則有責讓以懲之하여 而辭無所貸也니 是當巡狩之時 而王章이 於是乎肅矣라

오패五霸가 삼왕三王의 죄인罪人이라는 것을 어떻게 알 수 있는가? 삼왕의 시대는 기강紀綱이 진작振作되고 법도法度가 수명修明하여, 천자天子

가 12년 마다 제후국諸侯國을 순행巡行하니 '순수巡狩'라고 하며, 제후諸侯가 6년 마다 천자天子에게 조근朝覲하니 '술직述職'이라 한다.

천자天子와 제후諸侯는 때가 봄이 되면 백성들이 경작하는 상태를 살펴 그 부족한 자를 조사하여 좇아서 도와주며, 때가 가을이 되면 백성들이 수확하는 상태를 살펴 그 부족한 자를 조사하여 좇아서 도와준다.

또한 천자가 순수巡狩할 때는 상벌賞罰의 제도가 시행되었다. 그 제후의 강토疆土에 들어가서 토지가 잘 개간되어 전야田野가 아닌 곳이 없으며, 전야田野가 잘 다스려 경작하지 않는 전야田野가 없으며, 나이 든 자를 존중하여 노인이 그 봉양을 받고, 덕德있는 자를 존귀하게 여겨 현자賢者들이 높은 자리에 있으며, 모든 준걸俊傑 중에 재주 있는 선비들이 여러 자리에 포열布列되지 않음이 없으면, 이는 그 나라가 다스려져 천자가 분토분민分土分民한 기대를 저버리지 않은 것이니, 상을 내려 권면하는데 그 상은 토지로써 한다.

그 제후의 강토疆土에 들어가서 토지가 황폐하여 다스려지지 않고, 노인들이 버려져 봉양을 받지 못하며, 현자賢者들이 내쫓겨 존귀하지 못하고, 그 지위에 있는 자들이 모두 취렴聚斂하는 부극掊克의 무리요 준걸俊傑이 아니라면, 이는 그 나라가 다스려지지 않아 천자가 분토분민分土分民한 기대를 저버린 것이니, 책벌責罰하여 징계하고 사퇴를 시켜 용서하는 바가 없었다. 이처럼 순수巡狩할 때 천자의 예법이 엄숙하였다.

주해

- 진거(振擧) : 진작振作되다. 진작振作시키다.
  《구당서舊唐書·배도전裴度傳》에 나온다. "若罷度官, 是奸計得行, 朝綱何以振擧?"
- 수명(修明) : 밝게 빛나다. 여기서는 정치가 청명淸明하다는 뜻이다.
  당唐나라 원진元稹의 〈비재신청상존호제이표批宰臣請上尊號第二表〉에 나온다.

"卿宜爲我提振大法, 修明政經."

- 분토(分土) : 토지를 분봉分封하다.
  《서경書經·무성武成》 편에 나온다. "列爵惟五, 分土惟三."
  《사기史記·진본기秦本紀》에도 나온다. "寡人思念先君之意, 常痛於心. 賓客羣臣有能出奇計彊 秦 者, 吾且尊官, 与之分土."
- 분민(分民) : 옛날 토지를 분봉分封할 때 그 지역의 백성까지 관할하게 하는 것.
  《국어國語·제어齊語》에 나온다. "桓公擇是寡功者而謫之, 曰制地分民如一, 何故獨寡功? 教不善則政不治, 一、再則宥, 三則不赦." 謫(귀양갈 적)
  《한서漢書·지리지하地理志下》에 "古有分土, 亡分民."이라 했는데, 안사고顔師古의 註에 "有分土者, 謂立封疆也. 無分民者, 謂通往來不常厥居也."라고 했다.
- 경상(慶賞) : 상賞을 내리다.
  《주례周禮·지관地官·족사族師》에 나온다. "刑罰慶賞, 相及相共."
  《한비자韓非子·난세難勢》에도 나온다. "無慶賞之勸、刑罰之威, 釋勢委法, 堯舜戶說而人辯之, 不能治三家."
- 사무소대(辭無所貸) : 직위에서 물러나게 하여 용서하지 않다. '사辭'는 사퇴나 해고의 뜻이다. '대貸'는 관서寬恕의 뜻이다.
- 왕장(王章) : 天子의 예의禮儀 또는 예법禮法.
  《좌전左傳·희공25년僖公二十五年》 條에 나온다. "(晉侯)請隧, 弗許, 曰'王章也.'" 이에 대한 공영달孔穎達의 소疏에 "隧爲王之葬禮, 諸侯皆縣柩而下, 故不得用隧. 晉侯請隧者, 欲請以王禮葬也."라고 했다.

且其述職有常期也하여 而貶削征伐之法이 行焉이니 一不朝則貶其爵하여 公貶爲侯하고 侯貶爲伯하고 伯貶爲子男하니 所以懲其始也요 至於再不朝則削其地하여 百里削爲七十里하고 七十里削爲五十里하니 所以懲其慢也요 至於三不朝則六師移之하여 誅其人而變置其君하니 所以重怙終之刑也라 是述職之時 而侯度ㅣ於是乎益明矣라

此可見 三王之世에 賞罰征討之權이 皆自天子出하고 諸侯無有自專而不奉命者라 是故로 天子는 但出命以討罪 而不親伐以損威重하고 諸侯는 但承命以伐罪 而不興討以侵大權하나니 若五霸者는 則不用天子之命 而摟牽與國之諸侯하여 以伐諸侯之叛己者하니 則征討自諸侯出 而凡所賞罰을 可知也니 是犯三王之法 而不容於三王有道之世者也라 故로 曰五霸者는 三王之罪人也니라

또한 제후의 술직述職에는 일정한 기간이 있었으니, 폄삭貶削과 정벌征伐의 법이 시행되었다. 제후가 한번 조근朝覲하지 않으면 그 작위를 강등시키는데, 공公은 강등되어 후侯가 되고, 후侯는 강등되어 백伯이 되며, 백伯은 강등되어 자남子男이 되니, 제후가 처음 조근하지 않은 것을 징계하는 바이다.

두 번 조근朝覲하지 않으면 그 토지를 삭감하는데, 백 리 땅은 칠십 리로 삭감하고, 칠십 리 땅은 오십 리로 삭각하여 그 태만함을 징계하는 바이다. 세 번 조근朝覲하지 않으면 육사六師를 움직여서 그를 주살誅殺하고 그 군주君主를 다른 사람으로 대체시키니 호종怙終의 형벌을 무겁게 하는 바이다. 이처럼 제후가 술직述職할 때 인군人君의 법도가 더욱 분명하였다.

이로써 삼왕三王의 시대에는 상벌賞罰과 정토征討의 권한이 모두 천자天子에게서 나오고, 제후가 제멋대로 천자의 명을 받들시 않을 수 있다는 것을 알 수 있다. 이 때문에 천자는 다만 명을 내려 죄를 성토聲討만 하고 친히 정벌征伐하여 위엄을 손상시키지 않았으며, 제후는 다만 명을 받들어 죄인을 정벌征伐하되 성토聲討를 일으켜 대권大權을 침범하지 않았다.

오패五霸의 경우는 천자의 명을 쓰지 않고 멋대로 여국與國의 제후들

을 끌어들여 자신을 배반한 제후들을 정벌하였으니, 정벌과 성토聲討가 모두 제후에게서 나와 모든 상벌賞罰을 알 수가 있다.

이는 삼왕三王의 법도를 침범한 것이니, 삼왕三王의 법도가 있던 시대에는 용납되지 못했을 것이다. 그러므로 '오패五覇는 삼왕三王의 죄인罪人이다'라고 말한 것이다.

주해

● 호종(怙終) : 호종불회怙終不悔. 믿는 바가 있어 끝내 허물을 뉘우치지 않다.
怙(믿을 호)
《서경書經·순전舜典》에 나온다. "眚災肆赦, 怙終賊刑." 이에 대해 孔傳에 "怙姦自終, 當刑殺之."라고 풀이했다. 眚(허물 생)
《속자치통감續資治通鑒·송신종원봉2년宋神宗元豐二年》 條에 나온다. "御史中丞李定言. 知湖州蘇軾……怙終不悔, 狂悖之語日聞."

● 후도(侯度) : 인군人君의 법도.
侯(임금 후)
《시경詩經·대아大雅·억抑》 편에 나온다. "質爾人民, 謹爾侯度, 用戒不虞." 이에 대해 정현鄭玄의 전箋에 "侯, 君也.……故又戒鄕邑之大夫及邦國之君平女萬民之事, 愼女爲君之法度, 用備不億度而至之事."라고 했다.

● 자전(自專) : 자신의 뜻대로 독단독행獨斷獨行하다.
《예기禮記·중용中庸》에 나온다. "愚而好自用, 賤而好自專."
《사기史記·주본기周本紀》에도 나온다. "武王自稱太子發, 言奉文王以伐, 不敢自專."

● 위중(威重) : 권위. 위세.
《사기史記·범저채택열전范雎蔡澤列傳》에 나온다. "吳起爲楚悼王立法, 卑減大臣之威重."

● 여국(與國) : 동맹국, 우방.
《관자管子·팔관八觀》에 나온다. "與國不恃其親, 而敵國不畏其彊."
《史記·項羽本紀》에도 나온다. "項梁曰 田假爲與國之王, 窮來從我, 不忍殺之."

五霸에 桓公이 爲盛하더니 葵丘之會에 諸侯ㅣ束牲載書而不歃血하고 初命曰 誅不孝하며 無易樹子하며 無以妾爲妻라하고 再命曰 尊賢育才하여 以彰有德이라하고 三命曰 敬老慈幼하며 無忘賓旅라하고 四命曰 士無世官하며 官事無攝하며 取士必得하며 無專殺大夫라하고 五命曰 無曲防하며 無遏糴하며 無有封而不告라하고 曰凡我同盟之人은 旣盟之後에 言歸于好라하니 今之諸侯ㅣ皆犯此五禁하나니 故曰今之諸侯는 五霸之罪人也니라

"오패五霸 중에 환공桓公의 세력이 강했는데, 규구葵丘의 회맹會盟에서 제후들이 희생犧牲을 묶은 다음 맹약의 글을 그 위에 올려놓고 피는 마시지 않았다.

첫 번째 명하여 가로되 '불효한 자를 죽이고, 적자嫡子를 폐하지 않으며, 첩을 아내로 삼자 말라.' 고 하고, 두 번째 명하여 가로되 '현자賢者를 존귀하게 대하고 인재를 육성하며 덕이 있는 자를 표창表彰하라' 고 하고, 세 번째 명하여 가로되 '노인을 공경하고 어린이를 사랑하며 객경客卿을 홀대하지 말라' 고 하고, 네 번째 명히여 가로되 '사士는 대대로 벼슬하게 하지 말고, 관가官家의 일은 겸직하게 하지 말며, 사士를 등용할 때 반드시 합당해야 하고, 대부大夫는 함부로 죽이지 말라' 고 하고 다섯 번째 명하여 가로되 '제방을 구부러지게 쌓지 말고, 쌀을 사들이는 것을 막지 말며, 국읍國邑에 봉封할 때 천자에게 고하지 않는 일이 없게 하라' 고 하였다. 다시 가로되 '함께 동맹同盟에

참여한 우리 모두는 오늘 맹서한 후로 우호友好의 관계로 돌아갈 것이다.' 라고 하였다.
지금의 제후들은 모두 이 다섯 가지 금령禁令을 범했다. 그러므로 '지금의 제후諸侯는 오패五覇의 죄인罪人이다.' 라고 말한 것이다."

按春秋傳컨대 僖公九年 葵丘之會에 陳牲而不殺하고 讀書加於牲上하여 壹明天子之禁하니라
樹는 立也니 已立世子면 不得擅易이라 初命三事는 所以修身正家之要也라 賓은 賓客也라 旅는 行旅也니 皆當有以待之요 不可忽忘也라 士世祿而不世官은 恐其未必賢也라 官事無攝은 當廣求賢才以充之요 不可以闕人廢事也라 取士必得은 必得其人也라 無專殺大夫는 有罪則請命於天子而後에 殺之也라 無曲防은 不得曲爲隄防하여 壅泉激水하여 以專小利病鄰國也라 無遏糴은 鄰國凶荒이어든 不得閉糴也라 無有封而不告者는 不得專封國邑而不告天子也라

《춘추전春秋傳》을 살피건대, 희공僖公 9년 규구葵丘의 회맹에서 희생犧牲을 진열하되 죽이지 않고, 희생위에 맹서의 글을 올려놓고 한번 천자의 금령禁令을 밝혔다.

'수樹'는 세우는 것이니, 이미 세자世子를 세웠으면 함부로 바꾸지 말라는 것이다. '처음에 명한 세 가지 일'은 몸을 닦고 집안을 바로 잡는 요체이다.

'빈賓'은 빈객賓客이요, '려旅'는 행려行旅이니, 모두 마땅히 대접하고 홀대해서는 안 된다.

'사士'에게 대대로 봉록을 주되 대대로 벼슬을 주지 않는 것은 그가 반드시 어질지만은 않을 것이라고 염려한 것이다.

'관가官家의 일을 겸직하게 하지 말라'고 한 것은 마땅히 널리 현재賢才를 구하여 충원하고, 사람이 없다고 해서 일을 폐하지 말라는 것이다.

'사士를 취할 때 반드시 합당해야 한다.'고 한 것은 반드시 그 적임자를 얻으라는 것이다.

'함부로 대부大夫를 죽이지 말라'는 것은 죄가 있으면 천자에게 명을 청한 이후에 죽이라는 것이다.

'제방을 구부러지게 쌓지 말라'는 것은 제방을 구부러지게 쌓아 샘을 막고 물길을 격동시켜 작은 이익을 독점하고 이웃나라를 해치지 말라는 것이다.

'쌀을 사들이는 것을 막지 말라'는 것은 이웃나라가 흉년이 들어 쌀을 사들이는 것을 막지 말하는 것이다.

'국읍國邑에 봉封하면서 고하지 않는 일이 없게 하라'는 것은 마음대로 국읍國邑을 봉하면서 천자에게 고하지 않으면 안 된다는 것이다.

주해

● 삽혈(歃血) : 희생犧牲의 피를 머금거나 입가에 바르다. 歃(마실 삽)
"束, 縛也. 載是承. 歃血是殺牲塗血於口以讀盟書."(四書補註備旨)
《사기史記·평원군우경열전平原君虞卿列傳》에 나온다. "毛遂謂楚王之左右曰 '取雞狗馬之血來.' 毛遂奉銅盤而跪進之楚王, 曰 '王當歃血而定從, 次者吾君, 次者遂.'" 跪(꿇어앉을 궤)
신안진씨新安陳氏가 말했다. "威信服人, 無事歃血歃歠."(大全註疏)
歠(마실 철)

● 수자(樹子) : 제후諸侯가 세자世子로 세운 적자嫡子. 樹(세울 수)
《공양전公羊傳·희공3년僖公三年》 條에 "無易樹子, 無以妾爲妻."라고 했고, 하휴何休의 註에 "無易本正當立之子."라고 했다.
《곡량전穀梁傳·희공9년僖公九年》 條에 "毋易樹子."라고 했고, 범저範寧의 註에 "樹子, 嫡子."라고 했다.
경원보씨慶源輔氏가 말했다. "明天子之禁, 但一意以明天子之禁而已. 不孝是惡之大者, 故居首. 世子必告於天子而後立, 旣立則豈可擅自易之. 不孝是

不子, 易樹子是不父, 以妾爲妻則無夫婦之別."(大全註疏) 擅(멋대로 천)

- 빈려(賓旅) : 객경客卿. 기려지인羈旅之人. 羈(굴레 기)
《좌전左傳·정공9년定公九年》 條에 나온다. "公賞東郭書, 辭, 曰 '彼, 賓旅也.'"
양백준楊伯峻은 "賓旅, 猶言羈旅之臣."이라 했다.
"賓指遊士者, 旅是行旅."(四書補註備旨)
- 취사(取士) : 선비를 등용하다. '녹용錄用'과 같다.
"取士專指未仕者."(四書補註備旨)
- 섭(攝) : 겸섭兼攝. '겸직兼職'과 같다. 攝(잡을 섭)
《예기禮記·상복소기喪服小記》에 나온다. "士不攝大夫." 이에 대해 당唐나라 공영달孔穎達의 소疏에 "此謂士喪無主, 不敢使大夫兼攝爲主也."라고 했다.
- 곡방(曲防) : 제방을 구부러지게 쌓는 일. 곧 가뭄에 샘물을 막아 자신만을 이롭게 하거나, 장마에 제방을 쌓아 이웃을 어렵게 하는 일을 말한다.
"曲防有二意. 旱則壅泉以利己, 澇則激水以病隣."(四書補註備旨)
壅(막을 옹) 澇(장마 로)
- 홀망(忽忘) : 잊다. '망기忘記'와 같다.
《한서漢書·장우전張禹傳》에 나온다. "君何疑而數乞骸骨, 忽忘雅素, 欲避流言?"
- 알적(遏糴) : 쌀 사들이는 것을 막다. 遏(막을 알) 糴(쌀 사들일 적)
"遏糴, 閉阻糴穀, 不使轉販."(四書補註備旨)
- 언귀우호(言歸于好) : 우호友好의 관계로 돌아가다. '언言'은 어사語辭이다.
"言是語辭. 好是和, 好指睦隣言. "(四書補註備旨)
신안진씨新安陳氏가 말했다. "五命卽載書之辭 才者育之, 亟於尊賢, 所以明貴德. 言歸于好, 和不構怨也."(大全註疏)
- 葵(해바라기 규) 牲(희생 생) 誅(벨 주) 彰(밝을 창)

【備旨】

何以見今之諸侯爲五霸之罪人也오 五霸迭興에 而惟齊之桓公이 爲最盛하더니 觀其葵丘之會諸侯也컨대 威足以驅之하고 信足以服之로되 但束牲載以匵書 而不事歃血以

要質鬼神하니 其書命之辭有五라
初命曰 罪莫大於不孝니 有不孝면 不可不誅요 世子者는 國之本이니 無大故면 不可輕易已樹之子요 妻는 所以配身而承宗廟者니 無以愛妾爲妻하여 以亂其分也라하고 再命曰 賢者는 德之成이니 則尊之而隆以位하고 才者는 德之用이니 則育之而授以職하여 凡所彰顯有德 而不使之遺逸也라하고 三命曰 吾國之人이 有老幼焉이면 則勿忽之하여 敬其老以慈其幼也요 他國之人이 有賓旅焉이면 則無忘之하여 優待乎賓客行旅也라하고 四命曰 已仕之士ㅣ有功德於民者어든 但世與其子孫以祿이로되 而無世授之以官은 恐未必賢也요 有司之官은 當廣求賢才以充之로되 而事無以一人兼任之는 恐曠人廢事也요 當度德以取士에 務必得其人은 防冒進也요 大夫有罪면 雖可殺이나 當請命於天子하여 無專殺大夫는 恐擅刑也라하고 五命曰 水旱之災는 彼此同之니 無得曲爲隄防하여 旱則壅泉以專小利하고 澇則激水以病鄰國也요 鄰國이 凶荒이면 吾當救之니 無得閉遏其糴하여 坐視其災하여 使我有餘而彼不足也요 地皆王土며 人皆王臣이니 無有專封功臣以國與邑하여 而不告於天子也라하고 五命旣終 而又叮嚀之曰 凡我今日同盟之人은 自此旣盟之後에 務同心同德하여 其遵乎五命之禁 而言歸於和好하여 無背盟也라하니라
桓公首霸之盛이 如此하니 而五霸를 從可知矣요 桓公首霸之禁이 如此하니 而五霸之禁을 從可知矣로되 乃今之諸侯ㅣ皆犯此五禁 而不遵焉하나니 使當五霸之時면 必不能逃五霸之責矣라 故로 曰今之諸侯는 五霸之罪人也니라

지금의 제후諸侯가 오패五霸의 죄인이라는 것을 어떻게 알 수 있는가? 오패五霸가 번갈아 일어났으나 오직 제齊나라의 환공桓公이 가장 강성했으니, 그 규구葵丘에서 제후와 회맹한 것을 살피건대 위엄으로 그들을 부릴 수 있었고, 믿음으로 그들을 감복시킬 수 있었다. 다만 희생犧牲을 묶고 상자속의 글을 올려놓은 다음, 피를 마셔 귀신에게 맹세하지는 않았다.

그 서명書命의 글에는 다섯 가지가 있다. 처음 명하여 가로되 '죄는 불효不孝보다 큰 것이 없으니, 불효자가 있으면 주살誅殺하지 않을 수 없고, 세자世子는 나라의 근본이니 대고大故가 없으면 가볍게 이미 세운 적자嫡子를 바꿀 수 없으며, 아내는 몸을 짝하여 종묘宗廟를 잇는 자이니 애첩으로 아내를 삼아 그 본분을 어지럽히지 말라'고 했다.

두 번째 명하여 가로되 '현자賢者는 덕德을 이룬 자니, 그를 존귀하게 여겨 지위를 높여주고, 재자才者는 덕德을 쓸 수 있는 자니, 그를 길러 직무를 주어여 한다. 무릇 덕이 있는 자를 높이 드러내어 등용되지 못하는 일이 없게 하라'고 하였다.

세 번째 명하여 가로되 '나라 안에 노인과 어린이가 있으면 소홀함이 없이 그 노인을 공경하고 그 어린아이를 사랑해야 하며, 다른 나라 사람 중에 빈려賓旅가 있으면 잊지 말고 빈객과 행려자로 우대해야 한다.'고 하였다.

네 번째 명하여 가로되 '이미 벼슬한 선비 중에 백성에게 공덕功德을 세운 자가 있으면 다만 대대로 그 자손에게 봉록을 주되 대대로 벼슬을 주지는 말아야 하니, 그가 반드시 어질지만은 않을까 염려하기 때문이다. 유사有司라는 벼슬은 마땅히 널리 현재賢才를 구하여 충원하고, 관사官事를 한 사람이라도 겸직하지 못하게 한 것은 사람이 없다고 해서 그 일을 폐할까 염려하기 때문이다. 마땅히 덕을 헤아려 선비를 취하고 반드시 그 적임자를 얻는대 힘쓰라는 것은 모진冒進을 막기 위해서이다. 대부大夫가 죄가 있으면 비록 죽일 수는 있으나 마땅히 천자에게 명을 청하게 한 것은, 대부를 함부로 죽여 형벌을 멋대로 내릴까 염려하기 때문이다.'라고 하였다.

다섯 번째 명하여 가로되 '수해水害와 한해旱害의 재앙은 서로 마찬가지이니, 제방을 구부러지게 쌓아 가뭄에 샘을 막아서 자신만의 작은 이익을 취하거나, 장마에 물을 격동시켜 이웃 나라를 해치지 말아야 한다. 이웃 나라에 흉년이 들면 내가 마땅히 구휼해야 하니, 이웃나라가 쌀을 사들이는 것을 막아 이웃나라의 재앙을 좌시坐視하거나, 자신은 넘치고 남은 부족하게 만들지 말아야 한다. 땅은 모두 임금의 땅이요 사람은 모두 임금의 신하이니, 마음대로 국읍國邑에 공신功臣을 봉하면서 천자에게 고하지 않는 일이 없게 하라'고 하였다.

다섯 가지 명을 이미 고하고 나서 다시 재삼 부탁하며 가로되 '무릇 오늘 회맹한 우리 모두는 이번에 회맹한 후로 동심동덕同心同德에 힘쓰고, 그 다섯 가지 금령禁令을 준수하여 우호의 관계로 돌아갈 것이며 회맹을 배반하는 일이 없게 하라'고 하였다.

오패五霸의 우두머리인 환공桓公의 강성함이 이와 같으니 오패五霸를 미루어 알 수 있고, 오패五霸의 우두머리인 환공桓公의 금령禁令이 이와 같으니 오패五霸의 금령禁令을 미루어 알 수 있다. 이에 지금의 제후들은 모두 이 오금五禁을 어기고 준수하지 않으니, 가사 오패五霸의 시대에 처한다면 반드시 오패五霸의 책무에서 벗어나지 못할 것이다. 그러므로 '지금의 제후는 오패五霸의 죄인이다'라고 말한 것이다.

수해

● 요질(要質) : 맹서하다. 믿을만한 맹세.

《국어國語·초어하楚語下》에 "夫人作享, 家爲巫史, 無有要質."라고 했고, 위소韋昭의 註에 "質, 誠也."라고 풀이했다.

《後漢書·南蠻西南夷傳序》에도 나온다. "其在唐虞, 與之要質, 故曰要服."

● 대고(大故) : 엄중한 과실이나 죄악.

《논어論語·미자微子》에 "故舊無大故, 則不棄也."라 했고, 하안何晏의

《논어집해論語集解》에서 공안국孔安國의 설을 인용하여 "大故, 謂惡逆之事." 라고 풀이했다.
《한서漢書·두연년전杜延年傳》에도 나온다. "延年愚, 以爲丞相久故, 及先帝用事, 非有大故, 不可棄也."

● 유일(遺逸) : 인재를 버려두고 등용하지 않다. '유루遺漏'와 같다.
《맹자孟子·공손수상公孫丑上》에 나온다. "進不隱賢, 必其以道. 遺佚而不怨, 阨窮而不憫."
《열자列子·황제黃帝》에도 나온다.
"神聖知其如此, 故其所教訓者, 無所遺逸焉."

● 모진(冒進) : 재덕才德을 갖추지도 않고 벼슬에 나아가기를 구하는 일.
《진서陳書·서릉전徐陵傳》에 나온다. "冒進求官, 誼競不已."
송宋나라 진량陳亮의 《이부시랑장공덕문행장吏部侍郎章公德文行狀》에도 나온다. "諸所進用, 必考其實, 使一時虛名求售者不得冒進."

● 천형(擅刑) : 형벌을 멋대로 내림. 擅(멋대로 천)

● 정녕(叮嚀) : 재삼 부탁함. (叮(정성스러울 정) 嚀(간곡할 녕)
당唐나라 한산寒山의 〈詩〉제216수에 "自古多少聖, 叮嚀教自信."라고 했다.
송宋나라 강여지康與之의 〈만강홍滿江紅·두견杜鵑〉詞에 "鎭日叮嚀千百遍, 只將一句頻頻說. 道不如歸去不如歸, 傷情切."이라 했다.

● 匵(궤 독) 迭(갈마들 질)

長君之惡은 其罪ㅣ小하고 逢君之惡은 其罪ㅣ大하니 今之大夫ㅣ皆逢君之惡하나니 故로 曰今之大夫는 今之諸侯之罪人也니라

"인군人君의 악행惡行을 조장하는 것은 그 죄가 작지만, 인군人君의 악행惡行에 영합迎合하는 것은 그 죄가 크다. 지금의 대부大夫는 모두 인군人君의 악행惡行에 영합迎合하고 있다. 그러므로 '지금의 대부大夫는 지금 제후諸侯의 죄인罪人이다.' 고 말하는 것이다."

君有過어든 不能諫하고 又順之者는 長君之惡也요 君之過ㅣ未萌 而先意導之者는 逢君之惡也니라

林氏曰 邵子有言하니 治春秋者ㅣ不先治五霸之功罪면 則事無統理 而不得聖人之心이라 春秋之間에 有功者ㅣ未有大於五霸요 有過者ㅣ亦未有大於五霸라 故로 五霸者는 功之首요 罪之魁也라하니 孟子此章之義ㅣ其若此也與인저 然이나 五霸ㅣ得罪於三王하고 今之諸侯ㅣ得罪於五霸는 皆出於異世라 故로 得以逃其罪어니와 至於今之大夫하여는 其得罪於今之諸侯하니 則同時矣로되 而諸侯非惟莫之罪也라 乃反以爲良臣而厚禮之하고 不以爲罪而反以爲功하니 何其謬哉오

인군人君에게 허물이 있는데도 능히 간언諫言하지 못하고, 또한 순종하는 것은 인군人君의 악행惡行을 조장하는 일이요, 인군人君의 허물이 아직 싹트지 않았는데 뜻에 앞서서 인도하는 것은 인군人君의 악행에 영합迎合하는 것이다.

임씨林氏[林之奇] 가로되 "소자邵子[邵康節]가 말하기를 '《춘추春秋》를 다스리는 자가 먼저 오패五霸의 공죄功罪를 다스리지 않는다면, 일에 통리統理가 없어 성인의 마음을 얻지 못할 것이다. 춘추시대春秋時代에 공功이 있는 사람 중에 오패五霸보다 큰 자가 없고, 허물이 있는 사람 중에 또한 오패五霸보다 큰 자가 없다. 그러므로 오패五霸는 공功의 으뜸이요, 죄罪의 으뜸이다.'라고 하였으니, 《맹자孟子》에서 이 장章의 뜻은 그 이와 같을 것이다.

그러나 오패五霸가 삼왕三王에게 죄를 얻은 것과 지금의 제후가 오패五霸에게 죄를 얻은 것은 모두 다른 시대에 나왔기 때문에 그 죄를 숨길 수 있었다. 그러나 지금의 대부大夫는 그 죄를 지금의 제후에게 얻었으니, 동시대인데도 제후들이 이들에게 죄를 묻지도 않을 뿐만 아니라,

도리어 양신良臣으로 여겨 후하게 예우하며 죄를 삼지 않고 도리어 공적功績으로 삼으니 얼마나 잘못된 일인가?"

주해

- 봉(逢) : 영합迎合하다. '봉영逢迎'의 뜻이다. 逢(만날 봉)
  한漢나라 조기趙岐의 註에 "逢, 迎也, 君之惡心未發, 臣以諂媚逢迎而導君爲非, 故曰罪大."라고 했다.
- "罪小以諂媚言."(四書補註備旨) 諂(아첨할 첨) 媚(아첨할 미)
- 경원보씨慶源輔氏가 말했다. "長君之惡者, 無能而巽懦阿諛之人也. 逢君之惡者, 有才而傾險陰邪之人也.(大全註疏) 巽(유순할 손) 懦(나약할 나)
- 경원보씨慶源輔氏가 말했다. "孟子雖取桓公之五命, 而又以五霸爲三王之罪人, 得春秋之大指矣."(大全註疏)
- "罪大以奸邪言."(四書補註備旨)
- 통리(統理) : 통합치리統合治理.
  《서경書經·주관周官》에 "冢宰掌邦治, 統百官, 均四海."라고 했고, 이에 대한 공안국孔安國의 전傳에 "天官卿稱太宰, 主國政治, 統理百官, 均平四海之內." 라고 풀이했다.
- 魁(우두머리 괴) 謬(그릇될 류)

【備旨】

何以見今之大夫爲今之諸侯之罪人也오 蓋諸侯所賴乎大夫者는 爲其能正己之惡也니 乃於君之過已萌에 而順之者는 長君之惡也요 君之過未萌에 而導之者는 逢君之惡也라
長君之惡은 固有罪矣나 然이나 以比逢君之惡에 爲猶小也요 逢君之惡은 又有甚於長君之惡하니 其罪之大ㅣ無以加矣어늘 今之大夫ㅣ皆逢其君之惡하나니 凡諸侯ㅣ所以

干三王之法과 犯五覇之禁者는 孰非大夫有以導之乎아其得罪於諸侯也ㅣ甚矣라 故로 曰今之大夫는 今之諸侯之罪人也니라

夫五覇ㅣ得罪於三王은 已非矣온 而況夫今之諸侯ㅣ又得罪於五覇乎아 今之諸侯ㅣ得罪於五覇는 已非矣온 而況今之大夫ㅣ又得罪於今之諸侯乎아 世道之衰ㅣ誠可傷已로라

지금의 대부大夫가 지금 제후諸侯의 죄인이라는 것을 어떻게 알 수 있는가? 대개 제후諸侯가 대부大夫에게 자뢰資賴하는 것은 그가 능히 자신의 악惡을 바로잡을 수 있기 때문이다. 이에 인군人君의 허물이 이미 싹텄는데 이에 순응하는 자는 인군人君의 악행을 조장하는 것이요, 인군人君의 허물이 아직 싹트지 않았는데 이를 이끄는 자는 인군人君의 악행에 영합하는 자이다.

인군人君의 악행을 조장하는 것은 진실로 죄가 되나, 그러나 인군人君의 악행에 영합하는 것에 비하면 오히려 작고, 인군人君의 악행에 영합하는 것은 또 인군人君의 악행을 조장하는 것 보다 심하니 그 죄가 이보다 클 수가 없다.

그런데 지금의 대부大夫들은 모두 그 인군人君의 악행에 영합하고 있으니, 무릇 제후諸侯들이 삼왕三王의 법을 범하고 오패五覇의 금령禁令을 범하는 것 중에 대부大夫가 아니라면 누가 인도한 것이겠는가? 대부大夫가 제후諸侯에게 죄를 얻은 것이 심하도다. 그러므로 '지금의 대부大夫는 지금 제후諸侯의 죄인이다'라고 말한 것이다.

무릇 오패五覇가 삼왕三王에게 죄를 얻은 것도 이미 잘못인데, 하물며 지금의 제후諸侯가 또한 오패五覇에게 죄를 얻은 것에 있어서랴! 지금의 제후諸侯가 오패五覇에게 죄를 얻은 것도 이미 잘못인데, 하물며

지금의 대부大夫가 또한 지금의 제후諸侯에게 죄를 얻음에 있어서랴! 세도世道가 쇠퇴함이 진실로 가히 슬플 따름이다.

[12·8]

魯ㅣ欲使愼子로 爲將軍이러니

노魯나라에서 신자愼子를 장군將軍으로 삼고자 했다.

愼子는 魯臣이라

'신자愼子'는 노魯나라의 신하이다.

주해

- 신자(愼子) : 본명은 신도愼到인데, '신자愼子'로 불린다. 전국시대 조趙나라 한단인邯鄲人으로 병법에 능했으며, 《사기史記》에는 그가 "황노지술黃老之術"을 연구했다고 했다. 《사기史記》에 그의 《십이론十二論》이 실려 있고, 《한서漢書·예문지藝文志》에도 《신자愼子》 42편이 실려 있다.

【備旨】

魯ㅣ欲取南陽之地하여 乃使其臣愼子로 爲將軍이러니 而殃民違制하여 有所弗顧矣라

노魯나라가 남양南陽의 땅을 취하려고 이에 그 신하인 신자愼子를 장군으로 삼았는데, 백성에게 해를 끼치고 제도를 위반하며 거리끼지 않는 바가 있었다.

孟子曰 不教民而用之를 謂之殃民이니 殃民者는 不容於堯舜之世니라

맹자 가라사대 "백성을 먼저 가르치지 않고 전쟁에 쓰는 것을 '앙민殃民'이라고 하니, 백성에게 해를 끼치는 자는 요순堯舜의 세상에서 용납되지 못한다."

教民者는 教之禮義하여 使知入事父兄하고 出事長上也라 用之는 使之戰也라

'교민教民'은 백성에게 예의禮義를 가르쳐 들어가서는 부형父兄을 섬기고, 나가서는 윗사람을 섬길 줄 알게 하는 것이다. '용用'은 백성들을 싸우게 만드는 것이다.

주해

- "殃民是禍害民."(四書補註備旨)
- "不容是必誅. 堯舜是愛民之君."四書補註備旨)

【備旨】

孟子ㅣ止之하여 曰兵은 凶器요 戰은 危事니 古人不得已而用之者也라 然必上有以教其民이라야 乃可以卽戎하여 使之敵愾禦侮하나니 平日에 不教民以禮義 而用之戰이면 則民未嘗有勇而知方이니 是陷之死地以殃之也라 殃民者는 愛民者之所必誅也니 堯舜之世에 豈容之哉아

맹자께서 저지하여 가라사대 "병기兵器는 흉기요 전쟁은 위험한 일이니, 고인古人들이 부득이하게 사용하는 것이다. 그러나 반드시 인군人君이 그 백성을 가르쳐야만 이에 전쟁에 나아가서 적과 대적하여 외부 침략을 막게 할 수 있다.

평소 예의禮義로써 백성을 가르치지 않고 백성을 싸움에 동원한다면, 백성들이 일찍이 용기가 있고 예의를 알지 못하게 되니, 이는 백성들을 사지死地에 빠뜨려 해치는 것이다. 그러므로 앙민殃民하는 자는 애민愛民하는 자가 반드시 주살할 것이니, 요순의 시대에 어찌 그를 용납하겠는가?"

주해

- 적개(敵愾) : 분개하는 적에게 대적하다. 敵(맞설 적) 愾(한탄할 개)
  《동주열국지東周列國志》 제71회에 나온다. "安得穰苴今日起, 大張敵愾慰蒼生." 穰(볏집 양) 苴(풀숲 저)
- 어모(禦侮) : 외부 침략을 막다. 禦(막을 오) 侮(업신여길 모)
- 지방(知方) : 예법禮法을 알다.
  《논어論語·선진先進》 편에 나온다. "可使有勇, 且知方也." 유보남劉寶楠의 《논어정의論語正義》에서 정현鄭玄의 말을 인용하여 "方, 禮法也."라고 했다. 《후한서後漢書·환담전桓譚傳》에도 나온다. "天下知方, 而獄無怨濫矣."

一戰勝齊하야 遂有南陽이라도 然且不可하니라

"한번 싸워 제齊나라를 이겨서 마침내 남양南陽의 땅을 소유한다 할지라도 그러나 또한 불가不可하다."

是時에 魯ㅣ蓋欲使愼子로 伐齊하여 取南陽也라 故로 孟子言 就使愼子ㅣ善戰하여 有功如此라도 且猶不可라하시니라

이때에 노魯나라가 대개 신자愼子로 하여금 제齊나라를 정벌하여 남양의 땅을 취하게 했을 것이다. 그러므로 맹자께서 가령 신자愼子가 싸움을 잘하여 이처럼 전공戰功이 있다고 할지라도 또한 오히려 불가不可하다고 말씀하신 것이다.

주해

- 남양(南陽) : 제齊나라 읍명邑名.
  "一戰言不待勞師之久. 南陽, 齊邑名."(四書補註備旨)
- 취사(就使) : '설사 ~라 할지라고'. '즉사卽使' 또는 '종연縱然'과 같다.
  한漢나라 조기趙岐의 註에 "就使愼子能爲魯一戰, 取齊南陽之地, 且猶不可."라고 했다.
- 신안진씨新安陳氏가 말했다. "就使僥倖克敵, 己驕敵怒禍, 方深耳. 況未必能且不免敗乎."(大全註疏)

【備旨】

> 今日之役이 縱使子有善將之才하여 一戰勝齊하여 遂有南陽之地하여 不至殃民 而克立大功이라도 然且於理에 有所不可온 況殃民而可爲乎아

오늘의 전역戰役이 비록 그대에게 훌륭한 장수의 자질이 있어 한번 싸워 제齊나라를 이기고, 마침내 남양의 땅을 차지하여 백성을 해치지 않고서 능히 큰 공을 세울 수 있더라도, 그러나 이치상 불가不可한 바가 있으며, 하물며 백성에게 해를 끼칠 수도 있는데 가히 할 수 있겠는가?

주해

- 종사(縱使) : 설사 ~하더라도. '즉사即使'와 같다.
- 연차(然且) : 그러나. '연이然而', '상차尙且'와 같다.

《곡량전穀梁傳·소공13년昭公十三年》 條에 나온다. "冬十月, 葬蔡靈公……滅國不葬, 然且葬之, 不與楚 滅, 且成諸侯之事也."

《순자荀子·영욕榮辱》 편에도 나온다. "君上之所惡也, 刑法之所大禁也, 然且爲之, 是忘其君也."

愼子ㅣ勃然不悅曰 此則滑釐의 所不識也로소이다

신자愼子가 발연히 기뻐하지 않고 가로되 "이는 곧 제[滑釐]가 알지 못하는 일입니다."

滑釐은 愼子名이라

'골리滑釐'는 신자愼子의 이름이다.

주해

- 발연(勃然) : 분노하거나 긴장해서 얼굴빛이 변하는 모양.

勃(우쩍 일어날 발)

《장자莊子·천지天地》 편에 나온다. "謂己道人, 則勃然作色. 謂己諛人, 則怫然作色."

- 滑(어지러울 골) 釐(다스릴 리)

【備旨】

慎子ㅣ聞不可之言하고 乃勃然變色하여 不悅而言曰 吾ㅣ惟患無伐齊之功耳니 今曰勝齊不可者는 此則滑釐의 有所不識之也로소이다

신자慎子가 불가不可하다는 말씀을 듣고 이에 발연勃然히 얼굴빛이 변하면서 기뻐하지 않고 말하여 가로되 "저는 오직 제齊나라를 정벌하는 전공戰功이 없을까 근심할 뿐입니다. 지금 '제齊나라를 이기더라도 불가不可하다'고 말씀하시니, 이는 곧 제[滑釐]가 알지 못하는 바입니다."

曰 吾ㅣ明告子하리라 天子之地ㅣ方千里니 不千里면 不足以待諸侯요 諸侯之地ㅣ方百里니 不百里면 不足以守宗廟之典籍이니라

가라사대 "내가 분명히 그대에게 알려주리라. 천자天子의 땅은 종횡으로 천리이니, 천리가 못되면 제후諸侯를 대접할 수 없고, 제후諸侯의 땅은 종횡으로 백리이니 백리가 못되면 종묘宗廟의 전적典籍을 지킬 수 없기 때문이다."

待諸侯는 謂待其朝覲聘問之禮라
宗廟典籍은 祭祀會同之常制也라

'대제후待諸侯'는 제후諸侯가 조근朝覲하고 빙문聘問하는 예禮에 대접한

다는 말이다.

종묘宗廟의 전적典籍은 제사하고 회동하는 떳떳한 제도이다.

주해

- 방천리(方千里) : 종횡으로 천리가 되는 땅.
  "方, 正也. 不連地字看. 千里指畿內之地."(四書補註備旨)
- 대제후(待諸侯) : 제후諸侯를 접대하다.
  "待諸侯, 兼朝覲聘問燕享錫予之需說."(四書補註備旨)
- 빙문(聘問) : 나라 간에 사신을 보내어 방문하는 일.

【備旨】

孟子曰 吾ㅣ明告子以不可之故하리라 昔者에 先王之建邦設都也에 天子畿內之地ㅣ其定制 則方千里니 蓋以不千里면 則賦無所出하여 不足以待諸侯之朝覲聘問 而備其燕享錫予之禮요 諸侯封國之地ㅣ其定制 則方百里니 蓋以不百里면 則賦無所出하여 不足以守宗廟之典籍 而備祭祀會同之禮라 先王封建制ㅣ如此라

맹자 가라사대 "내가 분명히 그대에게 불가不可하다는 이유를 말해주리라. 옛날 선왕先王께서 나라를 세우고 도읍을 정할 때 천자天子의 기내畿內의 땅은 그 정해진 제도에 종횡으로 천리이니, 대개 천리가 아니면 부세賦稅가 나올 수 없어 제후들의 조근朝覲과 빙문聘問을 대접하거나 그 연향燕享과 석여錫予의 예禮를 갖출 수 없기 때문이다.

제후를 봉한 나라의 땅은 그 정해진 제도에 종횡으로 백리이니, 대개 백리가 아니면 부세賦稅가 나올 수 없어 종묘의 전적典籍을 지키고 제사와 회동하는 예禮를 지킬 수 없기 때문이니, 선왕先王 때 봉건封建

의 제도가 이와 같았다."

주해

- 정제(定制) : 확정된 제도나 규칙.
《후한서後漢書·응소전應劭傳》에 나온다. "殺人者死, 傷人者刑, 此百王之定制, 有法之成科."
- 연향(燕享) : 고대에 제왕이 군신과 국빈에게 연회를 베풀어 대접하는 일. '연향燕饗'이라고도 한다.
한漢나라 동중서董仲舒의 《춘추번로春秋繁露·복제服制》에 나온다. "天子服有文章, 不得以燕饗, 以廟."
- 석여(錫予) : 하사하다. '석여錫與'와 같다.
《시경詩經·소아小雅·채숙采菽》 편에 나온다. "君子來朝, 何錫予之."
- 봉건(封建) : 봉방건국封邦建國. 곧 방국邦國을 세운다는 뜻이다.
《예기禮記·왕제王制》에 나온다. "王者之制祿爵, 公侯伯子男凡五等……天子之田方千里, 公侯田方百里, 伯七十里, 子男五十里." 이에 대해 《모전毛傳》에 "封, 大也."라고 했고, 정현鄭玄의 전箋에 "則命之於小國, 以爲天子, 大立其福. 謂命湯使由七十里王天下也."라 했다.《여씨춘추통전呂氏春秋通詮·신세愼勢》에 나온다. "封建, 卽封邦建國, 古代帝王把爵位、土地分賜親戚或功臣, 使之在各自區域內建立邦國, 卽封建親戚以藩屛周. 相傳黃帝爲封建之始, 至周制度始備."
경원보씨慶源輔氏가 말했다. "觀此二句則知先王之制封國大小自有意義, 豈私意可得而損益之哉?"(大全註疏)

周公之封於魯에 爲方百里也니 地非不足이로되 而儉於百里하며 太公之封於齊也에 亦爲方百里也니 地非不足也로되 而儉於百里하니라

"주공周公이 노魯나라에 봉해졌을 때 종횡으로 백리였으니 땅이 부족하지 않았으나 백리를 넘지 않았고, 태공太公의 제齊나라에 봉해졌을 때 또한 종횡으로 백리였으니 땅이 부족하지 않았으나 백리를 넘지 않았다."

二公이 有大勳勞於天下로대 而其封國이 不過百里하니라
儉은 止而不過之意也라

두 공公이 천하에 큰 공로를 세웠으나 그 봉국封國이 백리를 넘지 않았다.

'검儉'은 그치고 지나치지 않는다는 뜻이다.

주해

- 검(儉) : 적다, 부족하다. '소少'와 같다.
  儉(적을 검)
  초순焦循의 《논어정의論語正義》에 "說文, 儉, 約也."라고 했다.
- 훈로(勳勞) : 공훈功勳. 공로功勞.
  《맹자孟子·진심상盡心上》에 나온다. "挾有勳勞而問, 挾故而問, 皆所不答也,"
  《예기禮記·명당위明堂位》에도 나온다. "成王以周公爲有勳勞於天下, 是以封周公於曲阜."
- 봉국(封國) : 봉토입국封土立國. 분봉分封받은 나라.
  《주례周禮·하관夏官·대사마大司馬》에 "制畿封國, 以正邦國."이라 했고, 정현鄭玄의 註에 "封, 謂立封於疆爲界."라고 했다.
  《한서漢書·제후왕표諸侯王表》에도 나온다. "立爵五等, 封國八百."
  《국어國語·진어삼晉語三》에 "旣敗而誅, 又失有罪, 不可以封國."이라 했고, 위소韋昭의 註에 "不可以守封國."이라 했다.

【備旨】

獨不觀齊魯始封之時乎아 如周公之功이 雖大나 而其封於魯에 爲方百里也니 當是時하여 地非不足以封이로되 而王制有限이라 故로 儉止於百里하여 初不以懿親之故而厚之也며
太公之功이 雖大나 而其封於齊也에 亦爲方百里也니 當是時하여 地亦非不足以封也로되 而王制有限이라 故로 儉止於百里하여 初不以克商之故而厚之也니 蓋皆足以守宗廟之典籍而已라

홀로 제齊나라와 노魯나라가 처음으로 분봉分封받았을 때를 보지 못했는가? 예컨대 주공周公의 공로가 비록 지대했으나, 그가 노魯나라에 봉해졌을 때 종횡으로 백리를 넘어서지 않았다. 이때를 당하여 땅이 분봉分封하는데 부족하지는 않았으나, 《예기禮記·왕제王制》에 제한이 있었기 때문에 백리를 넘어서지 않았으며, 애초에 의친懿親의 연고 때문에 후대하지는 않았다.

태공太公의 공로이 비록 지대했으나, 그가 제齊나라에 봉해졌을 때 또한 종횡으로 백리를 넘어서지 않았다. 이때를 당하여 땅이 또한 분봉하는데 부족하지는 않았으나, 《예기禮記·왕제王制》에 제한이 있었기 때문에 백리를 넘어서지 않았으며, 애초에 상商을 이겼다는 연고 때문에 후대하지는 않았다. 대개 모두 종묘宗廟의 전적典籍을 지킬 수 있을 뿐이었다.

주해

- 의친(懿親) : 지극히 가까운 친척. '친의親懿' 또는 '지친至親'과 같다. 懿(아름다울 의)
  《문선文選·사장謝莊 〈월부月賦〉》에 나온다. "親懿莫從, 羇孤遞進." 이선李善의 註에 "親懿, 懿親也."라고 했고, 여향呂向의 註에 "親近懿戚."이라 했다.

今魯ㅣ方百里者ㅣ五니 子ㅣ以爲有王者ㅣ作則魯ㅣ在所損乎아 在所益乎아

"지금 노魯나라에 종횡으로 백리인 땅이 다섯이니, 그대가 생각하기에 왕자王者가 나온다면 노魯나라는 덜어내야 할 쪽에 있겠는가? 아니면 더해줘야 할 쪽에 있겠는가?"

魯地之大는 皆幷呑小國而得之니 有王者作이면 則必在所損矣리라

노魯나라 큰 땅은 모두 소국小國을 병탄倂呑해서 얻은 것이니, 왕자王者가 나온다면 반드시 덜어낼 바에 있을 것이다.

주해

- 오(五) : 여기서는 다섯 배 되는 땅을 말한다.
  "五是五倍."(四書補註備旨)
- 왕자(王者) : 성주명왕聖主明王을 말한다.
  "王者是明分封之制. 作是起爲天子."(四書補註備旨)
- 幷(어우를 병) 呑(삼킬 탄)

【備旨】

夫先王이 以百里而定封하고 先君이 以百里而開國하니 則宜守百里之定制也어늘 今魯ㅣ方百里者ㅣ已五니 其違制多矣라 子ㅣ以爲有王者作이면 則魯之地ㅣ在所損乎아 在所益乎아 其有損而無益也ㅣ必矣리라

무릇 선왕先王이 백리로 봉토封土를 정하고, 선군先君이 백리로 개국開國하였으니, 의당 백리로 정해진 제도를 지켜야 한다.

그런데 지금 노魯나라는 종횡으로 백리인 땅이 이미 다섯이니, 그 제도를 어긴 것이 크다.

그대가 생각하기에 왕자王者가 나타난다면 노魯나라의 땅은 덜어내야 할 쪽에 있겠는가? 아니면 더해주어야 할 쪽에 있겠는가? 노魯나라는 덜어내야 하지 더해줄 것이 없는 게 분명하다.

徒取諸彼하여 以與此라도 然且仁者ㅣ不爲온 況於殺人以求之乎아

"한갓 저기에서 취하여 여기에 가져다준다 해도 그러나 어진 자는 하지 않을 것인데, 하물며 사람을 죽여서 구하겠는가?"

徒는 空也니 言不殺人而取之也라

'도徒'는 '한갓'의 뜻이니, 사람을 죽이지 않고 취한다는 말이다.

주해

● 도취(徒取) : 여기서는 '앙민殃民'을 하지 않고 취한다는 뜻이다.
徒(한갓 도)
"徒取言不待殃民意. 彼指南陽, 此指魯."(四書補註備旨)
● "仁者無私心, 干法違理, 損人益己, 不忍爲也."(四書補註備旨)
● 경원보씨慶源輔氏가 말했다. "不殺人而取彼與此, 仁者猶且不爲, 以其非所當得故也. 況於殃民而求廣土地者乎?"(大全註疏)

【備旨】

由此觀之컨대 則雖不待殃民하고 徒取諸彼齊之地하여 以與魯라도 然且仁者ㅣ以爲非理而不爲온 況於忍爲不仁하여 殺不教之民하여 以求不可必之功乎아 吾所謂然且不可者ㅣ此也니 子ㅣ其識之乎아

이로 말미암아 살피건대, 비록 앙민殃民을 하지 않고 한갓 저 제齊나라의 땅을 취하여 노魯나라에 가져다줄지라도 ,그러나 인자仁者는 이치에 맞지 않다고 여겨 하지 않을 것이다.

하물며 차마 불인不仁한 짓을 하여 가르치지도 않은 백성을 죽여서 기필期必할 수도 없는 전공戰功을 구하겠는가? 내가 이른바 '또한 불가不可하다'고 한 것이 이것이니, 그대는 이 점을 알겠는가?

주해

● 불교지민(不教之民) : 여기서는 '제대로 훈련을 받지 않은 백성'을 말한다. 《논어論語·자로子路》 편에 나온다. "以不教民戰, 是謂弃之."

君子之事君也는 務引其君以當道하야 志於仁而已니라

"군자君子가 인군人君을 섬기는 것은 힘써 그 인군人君을 인도하여 道에 합당合當하게 하고 인仁에 뜻을 두게 할 따름이다."

當道는 謂事合於理요

志仁은 謂心在於仁이라

'당도當道'는 일이 사리에 합당하다는 말이다.

'지인志仁'은 마음이 인仁에 있다는 말이다.

주해

- "當道志仁, 求要切爭地殃民意."(四書補註備旨)
- 화양범씨華陽范氏가 말했다.

  "君子之事上也, 引其君於正. 小人之事上也, 引其君於邪.

  君子引其君於仁義, 引其君於愛民, 引其君於納諫, 引其君於恭儉, 引其君於學問. 此君子之所以引其君者, 志於仁而已. 小人引其君於好利, 引其君於好戰, 引其君於用刑, 引其君於拒諫, 引其君於驕侈, 此小人之所以引其君者, 志於不仁而已矣. 伊尹以堯舜之道引成湯. 故成湯爲堯舜之君. 周公以文武之道引成王. 故成王爲文武之君."(大全註疏)
- 서산진씨西山眞氏가 말했다.

  "道之與仁非有二也. 以事之理而言則曰道, 以心之德而言則仁. 心存於仁則其行無不合道矣."(大全註疏)

【備旨】

> 夫違制以行非道也와 殃民以取非仁也는 此豈盡其君之過哉아 子ㅣ亦與有責矣니 蓋君子之事君也는 務引其君以所行合道하고 事事循理守法하여 而志之所向이 當在於仁하고 絶不萌一毫殘忍之念하여 如是而已라 彼其驅不敎之民하여 以圖分外之地는 道耶아 仁耶아 豈君子之所以事其君耶아

무릇 제도를 위반하면서 비도非道를 행하고, 백성을 해치면서 비인非仁을 취하는 것이, 이것이 어찌 모두 그 인군人君의 허물이겠는가? 그대 또한 책임이 있다.

대개 군자君子가 인군人君을 섬기는 것은 힘써 그 인군人君을 인도하여 행한 바가 道에 합당하게 하고, 일마다 이치를 따르고 법을 지켜 뜻이 향하는 바가 마땅히 인仁에 있어야 한다. 그리고 일호一毫라도 잔인殘忍한 생각이 싹트지 않도록 절단絶斷하는 것이 이와 같을 따름이다.

서 미리 훈련받지 않은 백성들을 내몰아 분수 밖의 땅을 도모하는 것이 도道이겠는가? 아니면 인仁이겠는가? 어찌 군자君子가 그 인군人君을 섬기는 바이겠는가?

[12·9]

孟子曰 今之事君者曰 我ㅣ能爲君하야 辟土地하며 充府庫라하나니 今之所謂良臣이요 古之所謂民賊也라 君不鄕道하여 不志於仁이어든 而求富之하니 是는 富桀也니라

맹자 가라사대 "지금의 인군人君을 섬기는 자는 '내가 능히 인군人君을 위하여 토지를 개간開墾하고 부고府庫를 채울 수 있다.' 고 말하니, 지금의 이른바 양신良臣이요, 옛날의 이른바 백성들의 적해자賊害者이다.
인군人君이 道를 향하지 않고 인仁에 뜻을 두지 않는데도 그를 부유하게 해주려고 하니, 이는 걸桀을 부유하게 해주는 것이다."

辟은 開墾也라

'벽辟'은 개간開墾하는 것이다.

주해

● 향도(鄕道) : 道를 향하다. '향嚮'과 같다.
嚮(향할 향)
"不鄕道以所行言. 不志仁以所存言."(四書補註備旨)

● 주자朱子가 말했다. "鄕道志仁, 不可分爲二事. 中庸曰修道以仁. 孟子言不志於仁, 所以釋不鄕道志實也. 前章務引其君以當道志於仁而已, 亦言志仁之爲當道耳."(大全註疏)

● 墾(개간할 간)

【備旨】

孟子ㅣ深著富强之害曰 古之人臣이 所以善事其君 而稱良臣者는 惟引君鄕道志仁而已어늘 乃今之事君者ㅣ類皆自負曰 我ㅣ能爲君辟墾土地하여 以充府庫하여 其有益於君也라하나니 如此면 斯人也는 今之所謂良臣이요 實古之所謂民賊也니 何則고 君不鄕道하여 不志於仁이어든 與桀無異矣니 爲臣者ㅣ不能引其君以當道志仁하고 乃求爲之聚斂以富之하니 是는 富桀也라 富桀 則君惡日滋하여 而民不聊生矣리니 非民賊而何오

맹자께서 나라를 부강富强해게 하려는 해로움을 깊이 드러내어 가라사대 "옛날의 신하가 그 인군人君을 잘 섬겨 양신良臣이라고 일컫는 이유는 오직 인군을 인도하여 道에 향하고 인仁에 뜻을 두게 할 따름이었다.

그런데 지금의 인군을 섬기는 자들은 대개 모두 자부自負하며 말하기를 '내가 능히 인군을 위하여 토지를 개간하고 부고府庫를 채워서 그 인군에게 이익을 가져다 줄 수 있다.'라고 한다. 이와 같다면 이 사람은 지금의 이른바 양신良臣이요, 실제로는 옛날의 이른바 민적民賊이니 무엇 때문인가?

인군이 道에 향하지 않고 인仁에 뜻을 두지 않으면 걸桀로 다름이 없으니, 신하가 능히 그 인군을 이끌어 道에 합당하고 인仁에 뜻을 두게 하지 못하고, 이에 인군을 위해 재물을 취렴聚斂하여 인군을 부유하게 해주기를 구하니, 이는 걸桀을 부유하게 만드는 것이다. 걸桀을 부유하게 하면 인군의 악행이 날로 늘어나 백성들이 삶을 돌볼 수가 없으니, 민적民賊이 아니고 무엇인가?"

주해

- 유개(類皆) : 대개 전부. 대저 모두.
  송렴宋濂의 〈열강루기閱江樓記〉에 나온다. "自六朝迄於南唐, 類皆偏據一方, 無以應山川之王氣."
- 민불료생(民不聊生) : 백성들이 삶을 돌볼 수 없다. 곧 백성들의 생활이 곤고困苦하다는 뜻이다. '료聊'는 의지하다는 뜻이다. 聊(의지할 료)
  《주서周書·진탕공호전晉蕩公護傳》에 나온다. "每思施寬惠下, 輒抑而不行, 遂使戶口凋殘, 徵賦勞劇, 家無日給, 民不聊生."
  사마천司馬遷의 《사기史記·장이진여열전張耳陳餘列傳》에도 나온다. "百姓罷敝, 頭會箕斂, 以供軍費, 財匱力盡, 民不聊生."

我ㅣ能爲君하야 約與國하야 戰必克이라하나니 今之所謂良臣이오 古之所謂民賊也라 君不鄕道하야 不志於仁이어든 而求爲之强戰하니 是는 輔桀也니라

"'내가 능히 인군人君을 위하여 여국與國과 맹약盟約하여 싸움에 반드시 이긴다.' 고 하니, 지금의 이른바 양신良臣이요, 옛날의 이른바 민적民賊(민적)이다.
인군이 道를 향하지 않고 인仁에 뜻을 두지 않는데, 인군을 위해 억지로 싸우려고 하니, 이는 걸桀을 돕는 것이다."

約은 要結也라 與國은 和好相與之國也라

'약約'은 결합하는 것이다. '여국與國'은 우호적으로 서로 교왕交往하는 나라이다.

주해

- 요결(要結) : 결합하다. 서로 관계를 맺다.
  《좌전左傳·문공12년文公十二年》 條에 나온다. "不腆先君之敝器, 使下臣致諸執事以爲瑞節, 要結好命."
- 상여(相與) : 서로 교왕交往하다.
  《주역周易·대과大過》에 나온다. "象曰 老夫女妻, 過以相與也."
  《사기史記·회음후열전淮陰侯列傳》에도 나온다. "此二人相與, 天下至驩也, 然而卒相禽者, 何也? 患生於多欲而人心難測也." 驩(기뻐할 환)

【備旨】

> 今之事君者ㅣ又類皆自負曰 我能爲君하여 約好與國하여 有戰必克하여 其有功於君也라하나니 如此면 斯人也는 今之所謂良臣이요 實古之所謂民賊也니 何則고 君不鄕道하여 不志於仁이어든 與桀無異矣니 爲臣者ㅣ不能引其君以當道志仁하고 乃求爲之强戰以輔之하니 是는 輔桀也라 輔桀 則君惡日滋하여 而民不聊生矣리니 又非民賊而何오

지금의 인군人君을 섬기는 자는 또한 대개 모두가 자부自負하여 가로되 '내가 능히 인군을 위하여 동맹국과 맹약하여 싸우면 반드시 이겨서 그 인군에게 전공戰功을 가져다 줄 수 있다.'고 한다. 이와 같으면 이런 사람은 지금의 이른바 양신良臣이지만, 실제로는 옛날의 이른바 민적民賊(민적)이니 무엇 때문인가?

인군이 道를 향하지 않고 인仁에 뜻을 두지 않으면 걸桀과 다름이 없다. 그런데도 신하된 자가 능히 그 인군을 이끌어 道에 합당하고 인仁에 뜻을 두게 하지는 못하고, 이에 인군을 위해 억지로 싸워서 인군을

도와주려고 하니, 이는 걸桀을 도와주는 것이다. 걸桀을 도우면 인군의 악행이 날로 심해져서 백성들이 삶을 돌볼 수가 없으니, 또한 민적民賊이 아니고 무엇이겠는가?

由今之道하여 無變今之俗이면 雖與之天下라도 不能一朝居也니라

"지금의 道를 말미암아 지금의 풍속을 바꾸지 않는다면, 비록 천하를 준다고 해도 능히 하루아침도 차지하지 못할 것이다."

言必爭奪而至於危亡也라

반드시 쟁탈爭奪을 벌여 위망危亡한 데 이르게 된다는 말이다.

주해

- "道以所行言. 俗以所尙言. 皆指富强. 變是飜然改變."(四書補註備旨)
- 남헌장씨南軒張氏가 말했다. "此章大抵與前章意同. 戰國之臣所以輔君者, 徒以能富國强兵爲忠, 而其君亦固以此爲臣之忠於我也. 而孟子以爲民賊, 何哉? 蓋君不鄕道不志於仁, 而但爲之富强之計, 則君益以驕肆而民益以憔悴. 是上成君之惡而下絶民之命也. 當時諸侯乃以民賊爲良臣, 豈不痛哉!"(大全註疏)

【備旨】

然이나 今之君이 皆以民賊爲良臣者이니 豈不以富國强兵으로 遂可以取天下乎아 殊不知 由今富强之道하여 無變

今富强之俗이면 雖與之以天下라도 而人心不歸하고 國本不固하여 危亡之禍를 可立而待에 殆不能以一朝居也온 況欲終有天下乎아 則向之所謂富國强兵者는 適所以爲亡國之漸而已矣니 君亦何樂此富强之臣而用之哉리오

그러나 지금의 인군人君은 모두 민적民賊을 양신良臣으로 삼는 자이니, 어찌 부국富國과 강병强兵으로 마침내 천하를 취할 수 있다고 여기는 것이 아니겠는가?

지금 부강富强의 道로 말미암아 지금 부강富强의 풍속을 바꾸지 않으면, 비록 그에게 천하로써 준다고 할지라도 인심人心이 돌아오지 않고 나라의 근본이 견고하지 못하여 위망危亡의 재앙을 가히 서서 기다릴 수 있고, 아마도 능히 하루아침도 차지하지 못함을 끝내 알지 못하는 것이다. 그러니 하물며 마침내 천하를 차지하겠는가?

지난번에 이른 바 부국강병富國强兵은 다만 점차 나라를 망하게 할 뿐이니, 인군이 또한 어찌 이 부강富强을 주장하는 신하를 즐겨 등용하겠는가?

주해

- 수부지(殊不知) : 끝내 알지 못하다. 결국 알지 못하다. 殊(특히 수)

  《관윤사關尹子·일우一宇》에 나온다. "觀道者如觀水, 以觀沼爲未足, 則之河之江之海, 曰水至也. 殊不知我之津液涎淚皆水."

  《신당서新唐書·진정절전陳貞節傳》에도 나온다. "平子猥引僖公逆祀爲比, 殊不知孝和 升新寢, 聖眞方祔廟, 則未嘗一日居上也."
- 가립이대(可立而待) : 서서 기다릴 수 있다. 곧 일이 매우 빠르게 진행된다는 말이다.

  《맹자孟子·이루하離婁下》에 나온다. "原泉混混, 不舍晝夜. 盈科而後進, 放乎四海, 有本者如是, 是之取爾. 苟爲無本, 七八月之間, 雨集, 溝澮皆盈. 其涸也. 可立而待也, 故聲聞過情, 君子恥之."

[12·10]

白圭曰 吾欲二十而取一하노니 何如하니잇고

백규白圭가 가로되 "제가 세율을 이십 분의 일로 정하고자 하는데 어떻습니까?"

白圭는 名丹이니 周人也라

欲更稅法하여 二十分而取其一分하니라

林氏曰 按史記컨대 白圭ㅣ能薄飮食하고 忍嗜欲하여 與童僕同苦樂하며 樂觀時變하여 人棄我取하고 人取我與하여 以此 居積致富하니 其爲此論은 蓋欲以其術로 施之國家也니라

'백규白圭'는 이름이 단丹이니 주周나라 사람이다.

세법을 바꾸어 이십 분의 일을 취하고자 한 것이다.

임씨林氏[林之奇] 가로되 "《사기史記》를 살피건대, 백규白圭는 능히 음식을 검박儉薄하게 먹고 기욕嗜慾을 참아 동복童僕과 동거동락同苦同樂하였다. 그리고 시세時勢의 변화를 미리 예측하여 남이 버리면 자신은 취하고, 남이 취하면 자신은 주었다. 이렇게 해서 재물을 모아 치부致富하였는데, 그의 이러한 논의는 대개 이런 방법을 국가에 시행하고자 한 것이다."

주해

- 기욕(嗜欲) : 기호嗜好와 욕망欲望. 嗜(즐길 기)
  《순자荀子·성악性惡》에 나온다. "妻子具而孝衰於親, 嗜欲得而信衰於友, 爵祿盈而忠衰於君."

● 거적(居積) : 돈적囤積. 囤(곳집 돈)

한漢나라 왕충王充의 《논형論衡·지실知實》 편에 나온다. "子貢善居積, 意貴賤之期, 數得其時, 故貨殖多, 富比陶朱."

송宋나라 증공曾鞏의 《본조정책요本朝政要策·다茶》에도 나온다. "而香象之貨, 居積停滯, 公私皆失其利焉."

【備旨】

昔에 白圭ㅣ以儉積致富하고 乃言於孟子曰 古今稅法이 皆十而取一하나니 吾以爲取之民者ㅣ太重也라 吾欲輕之하여 二十而取一하나니 如何하니잇고

옛날 백규白圭가 검소함으로 치부致富를 하였는데, 이에 맹자에게 일러 가로되 "고금古今의 세법에 모두 십분의 일을 취했는데, 저는 백성들에게 거둬들이는 것이 너무 과중하다고 생각합니다. 그래서 저는 이를 경감하여 이십분의 일을 취하고자 하는데 어떻습니까?"

孟子曰 子之道는 貉道也로다

맹자 가라사대 "그대의 道는 북방 맥족貊族의 道이다."

貉은 北方夷狄之國名也라

'맥貊'은 북방 이적夷狄의 나라 이름이다.

주해

● 맥도(貊道) : 북방민족의 습속과 제도 등을 말한다. 貉(북방민족 맥) 《후한서後漢書·중장통전仲長統傳》에 나온다. "二十稅一, 名之曰貊." 이에 대해 당唐나라 이현李賢의 註에 "《孟子》 載 白圭曰 '吾欲二十而取一何如?' 孟子曰 '子之道貊道也.' 趙岐 注雲 '貊, 夷貊之人在荒者也. 貊在北方, 其氣寒, 不生五穀, 無中國之禮, 故可二十取一而足也.'此言欲輕稅也."라고 풀이했다.

● 이족(夷狄) : 중국의 동방민족과 북방민족.
《논어論語·팔일八佾》에 나온다. "夷狄之有君, 不如諸夏之亡也."
《중용中庸》第14章에 나온다. "素夷狄, 行乎夷狄."

【備旨】

> 孟子曰 所云二十取一之道는 非先王之國 所行之道요 乃北狄貉國所行之道也니 中國을 豈可以貉之治로 治哉리오

맹자 가라사대 "이른바 이십분의 일을 취하는 道는 선왕先王의 나라에서 행한 道가 아니요, 곧 북방 이적夷狄인 맥국貉國에서 시행한 道이다. 그러니 중국中國을 어찌 맥족貊族에서 다스리는 방법으로 다스릴 수 있겠는가?"

萬室之國에 一人이 陶則可乎아
曰 不可하니 器不足用也니이다

"만실萬室의 나라에서 한 사람이 질그릇을 만들면 되겠는가?"
가로되 "불가합니다. 그릇을 충분히 쓸 수 없기 때문입니다."

孟子ㅣ設喩以詰圭에 而圭ㅣ亦知其不可也라

맹자께서 비유를 들어 백규白圭를 힐난詰難하니, 백규白圭도 또한 그것이 불가不可함을 안 것이다.

주해

- 만실지국(萬室之國) : 만호萬戶가 거주하는 나라. 곧 소제후국小諸侯國을 말한다.
  《관자管子·승마乘馬》에 나온다. "上地方八十裏, 萬室之國一, 千室之都四."
- 일인도(一人陶) : 한 사람의 도공陶工.
  "陶是爲瓦器之人. 一人陶, 言制器甚少."(四書補註備旨)

【備旨】

> 試比類言之컨대 設若萬室之國에 惟取足於一人之治陶하여 以應其用이면 則可以爲國乎아
> 白圭曰 不可하니 蓋陶之家一 而用器之家萬이면 不足以供用也니이다

"시험 삼아 비유해서 말하건대, 가령 만실萬室의 나라에서 오직 한 사람이 만든 질그릇만 취하여 사용하는데 충당한다면 나라를 다스릴 수 있겠는가?"

백규白圭가 가로되 "불가不可합니다. 대개 질그릇을 만드는 사람이 한 명인데, 질그릇을 쓰는 사람이 만실萬室이면 사용하는데 제공할 수 없습니다."

주해

- 비류(比類) : 비교하다. 비유하다.
- 취족(取足) : 충분하게 취하다.
  당唐나라 한유韓愈의 〈기의성역記宜城驛〉에 나온다. "於太傅師襄陽, 遷宜城縣, 並改造南境數驛, 材木取足此林."

曰 夫貉은 五穀이 不生하고 惟黍ㅣ生之하나니 無城郭宮室宗廟祭祀之禮하며 無諸侯幣帛饔飧하며 無百官有司라 故로 二十에 取一而足也니라

가라사대 "무릇 맥국貉國은 오곡五穀이 자라지 않고 오직 기장만이 자라나니, 성곽城郭과 궁실宮室과 종묘宗廟와 제사祭祀의 예禮가 없고, 제후諸侯들의 폐백幣帛과 옹손饔飧이 없으며, 백관百官과 유사有司가 없다. 그러므로 이십분의 일을 취해도 충분하다."

北方은 地寒하여 不生五穀이요 黍早熟이라 故로 生之라 饔飧은 以飮食饋客之禮也라

북방은 지역이 추워서 오곡이 자라지 못하고, 기장은 일찍 익기 때문에 생산된다.

'옹손饔飧'은 음식으로 손님을 대접하는 예禮이다.

주해

- 옹손(饔飧) : 아침밥과 저녁밥. 곧 음식으로 손님을 대접한다는 뜻이다.
  饔(아침밥 옹) 飧(저녁밥 손)

《맹자孟子·등문공하滕文公上》에 나온다. "賢者与民幷耕而食, 饔飧而治." 조기趙岐의 註에 "饔飧, 熟食也,"라고 했다.

● 穀(곡식 곡) 黍(기장 서) 幣(비단 폐) 帛(비단 백) 饋(먹일 궤)

【備旨】

孟子曰 子ㅣ知一人之陶ㅣ不足以應萬室之用이면 則知貉道之不可行中國矣라 夫貉地甚寒하여 五穀不生하고 惟黍早熟이라 故로 生之하나니 旣無可以多取矣요 且無城郭宮室則無營造之費하며 又無宗廟祭祀之禮則無犧牲粢盛之費하며 無諸侯聘問之幣帛과 燕享之饔飧則無交際之費하며 無分治之百官有司則無祿食之費하며 又不必於多取矣라 故로 二十에 取一而已足也니 此貉道之所以但可行於貉也라

맹자 가라사대 "그대가 한 사람이 만든 질그릇으로 만실萬室의 쓰임에 응할 수 없다는 것을 안다면, 맥국貊國의 道를 중국에 시행할 수 없다는 사실도 알 것이다.

무릇 맥국의 땅은 심히 추워서 오곡이 자라지 못하고, 오지 기장만이 일찍 익기 때문에 생산된다. 이미 세금을 많이 거둘 수도 없고, 또한 성곽과 궁실이 없으니 건물을 지을 비용도 필요 없으며, 또한 종묘宗廟에 제사하는 예禮가 없으니 희생犧牲과 자성粢盛의 비용도 필요 없고, 제후諸侯들이 빙문聘問하는 폐백과 연향燕享하는 옹손饔飧이 없으니 교제하는 비용도 필요 없으며, 나누어서 다스리는 백관百官과 유사有司가 없으니 녹시祿食의 비용도 필요 없고, 또한 세금을 많이 거둘 필요도 없는 것이다. 그러므로 이십분의 일을 취해도 이미 충분하니, 이 맥국貊國

의 도는 다만 맥국貊國에서만 시행될 수 있는 것이다."

주해

● 영조(營造) : 건축물을 짓다. '건조建造'와 같다.
《진서晉書·오행지상五行志上》에 나온다. "淸掃所災之處, 不敢於此有所營造."
《통전通典·직관15職官十五》에도 나온다. "掌管河津, 營造橋梁廨宇之事."
廨(관아 해)

● 자성(粢盛) : 제기에 담아 제사에 올리는 곡물.
粢(제물곡식 자) 盛(담을 성)
《공양전公羊傳·환공14년桓公十四年》 條에 나온다. "御廩者何, 粢盛委之所藏也." 하휴何休의 註에 "黍稷曰粢, 在器曰盛."이라 했다.

● 녹식(祿食) : 녹봉祿俸.

今에 居中國하여 去人倫하며 無君子면 如之何其可也리오

"지금 중국中國에 살면서 인륜人倫을 버리고 군자君子가 없다면, 어떻게 그것이 가可하겠는가?"

無君臣祭祀交際之禮면 是去人倫이요 無百官有司면 是無君子니라

군신君臣과 제사祭祀와 교제交際의 예禮가 없다면, 이는 인륜人倫을 버리는 것이요, 백관百官과 유사有司가 없다면 이는 군자君子가 없는 것이다.

주해

● 군자(君子) : 여기서는 백관百官과 유사有司를 가리킨다.
"指無百官有司句."(四書補註備旨)

【備旨】

今居中國하니 非若五穀不生之地也라 其居城郭宮室하여 其禮宗廟祭祀하고 其邦交諸侯幣帛饔飧하며 其分職百官有司하니 所以爲國者ㅣ恃有此也어늘 如欲行二十에 取一之法하면 則必去人倫하여 而宗廟祭祀諸侯交際弛矣요 無君子하여 而百官有司廢矣리라 是胥中國 而入於夷狄也니 如之何其可以爲國也오

이제 중국에 살고 있으니 오곡이 생산되지 않는 땅과 같지 않다. 그 성곽과 궁실에 살면서 종묘宗廟의 제사祭祀에 예禮를 행하고, 그 제후국들이 폐백幣帛과 옹손饔飧을 행하며, 그 백관百官과 유사有司가 분직分職을 하니, 나라를 다스리는 바가 이것들에 의지한다.

그런데 만약 이십분의 일을 거두는 법을 시행하려고 한다면 필시 인륜과 멀어지고, 종묘宗廟의 제사祭祀와 제후諸侯들의 교제交際가 해이解弛해지며, 군자君子가 없어서 백관百官과 유사有司도 폐해질 것이다. 이는 모든 중국中國 땅이 이적夷狄의 습속習俗에 들어가는 것이니, 어떻게 나라를 다스릴 수 있겠는가?

주해

● 방교(邦交) : 제국국諸侯國 간에 왕래하고 빙문聘問하는 외교관계.
《주례周禮·추관秋官·대행인大行人》에 나온다. "凡諸侯之邦交, 歲相問也, 殷相聘也, 世相朝也." 가공언賈公彦의 소疏에 "言諸侯邦交, 謂同方嶽者, 一往

一來爲之交, 謂已是小國, 朝大國. 已是大國, 聘小國. 若敵國則兩君自相往來."이라 했다.

● 胥(모두 서)

陶以寡라도 且不可以爲國이온 況無君子乎아

"질그릇이 부족해도 또한 나라를 다스릴 수 없는데, 하물며 군자君子가 없음에랴!"

因其辭以折之하시니라

그 말로 인하여 절복折服시킨 것이다.

주해

● 위국(爲國) : 나라를 다스리다. 나라를 세우다.
"爲國如言立國."(四書補註備旨)

● "君子包人倫在內."(四書補註備旨)

● 절(折) : 절복(折服)시키다. 설복說服하다. 심복心服하다.

【備旨】

據子所言컨대 夫陶以寡라도 且無以周民用 而不可以爲國이온 況無君子면 則國無其人이니 誰與共理하며 而凡人倫之賴君子以修明者ㅣ悉擧而去之矣리니 尚可以爲國乎아 此二十에 取一이면 必不足用이요 而什一之法은 所以必不可廢也라

그대가 말한 바에 따르면, 무릇 질그릇이 적어도 또한 백성들의 쓰임에 넉넉하지 못해 나라를 다스릴 수가 없다. 하물며 군자君子가 없으면 나라에 필요한 관리가 없으니, 누구와 함께 나라를 다스릴 것인가?

무릇 인륜 중에 군자에게 힘입어 수명修明한 것들이 모두 들어 없어질 것이니, 그러고도 나라를 다스릴 수 있겠는가?

이처럼 이십분의 일을 취하면 반드시 쓰임에 부족할 것이니, 십분의 일을 취하는 법이 반드시 폐해서는 안 되는 이유이다.

주해

- 주용(周用) : 재용財用이 풍족하다. '족용足用'과 같다.
  북위北魏 역도원酈道元의 《수경주水經注·분수汾水》에 나온다. "壇前有石井, 深數尺, 居常無水, 及臨祈禱, 則甘泉湧出, 周用則已."
  《주례周禮·천관天官·재부宰夫》에 나온다. "凡失財用物辟名者, 以官刑詔冢宰而誅之. 其足用長財善物者, 賞之." 손이양孫詒讓의 《주례정의周禮正義》에 "江永云, 足用謂度支有方而用不匱."이라 했다.

欲輕之於堯舜之道者는 大貉에 小貉也요 欲重之於堯舜之道者는 大桀에 小桀也니라

"요순堯舜의 道 보다 가볍게 하고자 하는 것은 대맥大貊이나 소맥小貊이요, 요순堯舜의 道 보다 무겁게 하고자 하는 것은 대걸大桀이나 소걸小桀이다."

什一而稅는 堯舜之道也니 多則桀이요 寡則貉이니 今欲輕重之면 則是小貉 小桀而已라

십분의 일을 부세賦稅하는 것은 요순堯舜의 道이니, 이보다 많으면 걸桀이요, 이보다 적으면 맥국貊國이다. 이제 이보다 가볍게 하거나 무겁게 하려고 한다면, 이는 소맥小貉이요 소걸小桀일 뿐이다.

주해

- 운봉호씨雲峯胡氏가 말했다. "易曰節以制度, 必先言中正以通. 蓋堯舜之道, 中而已, 重之輕之, 皆非中也. 可行於夷狄, 不可通行於天下. 可行於一時, 不可通行於萬世."(大全註疏)
- 신안진씨新安陳氏가 말했다. "彼眞貊眞桀, 爲大者, 此爲小者也."(大全註疏)

【備旨】

盖什一而稅는 堯舜中正之道也라 欲輕之於什一之法하여 而損乎堯舜之道者는 貉固爲大貉이요 而我則爲小貉也니 太輕不可行에 勢必加重矣라
欲重之於什一之法하여 而益乎堯舜之道者는 桀固爲大桀이요 而我則爲小桀也니 桀固不可爲어늘 貉亦豈可爲哉아 然則取民之制는 亦法堯舜이 可也라

대개 십분의 일을 부세賦稅하는 것은 요순堯舜의 중정中正의 道이다. 십분의 일의 세법稅法보다 경감하여 요순堯舜의 道에 덜고자 하는 자는 맥족貊族이 본디 대맥大貊이 되니 자신은 소맥小貊이 된다. 너무 가볍게 부세賦稅해도 안 되니 형세가 반드시 좀 더 무겁게 부세賦稅해야 한다.

십분의 일의 세법稅法보다 무겁게 하여 요순堯舜의 道에 더하고자 하는 자는 걸桀이 본디 대걸大桀이 되니 자신은 소걸小桀이 된다. 걸桀의 부세賦稅도 본디 시행할 수 없거늘 맥국貉國의 부세賦稅를 또한 어찌 시행할 수 있겠는가?

그러므로 백성들에게 부세賦稅하는 제도는 또한 요순堯舜을 본받는 것이 옳다.

[12·11]

白圭曰 丹之治水也ㅣ愈於禹호이다

백규白圭가 가로되 "제[丹]가 물을 다스리는 것이 우왕禹王보다 낫습니다."

趙氏曰 當時諸侯에 有小水어늘 白圭爲之築隄하여 壅而注之他國하니라

조씨趙氏[趙岐] 가로되 "당시 한 제후국에 작은 홍수가 있었는데, 백규白圭가 이를 위해 제방을 쌓고 물을 막아 다른 나라로 흘려보냈다."

주해

- 단(丹) : 백규白圭의 이름이다.
- 소수(小水) : 작은 수재水災.

  《후한서後漢書·율력지하律曆志下》에 "二十四氣"라 했고, 남조南朝 양梁나라 유소劉昭의 註에 "小寒, 晷長一丈二尺四分. 當至不至, 先小旱, 後小水."라고 했고, 또한 "小暑, 晷長二尺四寸四分. 當至不至, 前小水, 後小旱."이라 했다.
- 壅(막을 옹)

【備旨】

白圭ㅣ自誇治水之功曰 古稱善治水者에 必曰禹나 然이나 丹之治水也ㅣ堤防一築하여 泛濫卽除하여 無四乘之勞與八年之久하니 殆愈於禹焉이라

백규白圭가 스스로 치수治水의 공功을 자랑하여 가로되 "옛날에 치수를 잘한 사람을 말할 때는 반드시 우왕禹王을 말합니다. 그러나 저[丹]의 치수는 제방을 한번 쌓으면 범람이 바로 제거되어, 사승四乘의 수고로움과 팔년의 오랜 치수治水도 없으니, 아마도 우왕禹王보다 나을 것입니다."

주해

- 사승지로(四乘之勞) : 사승四乘을 타고 다니는 수고로움. '사승四乘'은 우왕禹王이 치수할 때 사용하던 네 가지 교통수단인 승주乘舟·승거乘車·승류乘樏·승乘취橇를 말한다.
  樏(나막신 류) 橇(썰매 취)
  《사기史記·하본기夏本紀》에 나온다.
  "陸行乘車, 水行乘船, 泥行乘橇, 山行乘樻."
  유수劉秀의 〈산해경유수교상표山海經劉秀校上表〉에 "禹乘四載. 隨山刊木. 定高山大川."라고 했다.
- 팔년지구(八年之久) : 우왕禹王이 팔 년 동안 치수治水에 힘쓴 일을 말한다. 《맹자孟子·등문공상滕文公上》에 나온다. "當是時也, 禹八年於外, 三過其門, 而不入. 雖欲耕得乎?"

孟子曰 子ㅣ過矣로다 禹之治水는 水之道也니라

맹자 가라사대 "그대는 지나치도다. 우왕禹王의 치수治水는 물의 성질을 따른 것이다."

順水之性也라

물의 성질을 따른 것이다.

주해

- "過指失言之過."(四書補註備旨)
- "道指順水性言."(四書補註備旨)

【備旨】

孟子曰 子ㅣ自負愈於禹之言은 過矣로다 蓋禹之治水는 行其所無事하여 順水之道者也니라

맹자 가라사대 "그대가 우왕禹王보다 뛰어나다고 자부하는 말은 지나치도다. 대개 우왕禹王의 치수는 그 인위적이지 않는 일을 행하여 물의 道를 따른 것이다."

주해

- 무사(無事) : 일을 하지 않다. '사事'는 치사治事의 뜻이다. 《맹자孟子·등문공하滕文公下》에 나온다. "士無事而食, 不可也."

是故로 禹는 以四海爲壑이어시늘 今에 吾子는 以鄰國爲壑이로다

"이런 연고로 우왕禹王은 사해四海를 구렁으로 삼았거늘, 지금 그대는 인국鄰國을 구렁으로 삼은 것이다."

壑은 受水處也라

'학壑'은 물을 들이는 곳이다.

주해

- 학(壑) : 물도랑. 물구덩이. 壑(물도랑 학)
- "築隄壅水便是以隣國爲壑."(四書補註備旨)

【備旨】

惟其順水之道시니라 是故로 水性就下하여 而最下莫如海이니 乃水之所歸也라 禹則順其性 而道之下하여 以四海爲受水之壑이라 故로 九州攸同하고 萬世永賴焉이라 今에 吾子는 築堤壅水하여 注之他國하니 是는 以隣國爲受水之壑이라 斯則失水之道하여 而貽禍於隣이니 其視禹之治水에 爲何如也오

오직 그[禹王]는 물의 道를 따르셨다. 이런 연고로 수성水性은 아래로 흐르고 가장 아래는 바다와 같은 것이 없으니 이에 물의 모여드는 곳

이다.

우왕禹王은 그 성질을 따라 아래로 인도하여 사해四海로써 물을 받아들이는 구렁으로 삼았다. 그러므로 구주九州가 하나가 되었고, 만세토록 영원히 힘입게 되었다.

이제 그대는 제방을 쌓고 물길을 막아 다른 나라에 흘려보내니, 이는 인국隣國으로써 물을 받아들이는 구렁으로 삼은 것이다. 이는 물의 道를 잃고 재앙을 이웃에게 끼치는 것이니, 그 우왕禹王의 치수에 비교하는 것이 어떠한가?

주해

- 구주유동(九州攸同) : 구주九州가 하나가 되다.
  《사기史記·하본기夏本紀》에 나온다. "於是九州攸同, 四奧旣居, 九山刊旅, 九川滌原, 九澤旣陂, 四海會同."
  《사기史記·태사공자서太史公自序》에도 나온다. "維禹之功, 九州攸同, 光唐虞際, 德流苗裔. 夏桀淫驕, 乃放鳴條.
- 만세영뢰(萬世永賴) : 만세토록 영원히 힘입다.
  《서경書經·대우모大禹謨》에 나온다. "帝曰 兪, 地平天成, 六府三事允治, 萬世永賴時乃功."라고 하였다.

水逆行을 謂之洚水니 洚水者는 洪水也라 仁人之所惡也니 吾子ㅣ過矣로다

"물이 역행하는 것을 홍수洚水라고 하니, '홍수洚水'는 곧 홍수洪水이다. 어진 사람이 싫어하는 바이니, 그대의 말이 지나쳤도다."

水逆行者는 下流壅塞이라 故로 水逆流라 今乃壅水 以害人

이면 則與洪水之災 無異矣니라

물이 역행하는 것은 하류가 막혔기 때문에 물이 역류한 것이다. 이제 물을 막아 사람을 해친다면 홍수洪水의 재앙과 다를 것이 없다.

주해

- 홍수(洚水) : 큰물. 큰물이 서서히 차오르는 것. '홍수洪水'와 같다.
  洚(큰물 홍)
  《맹자孟子·등문공하滕文公下》 편에 나온다. "《書》曰 洚水警餘. 洚水者, 洪水也." 이에 대해 조기趙岐의 註에 "水逆行, 洚洞無涯, 故曰洚水."라 했다.
  "逆行謂水不就下. 洚水洚洞無涯之水."(四書補註備旨)
- 물헌웅씨勿軒熊氏가 말했다. "按白圭自言善治, 生有智仁强勇四術. 然築堤壅水, 不能行所無事則不智, 以隣國爲壑利己害人則不仁, 所爲强勇亦愚悍自信而已. 此戰國富强之術故甚抑之."(大全註疏)
- 신안진씨新安陳氏가 말했다. "禹除天下之害, 順水之性而委之於海. 圭除一國之害, 不順水之性而但委之於隣. 是禹爲天下除害, 而圭乃爲隣國之害也, 不仁甚矣."(大全註疏)

【備旨】

> 夫以四海爲壑이면 則水以順而行하고 以隣國爲壑이면 則水以逆而行이라 水而至於逆行이면 則謂之洚水니 以其下流壅塞하여 而水因之以洚洞無涯也라 夫是洚水者는 卽堯之時洪水也니 正愛民之仁人所深惡也요 以水害人하여 而不免爲仁人之所惡어늘 乃猶自謂愈於禹也라하니 吾子之言이 過矣로다

무릇 사해四海를 구렁으로 삼으면 물이 순조롭게 흘러가고, 인국隣國

을 구렁으로 삼으면 물이 역류하여 가니 물이 역류해서 흘러간다.

물이 역류해서 흘러가면 이를 홍수洚水라고 하니, 그 하류가 막혀 물이 이로 인하여 큰물이 끝없이 넘쳐나게 된다.

무릇 이 홍수洚水는 요堯 때의 홍수洪水이니, 바로 백성을 사랑하는 어진 이가 크게 미워하는 바이다. 물로써 사람을 해쳐 어진 이가 미워함을 면하지 못하거늘, 오히려 스스로 우왕禹王보다 낫다고 말하니, 그대의 말이 지나치도다.

주해

● 홍동(洚洞) : 큰물이 넘치는 모양. '홍수洚水'와 같다. 洚(큰물 홍)
조기趙岐의 註에 "水逆行, 洚洞無涯, 故曰洚水也."라고 했다.

[12·12]

孟子曰 君子不亮이면 惡乎執이리오

맹자 가라사대 "군자君子가 성실하지 아니하면 어떻게 조수操守할 수 있겠는가?"

亮은 信也니 與諒으로 同이라
惡乎執은 言凡事苟且하여 無所執持也라

'량亮'은 신信이니, '양諒'과 같다.
'오호집惡乎執'은 모든 일이 구차하여 굳게 잡을 바가 없다는 말이다.

주해

- 양(亮) : 믿다. '량諒'과 같다. 亮(성실할 량) 諒(믿을 량)
  "亮是信其理於心而固守之."(四書補註備旨)
  남헌장씨南軒張氏가 말했다. "諒對貞而言, 則專於諒者, 未必貞也. 以己之私意爲諒, 非諒之正也. 孟子之言諒, 諒之正也."(大全註疏)
  왕씨汪氏가 말했다. "執諒, 體常也. 不諒, 通變也."(大全註疏)
- 오호집(惡乎執) : 어떻게 조수操守하겠는가? '執'은 집지執持의 뜻이다.
  惡(어찌 오)
  "惡, 何也. 執是執持."(四書補註備旨)
  경원보씨慶源輔氏가 말했다. "此與論語人而無信章同. 此以守言, 彼以行言."(大全註疏)
- 집지(執持) : 굳게 잡아 지키다. '조수操守'와 같다.
  《명사明史·당주전唐胄傳》에 나온다. "胄耿介孝友, 好學多著述, 立朝有執持, 爲嶺南人士之冠."

【備旨】

> 孟子ㅣ勉人當以亮爲應事之本也하여 曰心必能亮而後에 能有執하니 苟君子存心而不亮이면 則凡事苟且하니 惡乎執持以爲據哉아 甚矣라 人之不可以不亮也여

맹자께서 사람은 마땅히 성실함을 일에 응하는 근본으로 삼을 것을 권면하여 가라사대 "마음은 반드시 능히 성실한 이후에 능히 조수操守함이 있게 된다. 진실로 군자가 마음을 보존하는데 성실하지 못하면 모든 일이 구차하니, 어떻게 굳게 잡아 의거할 수 있겠는가? 크도다, 사람이 성실하지 않을 수 없음이여!"

주해

- 응사(應事) : 세무世務를 처리하다. 인사人事에 응대하다.

《열자列子·설부說符》에 나온다. "投隙抵時, 應事無方, 屬乎智." 隙(틈 극)
한漢나라 가의賈誼의 《신서新書·부직傅職》에 나온다. "不見禮義之正, 不察應事之理."

[12·13]

魯欲使樂正子로 爲政이러니
孟子曰 吾ㅣ聞之하고 喜而不寐호라

노魯나라가 악정자樂正子에게 정사政事를 맡기려고 하였다.
맹자 가라사대 "내가 이 소식을 듣고 기뻐서 잠을 이루지 못했노라."

喜其道之得行이라

그 道의 행해질 수 있음을 기뻐한 것이다.

주해

- "欲使, 是將然之辭."(四書補註備旨)
- 위정(爲政) : 국정國政을 다스리다.
  "爲政, 操政之柄."(四書補註備旨)

【備旨】

昔에 魯君이 欲使樂正子로 爲政이러니 是將擧國之政而授之也라
孟子曰 吾聞之하고 喜而不寐焉이라하시니 蓋喜吾道有可行之機也라

옛날 노魯나라 인군人君이 악정자樂正子에게 국정을 맡기려고 하였는데, 이는 장차 나라의 정권을 들어 그에게 맡기려고 한 것이다.

맹자께서 가라사대 "내가 이 소식을 듣고 기뻐서 잠을 이루지 못했다."라고 하시니, 대개 우리 道가 행해질 수 있는 기회가 왔다고 기뻐하신 것이다.

주해

● 악정자(樂正子) : 춘추전국시대 노(魯)나라 학자. 맹자의 제자. 《맹자孟子·진심하盡心下》에 나온다. "可欲之謂善, 有諸己之謂信, 充實之謂美, 充實而有光輝之謂大, 大而化之之謂聖, 聖而不可知之之謂神. 樂正子, 二之中, 四之下也."

公孫丑曰 樂正子는 强乎잇가
曰 否라 有知慮乎잇가
曰 否라 多聞識乎잇가
曰 否라

공손추公孫丑 가로되 "악정자樂正子는 강强합니까?"
가라사대 "아니다."
"지혜와 사려가 있습니까?"
가라사대 "아니다."
"견문見聞과 식견識見이 많습니까?"
가라사대 "아니다."

此三者는 皆當世之所尙이로되 而樂正子之所短이라 故로 丑ㅣ疑而歷問之하니라

이 세 가지는 모두 당시에 숭상하는 바였지만 악정자樂正子의 단점이다. 그러므로 공손추公孫丑가 의아하게 여겨 하나하나 물은 것이다.

주해

- "强是於政有擔當."(四書補註備旨)
- "知慮是於政多圖謀."(四書補註備旨)
- "多聞是於政能通達."(四書補註備旨)

【備旨】

公孫丑ㅣ不知而問曰 政은 貴於能任重하니 樂正子는 强乎잇가
孟子曰 否라 强은 固非所長也라
丑ㅣ又問 政은 貴於能決疑하니 樂正子는 有知慮乎잇가
孟子曰 否라 智慮는 固非所長也라
丑ㅣ又問 政은 貴於習典章하여 以理煩通變하니 樂正子는 多聞識乎잇가
孟子曰 否라 多聞識은 固非所長也라

공손추公孫丑가 알지 못하고 물어 가로되 "정사政事는 중책을 맡을 수 있는 것을 귀하게 여기니 악정자樂正子는 강强합니까?"

맹자 가라사대 "아니다. 강强함은 진실로 잘하는 바가 아니다."

공손추가 다시 물었다. "정사政事는 어려운 문제를 해결할 수 있는 것이 중요하니, 악정자樂正子는 지혜와 사려가 있습니까?

맹자 가라사대 "아니다. 지혜와 사려는 진실로 잘하는 바가 아니다."

공손추가 다시 물었다. "정사政事는 전장典章을 익혀 번거로움을 다

스리고 변화에 통달하는 것을 귀하게 여기니, 악정자樂正子는 견문見聞과 식견識見이 많습니까?"

맹자 가라사대 "견문見聞과 식견識見이 많은 것은 진실로 잘하는 바가 아니다."

주해

- 결의(決疑) : 어려운 문제를 해결하다. 의안疑案을 판단하다.
  《좌전左傳·환공21년桓公十一年》 條에 나온다. "蔔以決疑, 不疑何蔔?"
  《사기史記·순리열전循吏列傳》에도 나온다. "公以臣能聽微決疑, 故以爲理."
  사마정司馬貞의 색은索隱에 "言能聽察微理, 以決疑獄."라고 했다.
- 통변(通變) : 변화의 이치에 통달하다. '변통變通'과 같다. 상규常規에 얽매이지 않고 때에 따라 변동을 하다.
  《주역周易·계사상繫辭上》에 나온다. "極數知來之謂占, 通變之謂事." 공영달孔穎達의 소疏에 "物之窮極, 欲使開通, 須知其變化, 乃得通也."라고 했다.

然則奚爲喜而不寐시니잇고

"그런데 어찌하여 기뻐하며 잠을 이루지 못하십니까?"

丑ㅣ問也라

공손추公孫丑가 물은 것이다.

주해

- "然字承上强智識皆否來."(四書補註備旨)

【備旨】

> 丑ㅣ問曰 今之爲政者ᄂᆞᆫ 皆以强與智慮多聞爲尙이어늘 三者ᄂᆞᆫ 旣非樂正子所長이니 然則夫子ㅣ奚爲喜而不寐시니잇고

공손추公孫丑 가로되 "지금 정사政事를 다스리는 자는 모두 강强함과 지혜智慧와 사려思慮 그리고 다문多聞을 중요시하는데, 이 세 가지는 이미 악정자樂正子의 장점이 아닙니다. 그런데 부자夫子께서는 어찌 기뻐하며 잠을 이루지 못하겠습니까?"

曰 其爲人也ㅣ好善이니라
好善이 足乎잇가

가라사대 "그 사람됨이 선언善言을 좋아한다."
"선善을 좋아하면 충분합니까?"

丑ㅣ問也라

공손추公孫丑가 물은 것이다.

주해

● 호선(好善) : 선善을 행하는 것을 좋아하다. 선언善言을 듣는 것을 좋아하다. 《좌전左傳·소공26년昭公二十六年》 條에 나온다. "子西長而好善."
"好以心之虛量之宏言. 善有才德泛說."(四書補註備旨)

【備旨】

孟子曰 樂正子는 雖不足合當世之所尙이나 然이나 其爲人也ㅣ好善이요 而凡人之所長者는 不必出於己니 而皆其心所好也라 以善人而爲政이면 其道可行矣니 此吾之所以喜而不寐也니라

맹자 가라사대 "악정자樂正子가 비록 당세의 숭상한 바에 합당하지는 못하나, 그러나 그 사람됨이 선언善言을 좋아한다. 범인들이 잘하는 바가 반드시 자신에게서만 나온 것이 않으니 모두 그 마음으로 좋아하는 바이다.

선인善人이 정사政事를 하면 그 道가 행해질 수 있으니, 이것이 바로 내가 기뻐하여 잠을 이루지 못하는 이유이다."

【備旨】

丑曰 魯는 大國也요 執政은 重任也니 好善一節이 便足以治乎잇가

공손추公孫丑가 가로되 "노魯나라는 대국大國이요 집정執政은 중요한 직무입니다. 선언善言 한 가지 덕목만 좋아한다면 다스리는데 충분합니까?"

曰 好善이 優於天下온 而況魯國乎인저

가라사대 "선언善言을 좋아하면 천하를 다스리는데 넉넉하거늘, 하물며 노魯나라를 다스리는 일이겠는가?"

優는 有餘裕也니 言雖治天下라도 尙有餘力也라

'우優' 남음이 있는 것이니, 비록 천하를 다스리더라도 오히려 여력이 있다는 말이다.

주해

- 우(優) : 남음이 있다. 여력이 있다.
  "優與足字對. 足字僅足. 優字有餘."(四書備旨補註)
- 조씨趙氏가 말했다. "善取於己則有盡, 善取於人則無窮. 此其所以雖治天下猶有餘力也."(大全註疏)

【備旨】

孟子曰 善之量이 甚大에 而好善之用이 無窮하니 由是로 以理天下면 且綽綽然有餘裕矣온 況區區一魯國乎인저

맹자 가라사대 "선善의 한량限量은 심히 크고 선善을 좋아하는 용처用處는 무궁하다. 이로 말미암아 천하를 다스리면 또한 작작연綽綽然히 여유가 있을 것이니, 하물며 지극히 작은 일개 노魯나라이겠는가?"

주해

- 작작연(綽綽然) : 넉넉하고 여유가 있는 모습. 綽(너그러울 작)
  당唐나라 손초孫樵의 〈각무후비음刻武侯碑陰〉에 나온다. "然跨西南一隅, 與吳魏抗國, 提卒數萬, 綽綽乎去留無我枝者, 是亦善爲兵矣."
- 구구(區區) : 지극히 작은 모양.
  《좌전左傳·양공襄公17년十七年》 條에 나온다. "宋國區區, 而有詛有祝, 禍之本也."

夫苟好善 則四海之內 l 皆將輕千里而來하여 告之以善하고

"무릇 진실로 선언善言을 좋아하면 사해四海 안의 사람들이 모두 장차 천리千里를 가볍게 여기고 찾아와 선언善言으로 고告할 것이다."

輕은 易也니 言不以千里爲難也라

'경輕'은 쉽다는 뜻이니, 천리千里를 어렵게 여기지 않는다는 말이다.

【備旨】

何以見好善之優於天下也오 盖善之伏於四海者 l 無窮하니 夫苟好人之善이면 則其意氣所孚요 風聲所感이라 四海之內에 凡有善者 l 皆將輕千里而來하여 告之以善하리니 由是로 以天下之善으로 理天下之事면 豈不優哉아

선언善言을 좋아하면 천하를 다스리는데 넉넉하다는 것을 어떻게 알 수 있는가? 대개 선언善言이 사해四海를 뒤덮는 것이 무궁하니, 진실로 남의 선언善言을 좋아하면 그 의기意氣가 미더워지고 풍성風聲이 감응을 주게 된다. 사해四海 내에 모든 선善한 자들이 모두 장차 천리를 가볍게 여기고 찾아와 선언善言으로 고할 것이다. 이로 말미암아 천하의 선언善言으로 천하의 일을 다스린다면 어찌 넉넉하지 않겠는가?

夫苟不好善 則人將曰 '訑訑를 予ㅣ旣已知之矣' 로라하리니 訑訑之聲音顔色이 距人於千里之外하나니 士ㅣ止於千里之外 則讒諂面諛之人이 至矣리니 與讒諂面諛之人으로 居면 國欲治인들 可得乎아

"무릇 만일 선언善言을 좋아하지 않으면 사람들이 장차 '이이訑訑하기를 내[자신]가 이미 알고 있다.' 고 말할 것이다.
이이訑訑한 소리와 안색顔色이 사람을 천리 밖에서 막으니, 신비가 천리 밖에서 멈추면 참첨讒諂하고 면유面諛한 사람들이 오게 된다. 참첨讒諂하고 면유面諛한 사람들과 함께 있으면 나라가 다스려지기를 바라는 것이 옳겠는가?"

訑訑는 自足其智하여 不嗜善言之貌라 君子小人이 迭爲消長이니 直諒多聞之士ㅣ遠이면 則讒諂面諛之人이 至는 理勢然也니라

此章은 言爲政이 不在於用一己之長이요 而貴於有以來天下之善이니라

'이이訑訑'는 스스로 그 지혜에 만족하여 선언善言을 좋아하지 않는 모양이다.

군자와 소인이 번갈아 소장消長하니 직량直諒하고 다문多聞한 선비들이 멀어지면 참첨讒諂하고 면유面諛한 사람들이 다가오는 것은 사리事理의 발전추세가 그런 것이다.

이 章은 정사政事를 다스리는 것이 한 몸의 장점을 쓰는 데 있는 것이 아니요, 천하의 선인善人을 오도록 하는 것이 귀하다고 말한 것이다.

주해

● 참첨(讒諂) : 참훼첨유讒毁諂諛. 참소하고 아첨함.
讒(참소할 참) 諂(아첨할 첨)
"讒是離間君心者. 諂是媚悅君心者."(四書補註備旨)
당唐 한유韓愈의 〈배두시어유상서양사독숙유제일수인헌양상시陪杜侍御遊湘西兩寺獨宿有題一首因獻楊常侍〉詩에 나온다. "椒蘭爭妬忌, 絳灌共讒諂."
絳(진홍 강)

● 면유(面諛) : 면전에서 공손하고 굽실거림. 諛(아첨할 유)
"口然而心不然曰面諛."(四書補註備旨)

● 이이(訑訑) : 스스로 득의양양하며 선언善言을 좋아하지 않는 모습.
訑(으쓱거릴 이)
조기趙岐의 註에 "自足其智不嗜善言之貌."라고 했다.
주희朱熹의 〈여유공부서與劉共父書〉에 나온다. "此蓋未及乎有爲, 而天下之士先以訑訑之聲音顔色待之矣."

● 인(人)과 여(予) : '인人'은 善人을 말한고, '여予'는 선善을 좋아하지 않는 사람을 말한다.

"人指善人."(四書補註備旨)

"予字指不好善之人說."(四書補註備旨)

경원보씨慶源輔氏가 말했다. "世間此等人, 亦甚多. 然其所謂智者是乃所以爲愚也. 原其始則起於予旣已知之之意, 萌于中而已, 可不畏乎."(大全註疏)

- 거(距) : 막다. 거절하다. '거拒'와 같다. 距(막을 거)
- 직량(直諒) : 정직하고 성실함.

《논어論語·계씨季氏》에 나온다. "益者三友……友直, 友諒, 友多聞, 益矣."

- 이세(理勢) : 사리의 발전추세. '정세情勢'와 같다.

한漢나라 가의賈誼의 《신서新書·계급階級》에 나온다. "高者難攀, 卑者易陵, 理勢然也."

- 거(居) : 함께 조정에 모여 있다는 뜻이다.

"居是相聚於朝廷之上意."(四書補註備旨)

【備旨】

> 夫苟不好人之善이면 則四海之善人이 皆將曰 彼之爲人이 訑訑然하여 自謂天下之事를 予ㅣ皆知矣로라하리니 往告以善이나 必不見好也요 但見訑訑然之聲音顏色이 距人於千里之外하여 必無有輕千里 而來告之以善者하나니 善士ㅣ旣止於千里之外면 則讒諂面諛之人이 至矣리니 與讒諂面諛之人으로 居면 則所聞者ㅣ旣非善言하여 而所行이 皆非善政也리니 國欲治인들 可得乎아 此爲政所以貴於好善也요 此ㅣ吾所以喜正子之得爲政也니라

무릇 진실로 남의 선언善言을 좋아하지 않으면 사해四海의 선인善人들이 모두 장차 말하기를 "그의 사람됨이 이이연訑訑然해서 스스로 '천하

의 일을 내가 모두 알고 있다'고 말한다."고 할 것이다.

그러니 찾아가서 선언善言으로 고한다고 해도 반드시 좋아함을 보지 못할 것이오, 다만 이이연訑訑然한 소리와 안색이 사람을 천리 밖에서 막아 반드시 천리를 가볍게 여겨 찾아와서 선언善言으로 고하는 자가 없음을 보게 될 것이다.

선사善士가 이미 천리의 밖에서 멈추면 참첨讒諂하고 면유面諛하는 자들이 이르게 될 것이다. 첨참讒諂하고 면유面諛한 사람과 함께 있게 되면, 듣는 바가 이미 선언善言이 아니고 행하는 바가 모두 선정善政이 아닐 것이니, 나라가 다스려지기를 바라는 것이 옳겠는가?

이는 정사政事를 다스리는데 선언善言을 귀하게 여겨야 하는 이유요, 이것이 바로 악정자樂正子가 정사政事를 맡게 된 것을 내가 기뻐하는 이유이다.

[12·14]

陳子曰 古之君子ㅣ何如則仕니잇고
孟子曰 所就ㅣ三이요 所去ㅣ三이니라

진가陳子 가로되 "옛날 군자君子는 어떠하면 벼슬을 하였습니까?" 맹자 가라사대 "벼슬에 나아간 경우가 세 가지요, 벼슬을 떠난 경우가 세 가지이다."

其目在下하니라

그 조목은 아래에 있다.

주해

- 진자(陳子) : 진진陳臻을 말한다. 臻(이를 진)
- 취(就) : 벼슬에 나아가다. '사진仕進'의 뜻이다.
  "就是仕. 就三見君子無難仕."(四書補註備旨)
- 거(去) : 벼슬에서 물러나다.
  "去舍此適彼. 去三見君子不拘仕."(四書補註備旨)

【備旨】

> 陳子ㅣ問於孟子曰 仕以行義라 古之君子는 未嘗不欲仕也니 不知何如則仕니잇고
> 孟子曰 時之所遇ㅣ不同하고 君子之自處ㅣ亦異하니 始仕而就也에 其所就ㅣ有三焉이요 不終仕而去也에 其所去ㅣ亦有三焉이니 合而觀之컨대 則君子之仕를 可知矣라

진자陳子가 맹자에게 물어 가로되 "벼슬은 의義를 행하는 것입니다. 옛날의 군자들은 일찍이 벼슬하고자 않은 적이 없었으니, 어떠한 경우에 벼슬을 하였는지 모르겠습니다."

맹자 가라사대 "때를 만난 것이 같지 않고 군자의 자처自處도 또한 다르다. 처음 벼슬하여 나아가는데 그 사진仕進에 세 가지가 있고, 끝까지 벼슬하지 않고 떠나가는데 그 사직辭職에 세 가지가 있다. 이를 종합하여 살피면 군자가 벼슬하는 경우를 알 수 있을 것이다.

주해

- 자처(自處) : 자수自守. 신독愼獨.

迎之致敬以有禮하며 言將行其言也則就之하고 禮貌未衰나 言弗行也 則去之니라

"대접하는데 공경을 다하고 예禮가 있으며, 군자가 의론議論하는데 장차 그 말대로 시행하려고 하면 벼슬에 나아간다. 그러나 예모禮貌가 비록 쇠감衰減하지는 않았으나 말이 시행되지 않으면 그 나라를 떠난다."

所謂見行可之仕니 若孔子於季桓子ㅣ是也라 受女樂而不朝면 則去之矣시니라

이른바 행할 수 있다고 보고 벼슬하는 것이니, 공자孔子께서 계환자季桓子에게 대한 경우와 같다. 여악女樂을 받아들이고 조회를 하지 않자 떠나신 것이다.

주해

- 영(迎) : 여기서는 '접대하다'는 뜻이다.
  "迎, 接待也. 非出迎之謂. 致敬以心言. 有禮以儀節言."(四書補註備旨)
- 언(言) : 여기서는 군자의 의론議論을 말한다.
  "言是君子之議論. 將行是將施之行事."(四書補註備旨)
- 예모(禮貌) : 여기서는 '치경유례致敬有禮'를 말한다.
  "禮貌即致敬有禮. 衰是不如前意."(四書補註備旨)
- 견행가지사(見行可之仕) : 정사政事를 행할 만하다고 보고 벼슬하다.
  《孟子·만장하萬章下》에 나온다. "孔子有見行可之仕, 有際可之仕, 有公養之仕. 於季桓子, 見行可之仕也, 於衛靈公, 際可之仕也, 於衛孝公, 公養之仕也."

【備旨】

何以言去就丨有三也오 如君子至其國 則君迎之에 旣致敬以有禮하며 且有所言에 君將行其言也면 是道有可行之機니 君子則就之하고 若禮貌未衰나 而其言이 已不行矣면 君子則去之하니 蓋道合則留하고 不合則去니 君子之去就丨此其一也라

군자의 거취去就에 세 가지가 있다는 것을 무엇으로 말하겠는가?

만약 군자가 그 나라에 이르렀을 때 인군人君이 그를 대접하는데 이미 공경을 다하여 예禮가 있으며, 또한 군자의 의론議論을 인군이 장차 그 말대로 시행하려고 한다면, 이는 道를 행할 수 있는 기회가 되니 군자가 벼슬에 나아간다.

만약 군자를 대하는 예모禮貌가 아직 쇠감衰減하지는 않았으나 군자의 말을 이미 시행할 수 없다면 군자는 그 나라를 떠난다.

대개 道에 부합되면 머물고 道에 부합되지 않으면 떠나니, 군자의 거취去就는 이것이 그 하나이다.

주해

● 거취(去就) : 떠나가고 머무는 것. 곧 벼슬에 나아가고 벼슬을 그만두는 일을 말한다.
《장자莊子·추수秋水》 편에 나온다. "寧於禍福, 謹於去就."
진晉나라 황보밀皇甫謐의 〈고사전서高士傳序〉에 나온다. "身不屈於王公, 名不耗於終始, 自堯至魏, 凡九十餘人, 雖執節若夷齊, 去就若兩龔, 皆不錄也."

其次는 雖未行其言也나 迎之致敬以有禮則就之하고 禮貌衰則去之니라

"다음은 비록 그 의론議論대로 행하지는 않지만 대접히는데 공경을 다하고 예禮가 있으면 벼슬에 나아가고, 예모禮貌가 쇠감衰減하면 그 나라를 떠난다."

所謂際可之仕니 若孔子於衛靈公 是也라 故로 與公遊於囿에 公이 仰視蜚鴈而後 去之하시니라

이른바 교제가 가능하다고 보고 벼슬하는 것이니, 공자孔子께서 위령공衛靈公에 대한 경우와 같다. 그러므로 공公과 동산에서 노닐다가 공公이 비안蜚雁을 쳐다본 후에 떠나신 것이다.

주해

● 비안(蜚雁) : 하늘을 나는 기러기. '비蜚'는 '비飛'와 같다. 蜚(메뚜기 비) 《사기史記·공자세가孔子世家》에 나온다. "他日, 靈公問兵陳. 孔子曰 俎豆之事則嘗聞之, 軍旅之事未之學也." 明日, 與孔子語, 見蜚雁, 仰視之, 色不在孔子. 孔子遂行, 復如陳."

【備旨】

其次는 君이 雖未必能行其言也나 但迎之致敬以有禮하여 而我之就ㅣ未必屈節辱身也면 是有際可之仕니 君子則就之하고 若夫簡賢棄禮 而禮貌衰면 是不可以虛拘己니 君子則去之라 盖因禮義之盛衰하여 決吾身之進退니 君子之去就ㅣ又其一也라

다음은 인군人君이 비록 반드시 그 의론대로 시행할 수 있는 것은 아니지만, 다만 대접하는데 공경을 다하고 예禮가 있어 자신의 사진仕進이 반드시 절개를 굽히고 몸을 욕되게 하는 것이 아니라면, 이는 교제가 가능하다고 보고 벼슬하는 것이니 군자가 벼슬에 나아간다.

만약 현자를 홀대하고 예禮를 저버려 예모禮貌가 쇠감衰減해지면, 이는 헛되이 자신을 얽매이게 할 수 없는 것이니 군자가 그 나라를 떠난다.

대개 예의禮義의 성쇠盛衰로 인하여 자신의 진퇴進退를 결정하니, 군자의 거취去就는 이것이 또 하나이다.

주해

- 간현(簡賢) : 현자를 홀대忽待하다. '간簡'은 '약略'의 뜻이다. 《한서漢書·곡영전谷永傳》에 나온다. "治天下者, 尊賢考功則治, 簡賢違功則亂." 안사고顔師古의 註에 "簡, 略也, 謂輕慢也."

其下는 朝不食하며 夕不食하여 飢餓不能出門戶어든 君이 聞之曰 吾ㅣ大者론 不能行其道하고 又不能從其言也하여 使飢餓於我土地를 吾ㅣ恥之라하고 周之인댄 亦可受也어니와 免死而已矣니라

"그 다음으로 아침에 먹지 못하고 저녁에도 먹지 못하여 굶주림으로 문도 나설 수 없는데, 인군人君이 그 말을 듣고 말하기를 '내가 첫째는 그 道를 행할 수가 없고, 또한 그 의론議論도 따를 수가 없다. 그런

데 군자를 내 땅에서 굶어죽게 내버려 둔다면 이는 내가 부끄러울 일이다.' 라고 하면서 주휼賙恤한다면, 또한 받을 수 있지만 이는 죽음을 면할 뿐이다."

所謂公養之仕也라 君之於民에 固有周之之義요 況此又有悔過之言하니 所以可受라 然이나 未至於飢餓不能出門戶면 則猶不受也라 其曰免死而已면 則其所受ㅣ亦有節矣라

이른바 공양公養의 벼슬이라는 것이다. 인군人君은 백성들에게 진실로 주휼賙恤할 의무가 있는데, 하물며 이 또한 잘못을 뉘우치는 말이 있으니 가히 받을 수 있다.

그러나 아직 굶주림으로 문을 나설 수 없는 경우가 아니라면 오히려 받지 않는다. '면사이이免死而已'라고 말했다면, 그 받는 것도 절제가 있는 것이다.

주해

- 대자(大者) : 첫째는.
  "大者, 猶云第一件. 道是經濟之道."(四書補註備旨)
- 주(周) : 구휼救恤하다. 주휼賙恤하다. '주周'는 '주賙'와 같다. 賙(진휼할 주, 구휼할 주)
  "周之, 指君饋. 受卽是就意."(四書補註備旨)
- "免死卽是去意."(四書補註備旨)
- 경원보씨慶源輔氏가 말했다. "言將行其言也, 則就之爲道而仕也. 迎之致敬以有禮, 則就之爲禮而仕也. 道在我禮在彼, 至於周之, 亦可受. 此君子之不得已也."(大全註疏)

【備旨】

其下는 朝不得食하고 夕不得食하여 至飢餓不能出門戶어든 君이 聞之曰 吾ㅣ大者론 不能行其所欲行之道하고 又不能從其因事納誨之言也하여 使徒飢餓於我土地하여 欲去而不得去를 是吾之恥也라하고 於是에 有以周之어든 夫君之於民에 固有周之之義요 況此又有悔過之言하며 而吾ㅣ窮困亦已極矣라 故로 亦可受也라

然이나 其所受有節하니 雖受나 亦不多受요 不過免死而已矣라 夫周之可受 則有辭之餽를 不可以終絕이니 是亦一就也라 然이나 受之於免死 則非義之交면 不可以苟留니 亦一去也라 君子之去就ㅣ非又其一乎아

此는 古君子三就三去之道也니 今之君子ㅣ何如哉아

그 다음으로 아침에 밥을 먹지 못하고 저녁에도 밥을 먹지 못하여 굶주림으로 문밖을 나설 수 없게 되었는데, 인군人君이 그 소식을 듣고 가로되 '내가 첫째는 그가 행하고자 하는 道를 행할 수 없고, 또한 그 일에 따라 진헌進獻한 선언善言을 따를 수가 없다. 그런데 가사 내 땅에서 굶주려 떠나려고 해도 떠날 수 없게 한다면 이는 나의 부끄러운 일이다.'라고 하면서 이에 그를 주휼하는 경우이다. 무릇 인군人君이란 백성들에게 본디 주휼賙恤할 의무가 있는데, 하물며 이에 또한 잘못을 뉘우치는 말이 있고, 자신도 이미 극도로 곤궁한 처지이기 때문에 또한 받을 수가 있다.

그러나 그것을 받는 데에는 절제가 있으니, 비록 받더라도 또한 많이 받지를 않고 죽음을 면하는 데 불과할 뿐이다.

무릇 주휼을 받을 수 있다면 사례로 보내온 물건도 끝까지 거절할 수 없으니, 이 또한 하나의 사진仕進이다. 그러나 죽음을 면하기 위해 받는 것이 의義로 사귀는 것이 아니라면 구차하게 머물 수 없으니, 또한 하나의 벼슬을 떠나는 것이다. 그러니 군자의 거취去就가 이것이 또한 가지가 아닌가?

이는 옛날의 군자들이 세 번 벼슬에 나아가고 세 번 벼슬을 떠나는 道이니, 지금의 君子는 어떠한가?

주해

- 납회(納誨) : 선언善言을 진헌進獻하다.

《서경書經·열명하說命上》에 나온다. "命之曰, 朝夕納誨, 以輔台德." 이에 대해 공전孔傳에 "言當納諫誨直辭, 以輔我德."라고 풀이했다.

[12·15]

孟子曰 舜發於畎畝之中하시고 傅說은 擧於版築之間하고 膠鬲은 擧於魚鹽之中하고 管夷吾는 擧於士하고 孫叔敖는 擧於海하고 百里奚는 擧於市하니라

맹자 가라사대 "순舜은 견묘畎畝의 가운데에서 발적發跡하셨고, 부열傅說은 판축版築의 사이에서 등용되었고, 교격膠鬲은 어염魚鹽의 가운데에서 등용되었고, 관이오管夷吾는 사관士官에 갇혔다가 등용되었고, 손숙오孫叔敖는 바닷가에서 등용되었고, 백리혜百里奚는 시장에서 등용되었다."

舜은 耕歷山이러시니 三十에 登庸하시고 說은 築傅巖이러니 武丁이 擧之하고 膠鬲은 遭亂하여 鬻販魚鹽이러니 文王이 擧之하시고 管仲은 囚於士官이러니 桓公이 擧以相國하고 孫叔敖는 隱處海濱이러니 楚莊王이 擧之爲令尹하니라 百里奚는 事見前篇하니라

순舜은 역산歷山에서 농사를 짓다가 삼십 세에 제위帝位에 올랐고, 부열傅說은 부암傅巖에서 제방을 쌓고 있었는데, 무정武丁이 그를 등용하였고, 교격膠鬲은 난亂을 만나 어염魚鹽을 팔고 있었는데 문왕文王이 그를 등용되었고, 관중管仲은 사관士官에 갇혀 있었는데 환공桓公이 등용하여 나라의 재상으로 삼았고, 손숙오孫叔敖는 바닷가에서 은거하고 있었는데 초楚나라 장왕莊王이 등용하여 영윤令尹으로 삼았다. 백리혜百里奚는 일이 전편前篇에 보인다.

주해

- "舜聖人且君也. 故特曰發."(四書補註備旨)
- "傅說以下五賢, 皆臣也. 故曰擧."(四書補註備旨)
- 신안진씨新安陳氏가 말했다. "舜聖人且君也, 故只曰發. 傅說以下五賢, 皆臣也, 故皆曰擧"(大全註疏)
- 등용(登庸) : 선발되어 임용되다. 제위帝位에 오르다. '용庸'은 '용用'과 같다. 《서경書經·요전堯典》에 나온다. "帝曰 疇咨若時登庸." 이에 대해 공전孔傳에 "疇, 誰. 庸, 用也, 任用, 指用來作爲獎勵. 誰能鹹熙庶績, 順是事者, 將登用之."라고 했다.

  한漢나라 양웅揚雄의 〈극진미신劇秦美新〉에 나온다 "臣伏惟陛下以至聖之德, 龍興登庸, 欽明尙古, 作民父母, 爲天下主."
- 육판(鬻販) : 팔다. 鬻(팔 육)
- 膠(아교 교) 鬲(막을 격)

【備旨】

孟子ㅣ勉人當以困窮自勵也曰 天生聖賢하여 所以惟持世道하고 康濟民生은 不偶然也라 然이나 窮達有數하고 屈伸有時하여 往往有自困而亨者하니 如舜爲天子는 實發跡於歷山畎畝之中하시고 傅說相高宗은 實擧之於版築之間하고 膠鬲仕商紂는 實文王擧之於魚鹽之中하시고 至於霸佐하여는 如管夷吾則齊桓公이 擧於士官之囚하고 孫叔傲則楚莊王이 擧於海濱之際하고 百里奚則秦穆公이 擧之於市井之地하니라
是數聖賢者ㅣ人品不同하고 事業亦異나 而要皆在困窮中來也니 是可以觀天意矣니라

맹자께서 사람이 마땅히 곤궁할 때 스스로 힘쓸 것을 권면하여 가라사대 "하늘이 성현聖賢을 나시게 하여 세도世道를 유지하고 민생民生을 구제하신 바가 우연히 그런 것이 아니다. 그러나 궁달窮達에는 운수가 있고 굴신屈伸에는 때가 있어, 항상 곤궁했다가 형통한 자가 있다.

예를 들어 자天子가 된 순舜은 실제로 역산歷山의 견묘畎畝 가운데에서 발적發跡하셨고, 고종高宗의 재상이 된 부열傅說은 실제로 판축版築의 사이에서 등용되었고, 상주商紂에게 벼슬한 교격膠鬲은 실제로 문왕文王이 어염魚鹽의 가운데에서 등용하였다.

패자霸者를 보좌한 경우를 보면, 예를 들어 관이오管夷吾는 제齊나라 환공桓公이 갇혀있던 사관士官에서 등용하였고, 손숙오孫叔敖는 초楚나라 장왕莊王이 바닷가에서 등용하였고, 백리혜百里奚는 진秦나라 목공穆公이 시정市井의 장소에서 등용하였다.

이러한 여러 성현聖賢들은 인품人品이 같지 않고 사업事業도 다르지만, 요컨대 모두 곤궁한 가운데에서 등용된 것이니 여기에서 천의天意를 살필 수 있다."

주해

- 강제(康濟) : 위로하고 구제救濟하다.
  《서경書經·채중지명蔡仲之命》에 나온다. "懋乃攸績, 睦乃四鄰, 以蕃王室, 以和兄弟, 康濟小民."
- 궁달(窮達) : 곤궁困窮과 영달榮達.
  《묵자墨子·비유하非儒下》에 나온다. "窮達賞罰幸否有極, 人之知力, 不能爲焉."
- 발적(發跡) : 공을 세워 이름을 날림.
  《사기史記·태사공자서太史公自序》에 나온다. "秦失其政, 而陳涉發跡."

故로 天將降大任於是人也신댄 必先苦其心志하며 勞其筋骨하며 餓其體膚하며 空乏其身하여 行拂亂其所爲하나니 所以動心忍性하여 曾益其所不能이니라

"그러므로 하늘이 장차 이 사람에게 큰 소임을 맡기실 때는 반드시 먼저 그 심지心志를 괴롭게 하고, 그 근골筋骨을 수고롭게 하며, 그 체부體膚를 굶주리게 하고, 그 몸을 궁핍窮乏하게 하며, 그가 하는 일마다 잘못되고 뒤틀리게 한다. 이는 마음을 분발시키고 성격을 강인하게 하여 그의 부족한 능력을 키워주려는 것이다."

降大任은 使之任大事也니 若舜以下 是也라 空은 窮也요 乏

은 絶也라 拂은 戾也니 言使之所爲不遂하여 多背戾也라 動心忍性은 謂竦動其心하고 堅忍其性也라 然이나 所謂性은 亦指氣稟食色而言耳라

程子曰 若要熟也인댄 須從這裏過니라

'큰 소임을 내린다'는 것은 큰일을 맡게 한다는 것이니, 순舜 이하와 같은 일이 이것이다. '공空'은 곤궁함이요, '핍乏'은 끊어짐이다. '불拂'은 어그러짐이니, 하는 일마다 어긋난 일이 많다는 말이다. '동심인성動心忍性'은 그 마음을 분발시키고 그 성격을 강인하게 한다는 말이다. 그러나 여기에서 말한 '성性'은 또한 기품氣稟과 식색食色을 가리켜 한 말이다.

정자程子 가로되 "만약 완숙하기를 원한다면 모름지기 이러한 시련을 통과해야 한다."

주해

- "降大任指爲君相言. 是人指上舜說諸人."(四書補註備旨)
- 공핍(空乏) : 곤궁困窮. 궁핍窮乏하다. '공空'은 '궁窮'과 같다.
  조기趙岐의 註에 "使其身乏資絶糧."라고 했다.
  《후한서後漢書·두시전杜詩傳》에 나온다. "空乏之閑, 超受大恩."
- 증익(曾益) : '증익增益'과 같다.
- 불란(拂亂) : 본래 의도와는 다르게 어지럽게 되다.
  趙岐의 註에 "所行不從, 拂戾而亂之."라고 했다.
  "拂亂是事不如意."(四書補註備旨)
- 경원보씨慶源輔氏가 말했다. "竦動其心則心活. 堅忍其性則性定. 心活則不爲欲所役, 性定則不爲氣所動."(大全註疏)

【備旨】

故로 天將降君相大任於是數人也신댄 豈遽降之哉리오 必先苦其心志하여 使內不得舒하며 勞其筋骨하여 使外不得息하며 餓其體膚하여 使飮食不充하며 空乏其身하여 使財用不足하여 凡身之所行이 與心之所欲爲者로 相拂亂而意願不遂하나니 如此者는 正欲其窮則反本하고 勞則能思하여 有以竦動其仁義禮智之心하며 堅忍氣稟食色之性이니 而德於是乎益純矣요
又且詳審人情하고 閱歷世故면 則見聞日廣하고 智慮日生하니 是又增益其所未能知未能行이니 而才於是乎益周矣라 是其困之者ㅣ正所以厚之也니 然則聖賢之能勝大任也ㅣ豈無所自乎아

그러므로 하늘이 장차 군상君相의 대임大任을 여러 사람에게 내리실 때, 어찌 갑자기 내리시겠는가?

반드시 먼저 그 심지心志를 괴롭게 하여 안으로 얻어 편안하지 못하게 하고, 그 근골筋骨을 수고롭게 하여 밖으로 쉬지 못하게 하며, 그 체부體膚를 굶주리게 하여 음식을 충분하지 못하게 하고, 그 몸을 궁핍하게 하여 재용이 부족하게 하며, 모든 몸의 소행所行이 마음으로 하고자 하는 바와 서로 어긋나 마음으로 원한 것을 이루지 못하게 한다.

이와 같이 하는 것은 바로 그 곤궁하면 근본으로 돌아가고 수고로우면 능히 생각하여, 그 인의예지仁義禮智의 마음을 분발시키고 기품氣稟과 식색食色의 성질을 강인하게 하려는 것이니, 德이 이에 더욱 순수해진다.

또한 장차 인정을 자세히 살피고, 세고世故를 두루 경험하면 견문見聞이 날로 넓어지고 지혜와 사려가 날로 생겨나니, 이는 또 그 능히 알지 못하고 능히 행하지 못한 바를 키워주는 재주가 이에 더욱 주밀周密래진다.

이렇게 그를 곤궁하게 하는 것이 바로 그를 두텁게 하는 것이다. 그러므로 성현聖賢이 능히 대임大任을 맡은 것이 어찌 연유가 없겠는가?

주해

- 세고(世故) : 세상사. 세간의 인심.
  당唐나라 이상은李商隱의 〈위하발원외상이상공계爲賀拔員外上李相公啓〉에 나온다. "世故推遷, 年華荏苒."
  송宋나라 엽적葉適의 〈상한제형上韓提刑〉에 나온다. "天姿仁恕, 宜委重於事權. 世故通明, 莫致文於欺罔."
- 소자(所自) : 유래. 연유.
  송宋나라 증공曾鞏의 〈포종맹조신증태자소부제蒲宗孟祖伸贈太子少傅制〉에 나온다. "流澤也遠, 有孫而賢. 進於中台, 摠國綱轄. 善有所自, 朕惟汝嘉."

人恒過 然後에 能改하나니 困於心하며 衡於慮而後에 作하며 徵於色하며 發於聲而後에 喩니라

"사람은 항상 과실이 있은 후에 고칠 수 있으니, 마음이 곤고困苦하고 생각이 막힌 후에 분기奮起하며, 안색에 나타나고 말로 표현된 후에 깨우친다."

恒은 常也니 猶言大率也라 橫은 不順也라 作은 奮起也라 徵

은 驗也라 喩는 曉也라

此又言中人之性은 常必有過然後에 能改하나니 蓋不能謹於平日이라 故로 必事勢窮蹙하여 以至困於心衡於慮然後에 能奮發而興起라 不能燭於幾微故로 必事理暴著하여 以至驗於人之色 發於人之聲然後에 能警悟而通曉也니라

'항恒'은 항상이니 '대솔大率'이라는 말과 같다. '횡橫'은 순하지 못함이다. '작作'은 분기奮起함이다. '징徵'은 징험徵驗이다. '유喩'는 깨우침이다.

이는 또 보통사람의 성격은 항상 반드시 과실이 있은 후에 고칠 수 있다. 대개 평소에는 삼갈 수 없기 때문에 반드시 일의 형세가 궁축窮蹙하여 마음에 곤고困苦하고 생각이 막히게 된 후에 능히 분발奮發하여 흥기興起할 수 있다. 기미幾微를 살필 수 없기 때문에 반드시 사리事理가 밝게 드러나서 사람의 안색에 나타나고 사람의 언어에 발현된 후에 깨달아 통달할 수 있다.

주해

- 형(衡) : 횡색橫塞. 막히다. 걸리다. '형衡'은 '橫'과 같다.
  조기趙岐의 註에 "衡, 橫也. 橫塞其慮於胸臆之中."라고 했다.
  朱子가 말했다. "困心衡慮者, 心覺有其過. 徵色發聲者, 其過形於外."(大全註疏)
- 대솔(大率) : 대개. 대략.
  《사기史記·평준서平准書》에 나온다. "於是商賈中家以上大率破."
- 궁축(窮蹙) : 군박窘迫하다. 곤액困厄을 당하다.
  蹙(궁지에 빠질 축) 窘(막힐 군)
  《문선文選·송옥宋玉》에 나온다. "悲憂窮蹙兮獨處廓, 有美一人兮心不繹."
- 포저(暴著) : 밝게 드러나다. '소저昭著'와 같다. 暴(드러날 포)
  《한서漢書·유협전遊俠傳·원섭原涉》에 나온다.
  "涉治塚舍, 奢僭逾制, 辠惡暴著."
  《후한서後漢書·두융전竇融傳》에 나온다. "皆近事暴著.".

【備旨】

不特上智之人ㅣ由處困以成其德이요 而中人之性도 亦恒有過然後에 能改而遷於善焉이라 蓋其不能謹於平日以免過라 故로 必事勢窮蹙以至困於心하여 不得通하고 衡於慮하여 不得順然後에 能振作以自新焉이요 不能燭於幾先以免過라 故로 必事理暴著以至驗於人慍怒之色하며 發於人譏訕之聲然後에 能警省以自悟也라 所謂恒過能改者ㅣ如此라

다만 상지上智의 사람만 처지가 곤고困苦함으로 말미암아 그 德을 이루는 것이 아니요, 중인中人의 성품도 또한 항상 허물이 있은 후에 능히 허물을 고쳐 선善으로 옮겨갈 수 있다.

대개 그가 능히 평일에 삼가서 허물을 면할 수 없기 때문에, 반드시 일의 형세가 궁축窮蹙해져서 마음이 困苦하여 통달하지 못하고, 생각이 막혀 순조롭지 못한 후에 능히 떨치고 일어나 스스로 새로워질 수 있다.

능히 조짐을 밝혀 허물을 면할 수 없기 때문에, 반드시 사물의 이치가 크게 드러나서 남이 분노한 안색에서 징험하고 남이 헐뜯는 소리에서 드러난 후에 능히 살펴서 알 수 있다. 이른바 항상 허물이 있은 후에 고칠 수 있다는 것이 이와 같다.

주해

● 기선(幾先) : 앞선 조짐. '기선機先'·'선조先兆'와 같다.
송宋나라 소순흠蘇舜欽의 〈촉사蜀士〉詩에 나온다. "吾相柄天下, 處事當幾先."
《명사明史·예원로전倪元璐傳》에 나온다. "主移宮者弭變於幾先, 爭移宮者持平於事後."

● 온노(慍怒) : 분노하다.
《영추靈樞·통천通天》에 나온다. "見人有榮, 乃反慍怒."
● 기산(譏訕) : 헐뜯고 조롱하다. 譏(나무랄 기) 訕(헐뜯을 산)
송宋나라 소식蘇軾의 〈참정엽조흡정시책장參定葉祖洽廷試策狀〉에 나온다. "臣取祖洽印本試策尋究, 卽無譏訕之言, 不知君錫何以見其譏訕也."

入則無法家拂士하고 出則無敵國外患者는 國恒亡이니라

"안으로 법도가 있는 신하와 보필하는 선비가 없고, 밖으로 적국과 외환外患이 없으면, 나라가 항상 망할 것이다."

此는 言國亦然也라
法家는 法度之世臣也요 拂士는 輔弼之賢士也니라

이는 나라 또한 그러함을 말한 것이다.
法家는 法度의 世臣이요, 拂士(필사)는 輔弼(보필)의 어진 선비이다.

주해

● "入字出字, 只作內外看."(四書補註備旨)
조기趙岐의 註에 "入, 謂國內也. 出, 謂國外也."라고 했다.
● "恒亡是大率必亡意."(四書補註備旨)
● 불사(拂士) : 군주를 보좌할 현사賢士. '불拂'은 '필弼'과 같다.

【備旨】

不特中人爲然이요 卽國亦有然者하니 苟入而在內에 無法家拂士之規戒하고 出而在外에 無敵國外患之儆惕이면 吾見上下溺於晏安하고 君臣習於驕惰 而國鮮有不亡者라

다만 중인中人만 그런 것이 아니라, 나라도 그런 경우가 있다. 진실로 들어와 안으로 법도 있는 신하와 보필하는 선비의 규계規戒가 없고, 나아가 밖으로 적국과 외환外患의 경계가 없으면, 상하上下가 안일함에 빠지고 군신君臣이 교만에 젖어 망하지 않은 나라가 드물다는 것을 알 수 있다.

주해

- 규계(規戒) : 정중하게 권고하다.

  진晉나라 갈홍葛洪의 《포박자抱朴子·군도君道》에 나온다. "經典規戒, 弗聞弗覽, 玩弄褻宴, 是耽是務."

- 경척(儆惕) : 경계하다. 두려워하다.

  儆(경계할 경) 惕(두려워할 척)

  《명사明史·침진전沉溍傳》에 나온다. "帝嘗以勳臣子弟多骫法, 撰《大誥》二十二篇, 諭天下武臣皆令誦習, 使之儆惕."

  骫(굽을 위)

- 교타(驕惰) : 교만과 나태.

  惰(게으를 타)

  《후한서後漢書·문원전하文苑傳下·조일趙壹》에 나온다. "豈悟君子, 自生怠倦, 失恂恂善誘之德, 同亡國驕惰之志."

  恂(정성 순)

然後에 知生於憂患而死於安樂也니라

"그런 후에 우환憂患속에서 살 수 있고, 안락安樂속에서 죽을 수 있음을 알 수 있다."

以上文觀之면 則知人之生全이 出於憂患이요 而死亡이 由於安樂矣니라

尹氏曰 言困窮拂鬱은 能堅人之志 而熟人之仁이나 以安樂失之者 多矣니라

위의 문장으로 보면 사람의 온전한 목숨이 우환憂患에서 나오고, 사람의 죽음이 안락安樂에서 비롯된다는 사실을 알 수 있다.

윤씨尹氏[尹焞] 가로되 "곤궁困窮과 번민이 사람의 뜻을 굳게 하고 사람의 인仁을 완숙하게 할 수 있지만, 안락安樂 때문에 이를 잃는 자가 많다는 말이다."

주해

- 불울(怫鬱) : 번민. 답답함. 怫(발끈할 불) 鬱(막힐 울)
  한漢나라 초공焦贛의 《역림易林·비지함比之咸》에 나온다. "杜口結舌, 心中拂鬱, 去菑患生, 莫所寃告."
- 운봉호씨雲峯胡氏가 말했다. "必堅忍其志, 然後自至於熟. 堅志是入德路頭, 熟仁是成德地步."(大全註疏)

【備旨】

合而觀之然後에 知人之生全이 多出於憂患 而死亡이 多由於安樂也라 是則處憂患者는 不忘砥礪 而處安樂者는 亦常懷憂患之心而後 可哉저

합하여 살핀 후에 사람의 온전한 목숨은 대부분 우환憂患에서 나오고 사람의 죽음은 대부분 안락安樂함에서 나온다는 사실을 알 수 있다.

이는 곧 우환憂患에 처한 자는 지려砥礪를 잊지 않고, 안락安樂에 처한 자는 또한 항상 우환憂患의 마음을 간직한 후에야 가능할 것이다.

주해

● 지려(砥礪) : 숫돌. 단련하다. 면려하다. 砥(숫돌 지) 礪(거친 숫돌 려) 《예기禮記·유행儒行》에 나온다. "近文章, 砥礪廉隅."

[12·16]

孟子曰 敎ㅣ亦多術矣니 予ㅣ不屑之敎誨也者는 是亦敎誨之而已矣니라

맹자 가라사대 "가르침에는 또한 방법이 많으니, 내가 탐탁하게 여기지 않는 가르침도 또한 한 가지 가르침일 뿐이다."

多術은 言非一端이라
屑은 潔也라 不以其人爲潔而拒絶之가 所謂不屑之敎誨也니 其人이 若能感此하여 退自修省이면 則是亦我敎誨之也니라
尹氏曰 言或抑或揚或與或不與를 各因其材而篤之하니 無非敎也니라

'다술多術'은 한 가지가 아니라는 말이다.

'설屑'은 깨끗함이다. 그 사람을 깨끗하게 여기지 않아 그를 거절하는 것은 이른바 '불설지교회不屑之教誨'이니, 그 사람이 만약 이에 감동되어 물러나 스스로 닦고 허물을 살핀다면 이 또한 내가 가르치는 것이다.

윤씨尹氏[尹焞] 가로되 "혹은 억제하고 혹은 발양하고 혹은 허여許與하고 혹은 허여許與하지 않는 것을 각각 그 자질에 따라 돈독하게 해주니 가르침 아닌 것이 없다는 말이다."

주해

● 신안진씨新安陳氏가 말했다 "不屑教, 非忍而絶之. 實將激而進之. 是亦多術中教誨之一術也."(大全註疏) 屑(깨끗할 설)

【備旨】

孟子ㅣ勉人體教意曰 學者之質不同에 君子之教 亦多術矣니 予於人之有過에 或拒之 而不屑之教誨也者는 雖曰我無所語 而彼無所聞也나 然非我忍而絶之라 正欲激而進之니 苟其人而感此하여 退自修省이면 是亦吾教誨之而已矣니 夫以不屑教之中 而亦有教存焉하니 信乎라 教之多術也여

맹자께서 사람들에게 가르침을 체득하는 뜻을 권면하여 가라사대 "배우는 자의 바탕이 같지 않으니, 군자君子의 가르침도 방법이 많다. 내가 허물이 있는 사람을 혹 거절하여 담닥하게 여기지 않는 가르침은, 비록 '내가 해준 말이 없고 그는 들은 말이 없다'고 말하지만, 그러

나 내가 차마 그를 거절하는 것이 아니라, 바로 그를 격동시켜 나아가게 하려는 것이다. 만일 그가 이에 감응하여 물러나 스스로 닦고 반성한다면, 이 또한 내가 가르치는 것이다.

무릇 탐탁하게 여기지 않는 가르침 중에 또한 가르침이 있으니, 진실로 가르치는 방법이 많도다!"

索 引

ㅈ